浙江省普通本科高校"十四五"重点立项建设教材

高等教育跨境电子商务专业"校行企"协同育人系列教材

跨境电商视觉营销
——理论、案例与实训一体化

章剑林　主　审

金贵朝　林　洁　盛　磊　主　编

电子工业出版社
Publishing House of Electronics Industry
北京·BEIJING

内 容 简 介

本书内容分为基础篇、平台篇和拓展篇。其中,基础篇包括跨境电商视觉营销概述、跨境电商视觉设计法则、产品拍摄、Photoshop 图像美化;平台篇包括速卖通视觉营销、亚马逊视觉营销、其他主流跨境电商平台视觉营销(含 eBay 平台视觉营销、Shopee 平台视觉营销与 Wish 平台视觉营销);拓展篇包括短视频视觉营销、独立站视觉营销、人工智能与跨境电商视觉营销。本书配有教学课件、案例素材和效果图等教学资源,读者可登录华信教育资源网(www.hxedu.com.cn)下载使用。本书微课和习题请扫描封底二维码获取。

本书可作为各类高等院校跨境电子商务、电子商务、国际商务、国际经济与贸易、市场营销等专业的教材,也可以作为跨境电商美工、跨境电商运营人员、个体从业人员的自学或培训用书。

未经许可,不得以任何方式复制或抄袭本书之部分或全部内容。
版权所有,侵权必究。

图书在版编目(CIP)数据

跨境电商视觉营销:理论、案例与实训一体化 / 金贵朝,林洁,盛磊主编. — 北京:电子工业出版社,2024.5
ISBN 978-7-121-47897-0

Ⅰ. ①跨… Ⅱ. ①金… ②林… ③盛… Ⅲ. ①电子商务—网络营销 Ⅳ. ①F713.365.2

中国国家版本馆 CIP 数据核字(2024)第 102260 号

责任编辑:王二华　　　文字编辑:张天运
印　　刷:北京天宇星印刷厂
装　　订:北京天宇星印刷厂
出版发行:电子工业出版社
　　　　　北京市海淀区万寿路 173 信箱　邮编:100036
开　　本:787×1092　1/16　印张:17.25　字数:441.6 千字
版　　次:2024 年 5 月第 1 版
印　　次:2024 年 5 月第 1 次印刷
定　　价:79.00 元

凡所购买电子工业出版社图书有缺损问题,请向购买书店调换。若书店售缺,请与本社发行部联系,联系及邮购电话:(010)88254888,88258888。
质量投诉请发邮件至 zlts@phei.com.cn,盗版侵权举报请发邮件至 dbqq@phei.com.cn。
本书咨询联系方式:zhangty@phei.com.cn。

本书编写委员会

主　审：章剑林（教育部高等学校电子商务类专业教学指导委员会副主任委员，杭州师范大学阿里巴巴商学院执行院长）

主　编：金贵朝（杭州师范大学阿里巴巴商学院）

　　　　　林　洁（杭州师范大学阿里巴巴商学院）

　　　　　盛　磊（杭州师范大学阿里巴巴商学院）

参　编：李　姿（杭州领聚创海信息咨询有限公司总经理）

　　　　　张　雷（浙江途骛网络科技有限责任公司总经理）

　　　　　吴洁人（杭州木瞳电子商务有限公司创始人）

　　　　　汤　超（半斤九两科技（苏州）有限公司CEO）

　　　　　陈公熠（杭州丰亮贸易有限公司亚马逊设计师）

序　言

近年来，跨境电商发展异常迅猛，成为稳外贸、促转型的重要抓手与新引擎。国家高度重视跨境电商发展，政府工作报告连续 11 年提出促进跨境电商等新业态发展，国务院先后多批次设立了 165 个跨境电商综合试验区，已基本覆盖全国，形成陆海内外联动、东西双向互济的发展格局。《中华人民共和国国民经济和社会发展第十四个五年规划和 2035 年远景目标纲要》多个篇章中提出"加快发展跨境电商、市场采购贸易等新模式，鼓励建设海外仓""积极发展丝路电商"等内容。

随着一系列跨境电商政策的密集出台，跨境电商生态体系的逐渐完善，跨境电商正步入黄金发展期。跨境电商行业的快速发展产生了数以百万计的人才需求。阿里巴巴国际站预测，我国跨境电商专业人才缺口超过 600 万人，催生了跨境运营、跨境数据分析、跨境视觉营销等热门岗位。

视觉营销作为营销技术的一种，是当今网络营销非常重要的组成部分，也是跨境电商营销制胜的关键。有别于传统广告，跨境电商视觉营销具有快捷、直接等特性，能够大大地缩短人们从看到商品到决定购买的时间，对客户的购买行为影响巨大。由此，我们深感应该将多年来在教学与行业第一线的经验和方法论分享给大家，以此助力高校的学生、实务界的创新创业者和从业人员更好地理解跨境电商视觉营销的目的和意义，掌握跨境电商视觉营销的相关知识，培养设计思维，创造价值，进而助力中国品牌扬帆远航。

本书分为三大篇章，分别是基础篇、平台篇和拓展篇。基础篇聚焦跨境电商视觉营销的理论基础和实践基础，分为跨境电商视觉营销概述、跨境电商视觉设计法则、产品拍摄、Photoshop 图像美化。平台篇是本书的核心，围绕主流跨境电商 B2C 平台的视觉营销展开，分为速卖通视觉营销、亚马逊视觉营销、其他主流跨境电商平台视觉营销（含 eBay 平台视觉营销、Shopee 平台视觉营销与 Wish 平台视觉营销）。拓展篇针对视觉营销的拓展能力与流行趋势，分为短视频视觉营销、独立站视觉营销、人工智能与跨境电商视觉营销。

本书具有体系完整、新形态等特色。在保证体系完整的同时，涵盖主流跨境电商平台的视觉设计，对最新的跨境电商视觉营销理论、方式和方法进行了前瞻性的探索。同时，本书注重新形态，提供大量的教学资源，包括每一章节的微课、教学课件、教学实战案例、素材和效果图、习题及答案等，为教学提供有效的支撑。

本书集中发挥了杭州师范大学阿里巴巴商学院、杭州师范大学钱江学院等院校，浙江途骜网络科技有限责任公司、湖南典阅教育科技有限公司、杭州领聚创海信息咨询有限公司、半斤九两科技(苏州)有限公司等企业在跨境电商领域深度积累的优势,其中,杭州师范大学阿里巴巴商学院的电子商务专业和国际商务专业均为国家级一流本科专业,杭州师范大学钱江学院是全国本科层次跨境电商人才培养的先行者,也是全国首批开设跨境电商专业的院校,在跨境电商人才培养方面积累了大量的经验。

希望本书能为跨境电商人点亮一盏灯,照亮跨境电商视觉营销的每一个角落。

章剑林

2024年3月 杭州

前　言

随着互联网在全球的加速普及和数字技术的高速发展，跨境电商已成为国际贸易领域极具竞争力的新业态、新模式与新引擎。在政策的进一步推动下，大量企业加入跨境电商生态圈，跨境电商行业将持续保持高速增长的态势。

对于跨境电商而言，由于海外客户在网上购物时无法直接接触到实际商品，因此，视觉成为客户接收商品信息，决定是否购买商品及辨别品牌优劣的重要渠道。优秀的视觉营销与精心设计的交互体验将提升购买转换率，在"眼球经济"的今天，视觉营销越来越受到重视。作为全国首批设立跨境电商本科专业的高校，我们觉得非常有必要联合跨境电商本科人才培养的先行者、跨境生态圈企业编写《跨境电商视觉营销——理论、案例与实训一体化》一书，将多年的教学经验与实践经验分享给大家，揭开跨境电商视觉营销的神秘面纱，助力跨境电商人才培养。

本书具有以下特色。

第一，系统性。本书以"基础篇+平台篇+拓展篇"为框架，全面讲解跨境电商视觉营销基础知识，详细介绍亚马逊、速卖通与eBay等主流跨境电商平台的视觉营销思路与视觉设计方法。

第二，新颖性。本书将"短视频视觉营销""独立站视觉营销""人工智能与跨境电商视觉营销"等前沿知识以独立章节的形式整合进来，紧跟跨境电商行业发展步伐。

第三，新形态。本书配有教学课件、案例素材和效果图等教学资源，读者可登录华信教育资源网（www.hxedu.com.cn）下载使用。本书微课和习题请扫描封底二维码获取。

此外，本书每章都明确了"知识目标"与"能力目标"，提炼了章节的"结构导图"，章节后面设置了实训项目与相应习题，极大地方便了教师的"教"与学生的"学"。

本书是典型的产教融合产物，主审工作由教育部高等学校电子商务类专业教学指导委员会副主任委员、杭州师范大学阿里巴巴商学院执行院长章剑林教授担任，编者团队由具有丰富跨境电商教学经验的骨干师资与具有一线实战经验的企业项目经理组成，第一章、第二章由金贵朝编写，第三章由吴洁人编写，第四章由盛磊编写，第五章、第六章由林洁、金贵朝共同编写，第七章由林洁编写，第八章由金贵朝、张雷与陈公熠共同编写，第九章由李姿与金贵朝共同编写，第十章由金贵朝与汤超共同编写。在本书的编写过程中，得到了广东科技学院等跨境电商本科高校，浙江途骜网络科技有限责任公司、湖南典阅教育科技有限公司、杭州领聚创海信息咨询有限公司、杭州木瞳电子商务有限公司、半斤九两科技(苏州)有限公司等跨境电商生态圈企业的帮助，他们为本书提供了大量的素材与设计案例，也得到了电子工业出版社王二华和张天运编辑的大力支持,在此一并表示感谢。

  为更好服务于跨境电商教学,编者在写作过程中,借鉴了大量文献资料与网上资源,参考了速卖通、亚马逊、eBay、Shopee、Wish 等跨境电商平台与独立站的优秀设计或图片,限于时间和精力,未能与原创者一一联系,在此特别表示感谢和歉意。本书力图通过翔实的案例,由易到难、循序渐进地介绍跨境电商视觉营销的知识与技能,助力读者胜任跨境电商视觉营销岗位。由于时间仓促、编者水平有限,书中不当之处在所难免,望广大读者批评指正!

编　者
2024 年 3 月

目 录

基 础 篇

第一章　跨境电商视觉营销概述 …… 2
　第一节　跨境电商与视觉营销 …… 3
　　一、跨境电商的概念 …… 3
　　二、视觉营销的概念与理论基础 …… 3
　　三、视觉营销在跨境电商中的应用 …… 4
　第二节　跨境电商视觉营销的必备
　　　　　技能 …… 6
　　一、了解海外视觉偏好 …… 6
　　二、学会常用工具 …… 7
　　三、运用设计理念 …… 8
　　四、注重营销策划 …… 8
　　五、熟悉跨境电商平台 …… 9
　　六、了解图片版权和侵权处罚规则 …… 10
　本章习题 …… 11
　项目实训 …… 11

第二章　跨境电商视觉设计法则 …… 12
　第一节　设计基本原则 …… 13
　　一、亲密性原则 …… 13
　　二、对齐原则 …… 15
　　三、重复原则 …… 16
　　四、对比原则 …… 18
　第二节　配色设计 …… 19
　　一、色彩的基本属性 …… 19
　　二、色彩的情感 …… 20
　　三、视觉营销色彩选择 …… 22
　　四、配色理论与方法 …… 24
　第三节　构图设计 …… 26
　　一、构图概述 …… 26
　　二、构图的基本形式 …… 27
　第四节　字体设计 …… 32
　　一、字体的类型 …… 32
　　二、字体的选择与应用 …… 33
　　三、字体层级的布局 …… 35
　第五节　留白设计 …… 36
　　一、什么是留白 …… 36
　　二、为什么要留白 …… 37
　　三、怎样留白 …… 39
　本章习题 …… 40
　项目实训 …… 41

第三章　产品拍摄 …… 42
　第一节　数码相机基础 …… 43
　　一、数码相机分类 …… 43
　　二、镜头分类 …… 44
　　三、影响成像的关键因素 …… 45
　第二节　拍摄辅助器材 …… 47
　　一、外拍人像辅助器材 …… 47
　　二、棚拍静物辅助器材 …… 48
　　三、棚拍人像辅助器材 …… 49
　第三节　产品布置和人像构图 …… 50
　　一、产品布置 …… 50
　　二、人像构图 …… 51
　第四节　棚拍静物 …… 52
　　一、场景选择 …… 52
　　二、布光 …… 53
　　三、其他注意事项 …… 54

第五节　室外人像拍摄⋯⋯⋯⋯⋯⋯ 54
　　一、镜头选择⋯⋯⋯⋯⋯⋯⋯⋯ 55
　　二、光线选择⋯⋯⋯⋯⋯⋯⋯⋯ 55
　　三、环境选择⋯⋯⋯⋯⋯⋯⋯⋯ 56
本章习题⋯⋯⋯⋯⋯⋯⋯⋯⋯⋯⋯ 56
项目实训⋯⋯⋯⋯⋯⋯⋯⋯⋯⋯⋯ 56

第四章　Photoshop 图像美化⋯⋯⋯⋯ 58
第一节　Photoshop 简介⋯⋯⋯⋯⋯ 59
　　一、Photoshop 工作界面⋯⋯⋯ 59
　　二、Photoshop 常用图像格式⋯ 62
　　三、Photoshop 图层⋯⋯⋯⋯⋯ 62
第二节　Photoshop 基本操作⋯⋯⋯ 63
　　一、打开图像文件⋯⋯⋯⋯⋯⋯ 63
　　二、调整图像大小⋯⋯⋯⋯⋯⋯ 64
　　三、调整画布大小⋯⋯⋯⋯⋯⋯ 65
　　四、保存图像⋯⋯⋯⋯⋯⋯⋯⋯ 67
　　五、裁剪与重构图像⋯⋯⋯⋯⋯ 69
第三节　图像色彩调整⋯⋯⋯⋯⋯⋯ 72
　　一、调整偏色图像⋯⋯⋯⋯⋯⋯ 72
　　二、替换图像色彩⋯⋯⋯⋯⋯⋯ 77
第四节　图像抠取⋯⋯⋯⋯⋯⋯⋯⋯ 80
　　一、抠取规则图像⋯⋯⋯⋯⋯⋯ 80
　　二、抠取不规则图像⋯⋯⋯⋯⋯ 81
　　三、抠取纯色图像⋯⋯⋯⋯⋯⋯ 84
　　四、抠取精细图像⋯⋯⋯⋯⋯⋯ 86
　　五、抠取毛发图像⋯⋯⋯⋯⋯⋯ 89
第五节　文字编排与图形绘制⋯⋯⋯ 94
　　一、文字的添加和设置⋯⋯⋯⋯ 94
　　二、绘制规则形状的修饰图形⋯ 96
　　三、绘制自定义形状的修饰图形⋯ 100
第六节　特效制作⋯⋯⋯⋯⋯⋯⋯⋯ 101
　　一、制作图像融合效果⋯⋯⋯⋯ 101
　　二、制作图像景深效果⋯⋯⋯⋯ 103
　　三、调整图像清晰度⋯⋯⋯⋯⋯ 104
　　四、智能填充修复图像⋯⋯⋯⋯ 105
　　五、修补图像缺陷⋯⋯⋯⋯⋯⋯ 107
本章习题⋯⋯⋯⋯⋯⋯⋯⋯⋯⋯⋯ 109
项目实训⋯⋯⋯⋯⋯⋯⋯⋯⋯⋯⋯ 109

平　台　篇

第五章　速卖通视觉营销⋯⋯⋯⋯⋯ 112
第一节　速卖通平台与视觉营销⋯⋯ 113
　　一、速卖通平台概述⋯⋯⋯⋯⋯ 113
　　二、视觉营销在速卖通店铺营销中
　　　　的作用⋯⋯⋯⋯⋯⋯⋯⋯⋯ 114
第二节　速卖通产品详情页设计⋯⋯ 114
　　一、速卖通产品详情页结构⋯⋯ 114
　　二、产品主图设计⋯⋯⋯⋯⋯⋯ 117
　　三、产品营销图设计⋯⋯⋯⋯⋯ 119
　　四、产品颜色图设计⋯⋯⋯⋯⋯ 121
　　五、产品视频设计⋯⋯⋯⋯⋯⋯ 122
　　六、产品详细描述设计⋯⋯⋯⋯ 123
第三节　速卖通海报设计⋯⋯⋯⋯⋯ 128
　　一、海报设计标准⋯⋯⋯⋯⋯⋯ 129
　　二、海报设计实施流程⋯⋯⋯⋯ 131
　　三、箱包类海报设计案例⋯⋯⋯ 132
　　四、服饰类海报设计案例⋯⋯⋯ 136
第四节　速卖通店铺装修⋯⋯⋯⋯⋯ 143
　　一、速卖通店铺装修概述⋯⋯⋯ 143
　　二、速卖通店铺首页装修⋯⋯⋯ 146
　　三、速卖通店铺装修案例⋯⋯⋯ 152
　　四、速卖通店铺详情页设计案例⋯ 155
本章习题⋯⋯⋯⋯⋯⋯⋯⋯⋯⋯⋯ 155
项目实训⋯⋯⋯⋯⋯⋯⋯⋯⋯⋯⋯ 155

第六章　亚马逊视觉营销 ………… 157

第一节　亚马逊平台与视觉营销 …… 158
一、亚马逊平台概述 ………… 158
二、亚马逊平台的视觉营销 ……… 159

第二节　亚马逊 Listing 图片设计 …… 159
一、亚马逊 Listing 主图设计要求 …… 160
二、亚马逊 Listing 辅图设计要求 …… 161

第三节　亚马逊 A+页面设计 ……… 162
一、亚马逊 A+页面概述 ………… 162
二、创建 A+页面 ………… 163
三、亚马逊 A+页面被拒的原因 …… 166
四、亚马逊高级 A+页面 ………… 166

第四节　亚马逊短视频营销 ………… 167
一、亚马逊短视频的优势 ………… 167
二、亚马逊 Listing 视频的设计 …… 168

第五节　亚马逊视觉设计案例 ……… 170
一、设计分析 ………… 170
二、步骤详解 ………… 172

本章习题 ………… 176
项目实训 ………… 177

第七章　其他主流跨境电商平台视觉营销 ………… 178

第一节　eBay 平台视觉营销 ……… 179
一、eBay 平台概述 ………… 179
二、eBay Listing 图片要求 ……… 181
三、eBay 店铺装修 ………… 182

第二节　Shopee 平台视觉营销 …… 184
一、Shopee 平台概述 ………… 184
二、Shopee Listing 图片要求 …… 185
三、Shopee 店铺装修 ………… 185

第三节　Wish 平台视觉营销 ……… 191
一、Wish 平台概述 ………… 191
二、Wish Listing 图片要求 ……… 192
三、Wish 店铺 ………… 194

本章习题 ………… 195
项目实训 ………… 195

拓　展　篇

第八章　短视频视觉营销 ………… 197

第一节　短视频营销概述 ………… 198
一、短视频的概念 ………… 198
二、短视频的特点 ………… 198
三、短视频营销的概念 ………… 199
四、短视频营销的优势 ………… 200

第二节　短视频拍摄 ………… 201
一、拍摄设备 ………… 201
二、脚本撰写 ………… 203
三、拍摄技巧 ………… 205

第三节　短视频编辑 ………… 209
一、短视频剪辑工具 ………… 209
二、短视频剪辑流程 ………… 211
三、使用剪映 App 编辑短视频 …… 212

第四节　跨境电商短视频营销 ……… 216
一、海外短视频发展情况 ………… 217
二、如何做好短视频内容展示 …… 218
三、如何做好短视频营销 ………… 220

本章习题 ………… 221
项目实训 ………… 221

第九章　独立站视觉营销 ………… 222

第一节　独立站视觉营销概述 ……… 223
一、独立站概述 ………… 223
二、独立站与视觉营销 ………… 224

第二节　独立站布局结构 ………… 225
一、独立站首页布局 ………… 225
二、独立站内页布局 ………… 227

第三节　独立站视觉设计 ………… 229

一、独立站视觉设计要点……………229
　　二、独立站主要图片设计……………230
第四节　独立站营销推广……………233
　　一、独立站营销推广渠道……………233
　　二、独立站营销推广注意要点………236
本章习题……………………………………237
项目实训……………………………………237

第十章　人工智能与跨境电商视觉营销……………………………238

第一节　人工智能概述………………239
　　一、人工智能的概念…………………239
　　二、人工智能的特点…………………239
第二节　人工智能发展概况与视觉营销工具…………………………240
　　一、人工智能发展概况………………240
　　二、人工智能视觉营销相关工具……243
第三节　Midjourney 在视觉设计中的应用……………………………245
　　一、Midjourney 概述…………………245
　　二、使用 Midjourney 设计产品 Logo…………………………………249
　　三、使用 Midjourney 设计产品主图和场景图………………………250
　　四、使用 Midjourney 设计 Banner 图与产品包装图……………………257
　　五、使用 Midjourney 打造个性化数字人………………………………259
本章习题……………………………………262
项目实训……………………………………262

基 础 篇

- 第一章　跨境电商视觉营销概述
- 第二章　跨境电商视觉设计法则
- 第三章　产品拍摄
- 第四章　Photoshop 图像美化

第一章 跨境电商视觉营销概述

结构导图

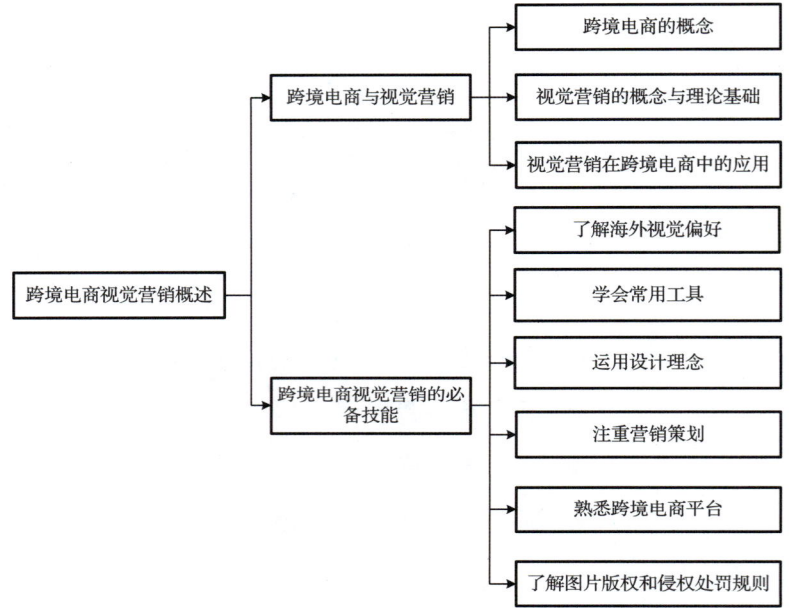

学习目标

1. 知识目标

- 理解跨境电商的概念。
- 掌握视觉营销的概念与理论基础。
- 掌握跨境电商视觉营销的必备知识。

2. 能力目标

- 具备跨境电商视觉营销的思维。
- 初步掌握视觉营销在跨境电商中的应用。
- 初步掌握跨境电商视觉营销的必备技能。

3. 价值目标

- 具备国际素养与视野。
- 具有尊重知识产权的版权意识。

案例导入

张丽（化名）是杭州某电商公司的一名电商美工，之前主要从事天猫、淘宝等平台店铺的主图与直通车图设计、详情页的设计、首页的设计装修及海报设计等。

由于国内电商竞争日趋激烈，而跨境电商迎来了快速发展期，公司决定从国内电商转型跨境电商，布局亚马逊、速卖通等平台，还打算建设独立站，探寻新的发展路径。

由于公司的战略调整，张丽也不得不从国内电商美工转而成为一名跨境电商美工，目前摆在张丽面前的问题是国内电商与跨境电商在视觉设计上的异同是什么，要成为一名优秀的跨境电商美工需要具备哪些能力。这也将是本章重点探讨的内容。

第一节 跨境电商与视觉营销

作为国际贸易新业态，跨境电商发展迅猛，近年来其交易规模与市场规模快速增长。随着一系列跨境电商政策的密集出台，跨境电商生态体系的逐渐完善，跨境电商步入黄金发展期。

视觉体验对客户的购买行为影响巨大，视觉营销作为营销技术的一种，是当今网络营销非常重要的组成部分，也是跨境电商营销制胜的关键。

一、跨境电商的概念

跨境电子商务（Cross Border E-commerce），简称跨境电商，是指分属不同关境的交易主体，通过电子商务平台达成交易、进行支付结算，并通过跨境物流送达商品、完成交易的一种国际商业活动。

2014年，"跨境电子商务"一词于首次出现在我国政府工作报告中，截至目前已连续10年被写入政府工作报告。2015年至2022年期间，国务院先后分7批设立165个跨境电商综合试验区，覆盖31个省区市，基本形成了陆海内外联动、东西双向互济的发展格局。党的二十大报告明确要求"加快建设贸易强国"，在国家战略发展政策的加持下，跨境电商逐渐从试点走向普惠，由东部、南部沿海地区向内陆省份扩展，从中心城市、省会城市向二、三线城市延伸。

然而，客户通过跨境电商平台在线购物时无法接触到实际商品，不能像在实体店一样通过听觉、嗅觉、味觉、触觉等多个方面去感知产品，跨境电商卖家展示的图片、文字或视频就成为了客户获取商品信息的主要途径。因此，视觉元素成为客户接收商品信息、决定是否购买商品及辨别品牌优劣的重要因素。

二、视觉营销的概念与理论基础

（一）视觉营销的概念

视觉营销（Visual Merchandising，VMD）是一种可视化的视觉体验，主要利用色彩、图像、文字、视频等造成的冲击力吸引潜在客户的关注，达到产品营销或品牌推广的目的。

在视觉营销中,视觉是重要的表现形式,而营销才是目的,通过视觉冲击和审美视觉感观提高客户潜在的兴趣,由此增加产品和店铺的吸引力,从而达到营销制胜的效果。

(二)视觉营销的理论基础

根据人体工程学的研究得知:人们在获取外界信息时,87%由眼睛获得,75%~90%的人体活动由视觉主导,大大超过了其他感知觉,这表明视觉对于人们了解事物非常重要,在眼球经济的今天,视觉营销有着其他营销不可比拟的优势。

国际推销专家海英兹·姆·戈德曼提出的AIDA模式,也称"爱达"公式,是推销学中的一个重要公式,具体如下:

$$注意(Attention)\to 兴趣(Interest)\to 欲望(Desire)\to 行动(Action)$$

该模式是指注意诱发兴趣,兴趣会刺激购买欲望,欲望会导致购买行为的促成。视觉在其中扮演着诱因的角色,通过刺激客户的视觉,并经过一系列的反应,最后促成客户的购买行为。

三、视觉营销在跨境电商中的应用

(一)视觉营销的关键指标

从下面的公式可知,一个跨境电商店铺或产品的销售额是由曝光量、点击率、转化率和客单价四个因素共同决定的。而曝光量、点击率、转化率与视觉营销密切相关,是衡量视觉营销成败的关键性指标。

$$销售额=曝光量\times 点击率\times 转化率\times 客单价$$

1. 曝光量

就跨境电商平台而言,曝光量指的是卖家的商品被平台展现的次数。曝光量越大,意味着商品被用户看到的次数越多,被点击的概率越高。

2. 点击率

点击率是指客户点击商品的比例,即点击量与曝光量的比值。通常,点击率的高低与商品的吸引力成正比,点击率越高,表明该商品对客户的吸引力越大;而点击率越低,则表示该商品对客户的吸引力越低。

假设跨境电商平台给了某卖家的商品100个曝光,同时,该商品获得了5次点击量,那么该商品的点击率为5%。用户是否点击,很大程度上取决于主图的设计。主图往往被视作一个流量窗口,决定着客户的点击率,而点击率又是影响商品权重的重要因素之一。

3. 转化率

转化率是指实际完成购买的客户数量与进入店铺或商品页面的客户数量的比例。

转化率是电商领域非常重要的一个指标,它反映了店铺或商品页面的营销效果和客户体验。高转化率意味着更多的客户被吸引并转化为实际购买者,反之低转化率则说明存在问题需要改进。通过对转化率的监控和分析,可以针对性地优化店铺或商品页面,提高销售业绩。

(二)视觉营销的作用

视觉营销是为达成营销目标而存在的,它通过一系列视觉展现,向客户传达产品信息、服务理念和品牌文化,达到促进产品销售、树立品牌形象的目的。

视觉营销有以下三个作用。

1. 吸引眼球,引起潜在客户的关注

通过视觉营销,使商品在同类中脱颖而出,吸引更多客户浏览与点击,引起潜在客户关注,从而发挥出强大的引流作用。图 1.1.1 展示的是亚马逊平台 iPhone Charger 主图,作为消费者的你会被哪张图片吸引呢?

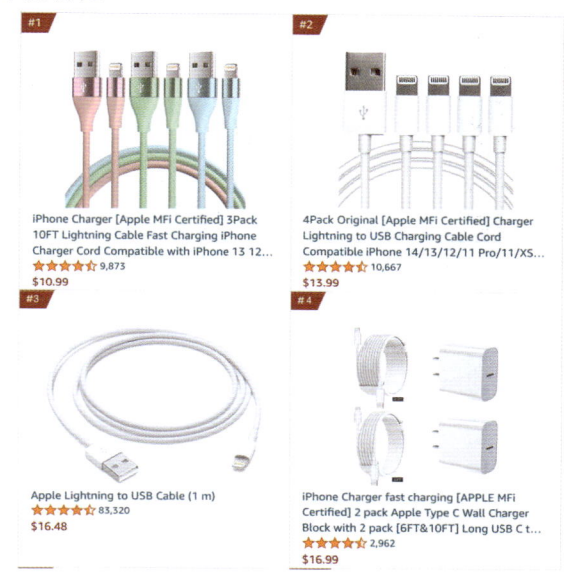

图 1.1.1　亚马逊平台 iPhone Charger 主图

人的知觉具有选择性,人们在观察外界事物时,会把具有较强美感和较高区别度的部分作为关注点,称之为聚焦点。如图 1.1.2 所示,由于模特服装色彩鲜艳、轮廓清晰、与背景呈现出较大的对比度,加上模特处于九宫格的交叉点位置,因此,模特自然成为聚焦点,同时,通过模特视线引导,出现了第二个聚焦点,即左边的文案"Hot' Selling",这就成功达到了引起潜在客户关注的目的。

图 1.1.2　吸引眼球的海报

对于跨境电商而言,能够带来点击的主要有产品主图、Banner 广告、关联图片等。

2. 激发兴趣，使客户产生购买行为

视觉营销最关键的是要抓住客户的核心诉求，激发客户的兴趣与购买欲望，也就是告诉客户我是谁，我的样子，我的功能，我为什么值得购买，我为什么不可取代。

图 1.1.3 展现了手机壳防撞击的功能，通过功能介绍激发客户的购买欲望。图 1.1.4 则通过折线图直观展示了该商品的促销活动，平时售价为 20.98 美金，活动期间直降 5 美金，只要 15.98 美金，通过价格促销激发客户的兴趣。

图 1.1.3　通过功能介绍激发购买欲望

图 1.1.4　通过价格促销激发兴趣

通过视觉营销，抓住客户的眼球，吸引客户注意力。随后，通过详尽的功能介绍引领客户深入了解商品特性，通过生动的场景展示建立起情感共鸣的桥梁，拉近客户与商品的心理距离。加之客户推荐和权威认证的呈现，有效消除客户疑虑，顺其自然地达成交易，最终提高转化率。

3. 赢得好感，提高客户复购率与忠诚度

一个店铺或产品想要保持经久不衰，需要不断赢得客户的好感，提高客户的复购率，提升其忠诚度。目前，跨境电商店铺成千上万，店铺形象同质化严重，通过视觉营销打造出具有辨识度的店铺形象，通过强有力的视觉效果塑造出让客户信赖的品牌形象，使得店铺或品牌被客户记住并深入客户的脑海中，最终使店铺或品牌在同行业中独树一帜。

通过视觉营销，在客户心中树立店铺或品牌的整体形象，为吸引忠实流量奠定基础。

第二节　跨境电商视觉营销的必备技能

一、了解海外视觉偏好

与国内电商不同的是，跨境电商卖家面对的是不同国家与地区的客户，由于文化历史、宗教信仰等不同，导致客户存在不同的视觉偏好与禁忌。例如，在中东地区，有诸多信奉伊斯兰教的国家，他们认为绿色是神圣的颜色，代表生命之源，因此人们非常喜爱绿色，留心观察不难发现沙特阿拉伯、约旦、伊朗等国的国旗普遍使用了绿色，如图 1.2.1～图 1.2.3 所示。在美国、加拿大，茶色、浅蓝色、白色和杏黄色是比较受欢迎的颜色；日本最受欢迎的是白色，其次是红色和灰色；法国人偏爱蓝色；拉丁美洲国家的人们大多喜欢暖色调；非洲

人普遍喜欢明艳的色彩。

因此，跨境电商卖家在视觉营销过程中要"入乡随俗"，产品颜色、包装设计、网站设计、店铺装修要符合目标受众文化属性及审美需求。在面对不同国家与地区的客户时，尤其要避免触碰宗教与文化禁忌。

图 1.2.1　沙特阿拉伯国旗

图 1.2.2　约旦国旗

图 1.2.3　伊朗国旗

二、学会常用工具

工欲善其事，必先利其器，不管做什么工作，都离不开工具。Photoshop（简称 PS）是视觉营销的必备软件，也是应用最广泛的图像处理软件之一，使用 PS 可对产品图进行编辑、抠图、合成、调色及特效制作，同时也可用来设计店铺首页、详情页、促销海报、主图等。

在短视频爆发与普及的时代，每个人都是视频的生产者。因此，视觉营销还要掌握视频拍摄与后期编辑软件，专业的视频编辑软件有 Adobe 公司出品的 Premiere（简称 PR）、After Effects（简称 AE）等工具，移动端视频编辑软件有剪映、快剪辑等，其支持多种格式的剪切和合并，通过视频处理软件可制作精美片头，添加字幕、音乐、特效、调色等。

随着人工智能技术的不断发展，越来越多的 AI（Artificial Intelligence）工具被开发出来，为跨境电商视觉营销带来了诸多便利和创新。在众多的 AI 工具中，ChatGPT 和 Midjourney 引人注目，极具影响力。其中，Midjourney 是一款基于人工智能技术的绘画工具，它可以将用户的输入指令转化为精细且充满艺术气息的画面，被广泛地应用于海报、宣传画、商标、图案设计等，也可以用于游戏制作、虚拟现实等领域。图 1.2.4 为 Midjourney 生成的花瓶图片。

图 1.2.4　Midjourney 生成的产品图

三、运用设计理念

除了熟练掌握软件的操作,更重要的是学会如何设计。设计是视觉营销必不可少的学习内容,包括设计基本原则、配色设计、构图设计、字体设计等。

色彩在视觉营销中是非常重要的元素之一,配色设计将直接关系到产品的访问量和品牌的认知度。对于图1.2.5所示的海报,其文案颜色取自于产品,背景与产品色调统一协调,画面简洁自然,重点突出。

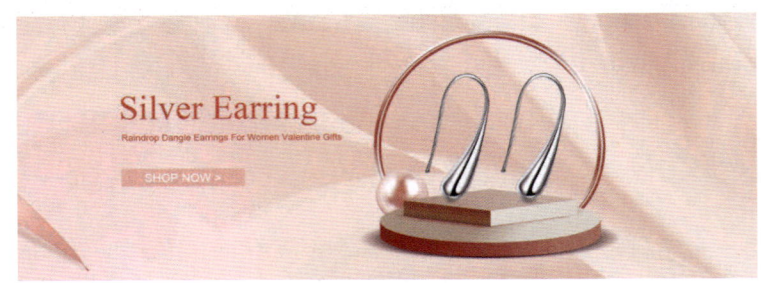

图1.2.5 配色设计

构图在日常摄影、电商海报设计中都有着广泛的应用,优秀的构图不仅能给人创造舒适整齐的页面结构,而且还能表现出作品的主题思想。图1.2.6所示的主图采用对角线构图表现鞋子的运动性能,图1.2.7采用向心式构图表现唇彩的多个色号。

图1.2.6 构图设计1　　　　　　　　图1.2.7 构图设计2

字体是文字的风格样式,也是文化的载体,不同的字体给人的感觉不尽相同,优秀的字体设计可以突出文案,使文案更具表现力。

色彩、版式、字体的设计需要与营销目标相一致,通过精心设计能够吸引消费者的眼球,并引导他们关注产品或服务。

关于设计法则详细内容,将在第二章进行介绍。

四、注重营销策划

视觉营销的核心是营销,因此务必重视营销策划。

营销策划作为视觉营销的重要组成部分,需要通过优秀的文字设计来吸引消费者的注意,并激发他们的情感和兴趣。在提炼文案时,要注重塑造既视感,让消费者能够快速理解文案所要表达的意思,同时引起他们的好奇心和兴趣。例如,华为手机的广告文案从"超级月亮"到"超级月色",通过描绘清晰的月亮景色,突出了该产品与其他同类产品的区别,让消费者一眼就能感受到华为手机拍摄效果的卓越之处。

相对于文字来说,图片更能带入某种情境,让消费者产生画面感。因此,设计的视觉图片要让消费者看得懂,能快速读取到文案内容,迅速传达卖点。与图片相比,视频更能让消费者产生身临其境的体验感。因此,要善于利用好图片与视频,即所谓的好图胜千言,视频胜千图。

五、熟悉跨境电商平台

优质的图片是提升产品成交转化的重要保障,然而不同的电商平台之间在设计规则上存在较大的差异,因此,做好视觉营销,必须要熟悉跨境电商平台规则。

(一)跨境电商平台与国内电商平台的规则差异

以电商平台的主图为例,图 1.2.8 为亚马逊(Amazon)平台上的"妮维雅男士爽肤水"主图,图 1.2.9 是天猫平台上的主图,两者在视觉设计上存在一定的差异。亚马逊平台要求主图背景必须是纯白色;主图不能是绘图或者插图,而且不能包含实际不在订单内的配件,主图不能带 Logo 和水印;产品最好占主图面积约 85%的空间。而天猫平台没有明确规定其背景必须为白色,但要求为实物图且必须达到 5 张,产品占主图面积约 55%的空间,详见表 1.2.1。

图 1.2.8　亚马逊主图　　　图 1.2.9　天猫主图

表 1.2.1　亚马逊、天猫主图规则的比较

平　　台	主 图 背 景	主图 Logo	产 品 占 比
亚马逊	主图背景必须是纯白色	主图不能带 Logo 和水印	产品占主图面积约 85%的空间
天　猫	没有明确规定其背景必须为白色	Logo 放置在左上方,不得出现水印	产品占主图面积约 55%的空间

作为视觉营销人员,必须要熟悉各平台对图片的具体规定。

(二)跨境电商平台之间的规则差异

主流跨境电商平台对产品图片的要求基本相同,一般建议产品图片背景为白色或纯色,主图像素要求 800 像素×800 像素及以上，图片不能有边框和水印，不能拼图，对产品 Logo 也有相应的规定。但不同的跨境电商平台之间也存在一定的差异，表 1.2.2 是部分跨境电商平台对图片要求的比较。

表 1.2.2　部分跨境电商平台对图片要求的比较

平台	亚马逊	eBay	速卖通	Wish
推荐像素	1000 像素×1000 像素及以上	800 像素×800 像素及以上	800 像素×800 像素及以上	800 像素×800 像素及以上
主图背景	纯白色	没有具体要求	白底或纯色	纯白色
Logo	不允许	不允许	放置于主图左上角	不允许
边框和水印	均不允许	均不允许	均不允许	均不允许
主图拼接	不允许	允许	童装允许两张拼图，其他行业不允许	允许
刊登图片数	主图 1 张，辅图最多 8 张	最多 24 张	主图 6 张，颜色图与详情图可自定义	主图 1 张，辅图最多 10 张
主图主体大小	产品最好是占据主图大约 85%的空间	没有具体要求	产品要求占据主图 70%以上的空间	产品最好占据主图大约 85%的空间

注：平台规则会不断更新与调整。

随着平台卖家激增，平台间的竞争日益激烈，越来越多的卖家开始寻找其他模式协同发展，如独立站、海外社交媒体等，因此，还要熟悉独立站视觉设计规范及海外社交媒体发布规则。

六、了解图片版权和侵权处罚规则

大多数跨境电商平台十分注重保护原创、尊重知识产权，对卖家的侵权行为持零容忍态度，如果产生侵权行为，不仅会引起产品下架，甚至面临店铺被关和被处罚的风险。因此，跨境电商卖家必须要有版权意识。

在视觉营销过程中，尤其要注意图片版权。图片版权也称图片著作权，是指作者对其创作的图片作品所享有的专有权利。互联网的普及使图片的转载变得十分方便，但并非所有的图片都可以免费使用，未经版权持有人同意，将拥有版权的图片用作商业用途，便会构成侵权行为，甚至带来不可估量的损失。

那么，如何规避图片侵权呢？

首先，在刊登产品图片时，禁止使用版权不明的图片。卖家应尽可能拥有自己的拍摄团队和签约模特，从而创建自己独立版权的产品图片，从源头上解决版权侵犯问题。除盗图外，卖家也应该杜绝商标侵权行为的出现，例如，产品不能印有其他品牌的 Logo、水印及各种明星头像、卡通动漫（如"Hello kitty""Angry birds"）等。

其次，卖家一定要注意保存原始图片信息，即便是自己拍摄制作的图片，也不排除会有其他卖家的恶意投诉侵权行为。若遇到此类情况，卖家即可提供图片的原始相关信息，证明图片来源的合理性。

本章习题

项目实训

实训目标：了解跨境电商视觉营销的重要性；发现图片设计、店铺布局及视觉体验设计对海外客户的购买行为影响；总结影响视觉营销的关键因素。

实训要求：

1. 自主选择一个跨境电商平台，输入某一关键词进行搜索。
2. 对搜索结果显示的主图进行采集对比。
3. 选择其中销量较高的主图，点击进入，分析其详情页或 Listing 图片设计。

实训思路：

1. 在浏览器中输入跨境电商平台网址，在其首页输入关键词（如 Dog Harness）进行搜索。
2. 对搜索结果前两页的图片进行采集，结合不同维度客户的视觉营销诉求对采集的产品主图进行视觉分析，如主图是否直接展示产品，是否使用模特，是否使用实际场景等。
3. 选择销量较高且吸引人的主图，点击进入其详情页进行视觉分析，重点分析该页面的模块构成、卖点提炼、字体选择、色彩运用、构图与画面排版等视觉要素。
4. 通过上述分析，总结哪些关键因素会影响产品图的点击率和详情页的转换率。

第二章

跨境电商视觉设计法则

结构导图

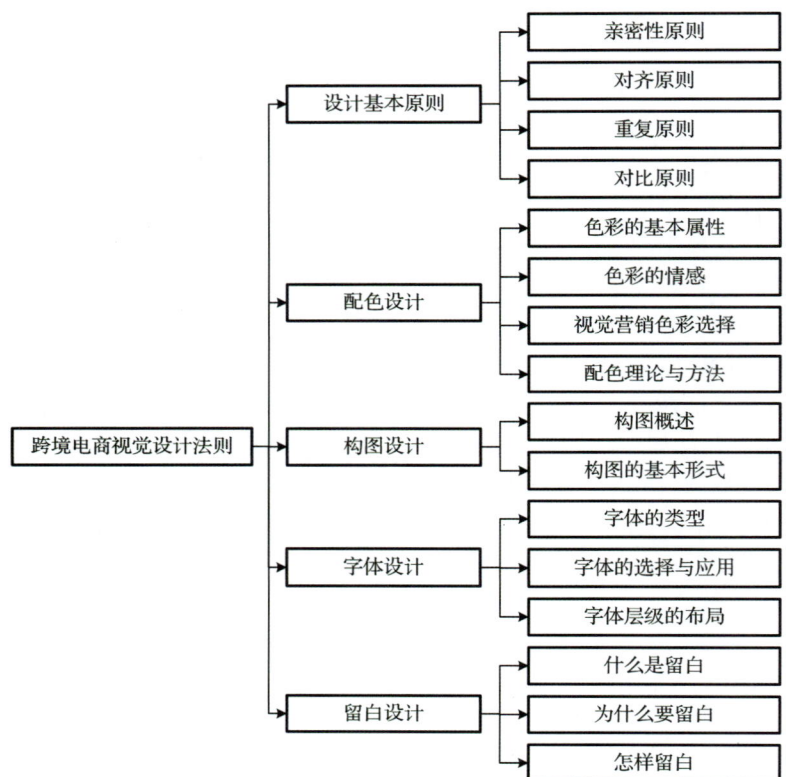

学习目标

1. 知识目标

- 理解四个设计基本原则的概念、目的与实现方法。
- 了解色彩的基本属性,理解色彩的情感。
- 掌握构图的基本形式与特点。
- 了解字体的分类,能区分衬线体与无衬线体。

2. 能力目标

- 能初步运用四个设计基本原则进行设计。

- 掌握色彩搭配的具体方法。
- 掌握字体的选择与应用。
- 掌握留白在视觉设计中的应用。

3. 价值目标

- 培养良好的审美情趣。
- 塑造乐于探索、勇于实践的品格。

案例导入

王强(化名)是一名跨境电商专业的大三学生,前期学习过 PS 等图像处理软件,掌握了 PS 的基本操作,也能做一些简单的海报,但设计出来的作品画面美感不足,重点不够突出,产品、文案、版面结合不太自然。

这其实是很多 PS 学习者的通病——缺乏设计思维与美感,不懂得如何配色与构图,忽视字体在设计中的应用。

那么,在视觉设计中,有没有一些基本原则可应用呢,如何进行配色设计、构图设计、字体设计与留白设计,这也将是本章重点探讨的内容。

第一节 设计基本原则

在跨境电商视觉营销设计中,有些人 PS 技能掌握得非常不错,但设计出来的作品画面美感不足,重点不够突出,产品、文案、版面结合不太自然。那么,设计中有没有一些基本原则可应用呢?美国的 Robin Williams 总结了设计中最基本的四个原则,分别是亲密性、对齐、重复、对比。这些设计原则,在生活中无处不在,每个优秀的设计都应用了这些原则。

一、亲密性原则

(一)什么是亲密性

俗话说:物以类聚,人以群分。亲密性是指将逻辑上存在关联的元素排列组合在一起,归为一组,使其被看作密切相关的整体,而不是一堆杂乱无章的元素。

听起来似乎有些抽象,先来看如图 2.1.1 所示的案例,在 3 秒钟分辨出图中有几种水果?各有多少个?是不是有些困难。

接下来对画面进行调整,如图 2.1.2 所示,是不是可以轻而易举地回答出上述问题?

为什么同样两张图片,内容一样,只是换了摆放的位置,却能影响到我们的判断?这就是亲密性原则起了作用。

通过应用亲密性原则,有助于组织信息,为客户提供清晰的结构。排版时如果感觉画面或者信息有些散乱,很可能是没有利用好亲密性排版方法。

图 2.1.1　水果图片 1　　　　　　　　图 2.1.2　水果图片 2

(二) 如何达到亲密性

首先，需要对元素进行归类组合，将页面中出现的元素按某种逻辑进行划分。

其次，对于同一组合内的元素在物理位置上赋予更近的距离，使它们相互靠近，形成一个视觉单元，而无关的要素，则彼此分开。

图 2.1.3 是一张企业名片的布局，在这样小的空间里，你看到了多少个单独的元素？视线要转移多少次才能看全这张名片上的所有信息？

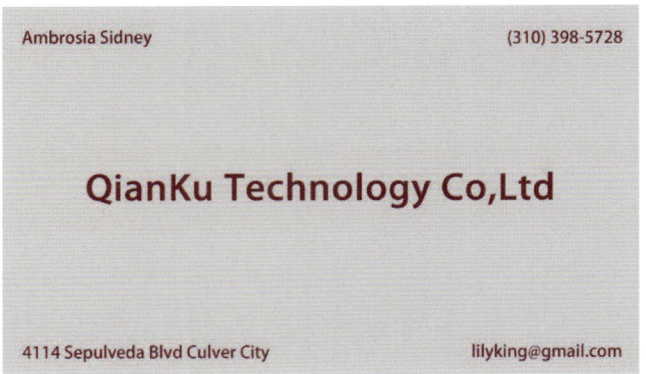

图 2.1.3　名片

如果对这张名片做些调整，如图 2.1.4 所示，即把相关的元素分在一组，使它们建立更亲密的关系，你看会发生什么？运用亲密性原则之后，杂乱的页面元素经过逻辑归类，对信息进行有效组织，减少了混乱，增加了可读性。

图 2.1.4　利用亲密性原则修改后的名片效果

图 2.1.5 所示的海报将所有的文案归为一类，并且采用统一的衬底，这样使客户能很快获取信息。

图 2.1.5 亲密性原则应用

二、对齐原则

（一）什么是对齐

对齐是指任何元素都不能在页面上随意摆放，每个元素都应当与页面中的另一个元素存在某种视觉联系，要在元素之间建立视觉纽带。

如果页面上的元素是对齐的，就会得到一个内聚的单元。即使对齐元素的物理位置离得很远，但它们之间会有一条看不见的线把它们连在一起。

对齐的目的是使页面统一而有条理。

（二）如何实现对齐

任何元素都要在页面上找出与之对齐的元素，这些元素之间确定一个明确的对齐线，并坚持以它为基准。

对齐的方式可分为左对齐、右对齐、居中对齐和两端对齐。

例如，刚才的名片设计，采用右对齐方式进行处理后，里面的信息立刻变得有条理了，如图 2.1.6 所示。尽管这是一条看不见的线，但它为这些信息提供了一个共同的边界，这个边界把它们联系在了一起。

图 2.1.6 利用对齐原则后的名片效果

图 2.1.7 和图 2.1.8 是常见的跨境电商海报设计案例，通过左对齐，将文案自然而然地串到了一起。这样的案例在电商海报设计中比比皆是。

图 2.1.7　对齐原则应用 1

图 2.1.8　对齐原则应用 2

需要注意的是，在使用对齐原则时，尽量采用一种文本对齐方式，避免在一个页面上混合使用多种文本对齐方式，例如，所有的文本都应左对齐，或右对齐，或全部居中对齐。

通过应用亲密性原则，将一个页面中的元素划分成不同的组合，通过对齐原则，使得这些不同的元素组合在视觉上看起来彼此相关。

但对于两个平等关系的元素组合或者多个平等关系的组合，仅仅利用亲密性和对齐原则还无法呈现完美的效果，这里需要用到第三个原则——重复原则。

三、重复原则

（一）什么是重复

重复是指具有相同属性的元素在整个作品中反复出现。

通过重复，可增加作品风格的统一性，使画面统一完整，阅读更加轻松直接。

（二）如何实现重复

在视觉设计中，可重复颜色、形状、空间关系、字体、大小等。在日常工作中人们经常使用重复，例如，文本编辑时将所有标题都设置为相同的大小和粗细，在每页的底部都增加一条线，项目中的每个列表都使用相同的符号，每级统一使用一种字体和字号，字体颜色也统一。

重复在 Logo 设计中也经常使用，像华为 Logo 有规律地重复多片花瓣（见图 2.1.9），阿迪达斯 Logo 有规律重复色块（见图 2.1.10）。

图 2.1.9　重复花瓣（华为 Logo）

图 2.1.10　重复色块（阿迪达斯 Logo）

在电商页面设计中经常使用重复原则，图 2.1.11 是速卖通一个店铺首页，背包类（Tail Backpack）与腰包类（Running Waist Bag）产品展示采用同样的布局，均从全屏海报开始，到中屏海报，再到具体产品（3 款）的展示。

图 2.1.12 所示的新品（New Arrival）类目，其下所有产品均采用同样的边框，同样的布局以达到一致性。

图 2.1.11　重复布局

图 2.1.12　重复形状与布局

注意：在设计时要避免过多地重复一个元素，太多的重复会让人反感，因此，要重视对比的价值。

四、对比原则

如果亲密性、对齐和重复是为了实现组织性，使画面统一条理，那么对比的出现则是为了打破单调，通过强调突出视觉重点，吸引客户关注。

（一）什么是对比

对比是视觉设计中的一个核心原则，它通过彰显不同元素之间的差异性来增强视觉效果，提高信息的可读性和页面的吸引力。

如果一个页面中的文本采用的都是同样的字体、同样的字号、同样的颜色，客户能轻易区分出哪里是标题，哪里是正文内容吗？所以在通常情况下，设计师都会应用对比原则。

通过对比，一方面增强页面视觉效果，强调视觉重点，另一方面还可以让信息层级更清晰，自然地引导客户的视线。

（二）如何实现对比

产生对比的方法有大字体与小字体的对比，粗线与细线的对比，冷色与暖色的对比，平滑材质与粗糙材质的对比，间隔很宽的文本行与紧凑的文本行的对比，大图片与小图片的对比等。

如图 2.1.13 所示的促销海报，其文案采用大字体与小字体的对比，使 70%折扣信息非常凸显。

图 2.1.13　文案字体大小对比

没有对比的页面设计，在客户的眼里就如平静的海面，视线可及之处没有一个焦点，当出现了对比后，意味着在平静的海面上有一个小岛之类的可以吸引视觉的焦点，突出了视觉重点。

对比要强烈，但依然涉及一个度的问题，对于强烈的对比，很有可能导致客户忽视在页面中处于比较弱的那些元素。

亲密性、对齐、重复和对比四个设计原则是相互关联的，只应用某个原则的情况是很少的。图 2.1.14 所示的案例，既运用了亲密性原则，将文案统一居于画面的左侧，同时采用了对齐和对比效果，使得整个海报画面美观、信息清晰可读。

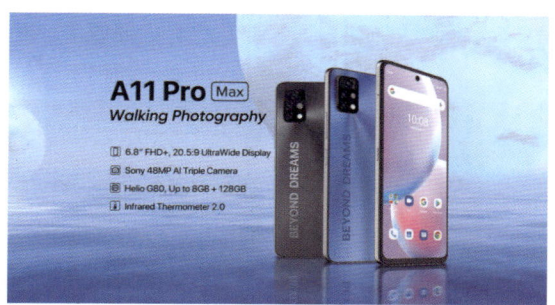

图 2.1.14　设计原则的综合应用

第二节　配色设计

色彩是视觉营销设计的重要元素之一，能否成功进行色彩的搭配，将直接关系到产品的访问量和品牌的认知度，甚至会影响店铺的生存与发展。

一、色彩的基本属性

色彩可分为非彩色和彩色两大类别。非彩色是指白色、黑色和各种深浅不同的灰色，而其他所有颜色均属于彩色，彩色具有三个属性：色相、饱和度、明度。

色相也称色调，指颜色的种类和名称，是颜色的基本特征，是一种颜色区别于其他颜色的因素，图 2.2.1 呈现了红、橙、黄、绿、青、蓝、紫这些不同特征的色彩，这就是色相。

图 2.2.1　色相

饱和度是指颜色的纯度，一种颜色的饱和度越高，它就越鲜艳；反之，一种颜色的饱和度越低，它就越接近于灰色。图 2.2.2 的饱和度明显高于图 2.2.3 的饱和度，前者非常鲜艳，而后者偏向于灰色，如果饱和度一直降低，会变成非彩色的图像。

图 2.2.2　高饱和度图像效果

图 2.2.3　低饱和度图像效果

明度是指人眼所能感受到的色彩明暗程度。图 2.2.4 很明亮，降低其明度，就会呈现出图 2.2.5 所示的效果。

图 2.2.4　高明度图像效果

图 2.2.5　低明度图像效果

二、色彩的情感

人们常说，不同的色彩能够触动人们不同的情感。

色彩的情感称为色彩的功能、色彩的表情。色彩能触动人们的情感是因为人们长期生活在色彩的世界中，从而累积了许多视觉经验，当视觉经验与外来色彩刺激产生呼应时，就会在心理上引出某种情绪，它同时受人们的年龄、性格、经历、民族、地区、环境、文化等诸多因素的影响，下面来分析几种典型色彩的情感。

（一）红色

红色是一种刺激性强，容易引起人们兴奋且能给人留下深刻印象的色彩。红色给人温暖、兴奋、活泼、热情、希望、饱满、幸福等积极向上的意向。因此，红色往往代表生命、热情和活力。如图 2.2.6 所示，一位洋气的美女提着红色的包，大阔步行走，使人感觉富于朝气，蓬勃向上。然而，在某种情况下，红色让人产生紧张、危险及躁动不安的感觉，也常用来作为警告、禁止等标示用色，如图 2.2.7 所示。

图 2.2.6　红色效果

图 2.2.7　红色警示效果

（二）橙色

橙色是黄色与红色的混合色，是十分欢快活泼的光辉色彩，是暖色系中最温暖的色彩，代表温馨、活泼、热闹，给人感觉明快，具有富丽、辉煌、炙热的感情意味，使人联想到金色的秋天、丰硕的果实，因此是一种富足、快乐而幸福的色彩。橙色容易引起营养、香甜的联想，并激发食欲，如图 2.2.8 所示。

（三）黄色

黄色是最亮的色彩，在高明度下能保持很强的纯度，是非常明亮而娇美的色彩，有很强的光感，具有极强的视觉效果。图 2.2.9 所示的黄色衣服，非常醒目、亮眼。

图 2.2.8　橙色效果

图 2.2.9　黄色效果

（四）绿色

由于人们生活在绿色的大自然中，因此对绿色的反应最平静。绿色容易让人联想到大自然、草地、森林等，它传达清爽、理想、希望、生长、青春等意象，符合农业、服务业、保健业的诉求，如图 2.2.10 和图 2.2.11 所示。

图 2.2.10　绿色效果 1

图 2.2.11　绿色效果 2

（五）蓝色

蓝色是最冷的色彩，使人联想到天空、海洋、湖泊、远山、冰雪，表达冷静、理智、高深、透明、严谨等含义。由于蓝色具有沉稳内敛与理性精确的意象，它成为了科技产品与高科技企业标志设计中的首选色彩。在科技行业中，蓝色不仅能够传达出产品的可靠性和先进性，还能够激发用户对科技创新、高效性能及专业信赖的感受，如图 2.2.12 所示。

（六）紫色

紫色代表神秘、高贵、威严，给人以浪漫、优雅、雍容华贵之感。提高紫色的明度，可产生妩媚、优雅的效果，具有强烈的女性化性格，如图 2.2.13 所示。

图 2.2.12　蓝色效果

图 2.2.13　紫色效果

三、视觉营销色彩选择

在电商视觉营销设计中，应如何快速把握整体的色彩基调，更好地表达产品的主题思想呢？

（一）基于产品定位色彩

不同的色彩给人不同的印象，不同行业、不同产品使用的色彩都有一定的倾向性。例如，科技、数码家电类产品较多采用蓝色，体现其商务、稳定的格调，如图 2.2.14 所示；保健品行业经常使用绿色，体现其生命与健康；食品行业中常常采用黄色、橙色等暖色调，给人以味觉刺激，使人增加食欲，同时又有较强的视觉认知性和吸引力，表现出生活的格调；爱情婚恋主题周边产品往往采用紫色，或与粉色搭配，表现浪漫、优雅、高贵、梦幻的气质。

图 2.2.14　数码产品海报设计

在跨境电商店铺设计中，首页、店招、促销图等的配色要选择与行业相匹配的色彩，保证色彩与店铺形象、经营的产品相一致。

(二) 基于客户特点选择色彩

不同性别的消费群体，对色彩的偏好存在较大的差异。例如，成熟男性产品的配色以体现冷峻感的冷色系或黑色、深灰色等无彩色为主，或选用低明度、低纯度的色调，如深蓝色，能演绎出冷静、沉着、强壮、潇洒等男性的不同侧面，如图2.2.15所示。感受速度感和力量感的运动型配色也是男性配色，通过色彩来表现动感的印象，突出色彩之间的对比效果，如图2.2.16所示。

图2.2.15　成熟男性产品配色 　　　　　　图2.2.16　运动型产品配色

女性普遍喜好红色、粉色等暖色，如图2.2.17所示，时尚女装经常选择棕色、酒红色等，演绎女性的高雅和优美；添加紫色、黑色、红色，体现艳丽的性感配色，表现成熟女性的魅力。

图2.2.17　女性服饰配色

不同年龄阶段对色彩的偏好也呈现出不同的特点，儿童喜欢鲜艳和活泼的色彩，如图2.2.18所示，青少年喜欢对比较强的色彩，中年人喜欢稳重大气的色彩，而老年人则喜欢简单素雅的色彩，针对不同的消费群体，在设计上所采用的色彩也应有所不同。

图2.2.18　儿童产品配色

四、配色理论与方法

前面所阐述的是单一颜色的色彩表现和色调选择,然而在设计跨境电商页面时常常需要多种色彩表现,应如何选择色彩进行搭配呢?先来认识下色相环。

(一)色相环

十二色相环是由原色、二次色(间色)和三次色(复色)组合而成,如图 2.2.19 所示。色相环中的三原色是红、黄、蓝,彼此势均力敌,在环中形成一个等边三角形。二次色是橙、紫、绿,处在三原色之间,形成另一个等边三角形。红橙、黄橙、黄绿、蓝绿、蓝紫和红紫六色为三次色。三次色是由原色和二次色混合而成的。

(二)常用的色彩搭配法

常用的色彩搭配法包括同类色搭配、邻近色搭配、类似色搭配、互补色搭配等。

(1)同类色搭配:同类色是指色相环中 15 度夹角内的颜色,色相性质相同,但色度有深浅之分,如深绿与浅绿。

(2)邻近色搭配:邻近色是指在色带上邻近的颜色,凡在 60 度范围内的颜色都属于邻近色,如图 2.2.20 所示。邻近色之间往往你中有我,我中有你。例如,朱红色与桔黄色,如图 2.2.21 所示,朱红色以红色为主,里面略带有少量黄色;桔黄色以黄色为主,里面有少许红色,虽然它们在色相上有很大差别,但在视觉上却比较接近。

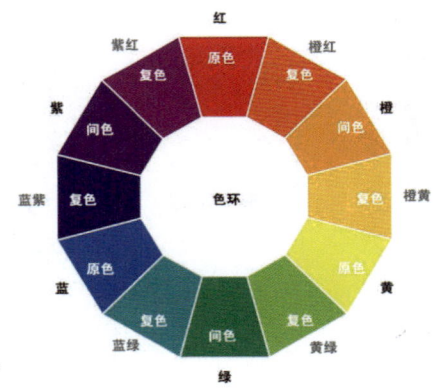

图 2.2.19 十二色相环

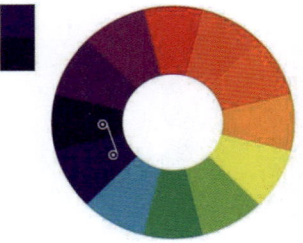

图 2.2.20 邻近色

图 2.2.21 邻近色搭配效果

（3）类似色搭配：类似色是指在色相环上90度范围内相邻接的颜色，如图2.2.22所示。例如，红－橙红－橙，黄－黄绿－绿等均为类似色。类似色由于色相对比不强，给人平静、调和的感觉，因此在配色中常常应用。

（4）互补色搭配：互补色是指在色相环中处于180度对角位置的两色，如图2.2.23所示，由于有非常强烈的对比度，在颜色饱和度很高的情况下，可以创建很多十分震撼的视觉效果。

图 2.2.22　类似色　　　　　　　　　图 2.2.23　互补色

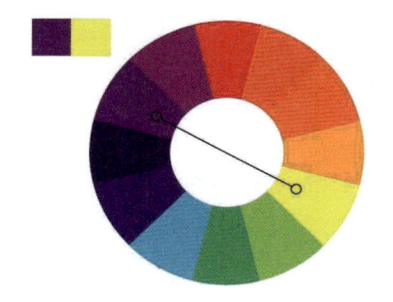

（三）色彩搭配技巧

1. 风景取色法

自然界非常神奇，蕴含了完美的色彩搭配，处处可以看到均衡的色彩组合，类似色互相辉映，搭配对比色，可展现出色彩组合的丰富变化，利用自然界图片可以产生非常美妙的色彩搭配。

风景取色法具体步骤如下。

步骤一：搜索一张自然界图片，或自己拍摄，最好是没有经过处理的原始图，如图2.2.24所示。

步骤二：用图像处理软件（如PS）打上马赛克，通过马赛克将多种颜色归类为一个颜色。

步骤三：取五种颜色，做成多个圆色块，如图2.2.25所示。

图 2.2.24　原始图　　　　　　　　　图 2.2.25　为图片打上马赛克并取色

步骤四：应用到页面配色中，如图2.2.26和图2.2.27所示。

提示：不同的原始图，设计出来的配色与众不同，非常独特；其难点在于如何找到一张合适的图片，因为不同的图片其对应的应用领域有所不同。

2. 工具取色法

目前，有一些配色软件如 ColorSchemer Studio，能帮助大家进行配色设计。

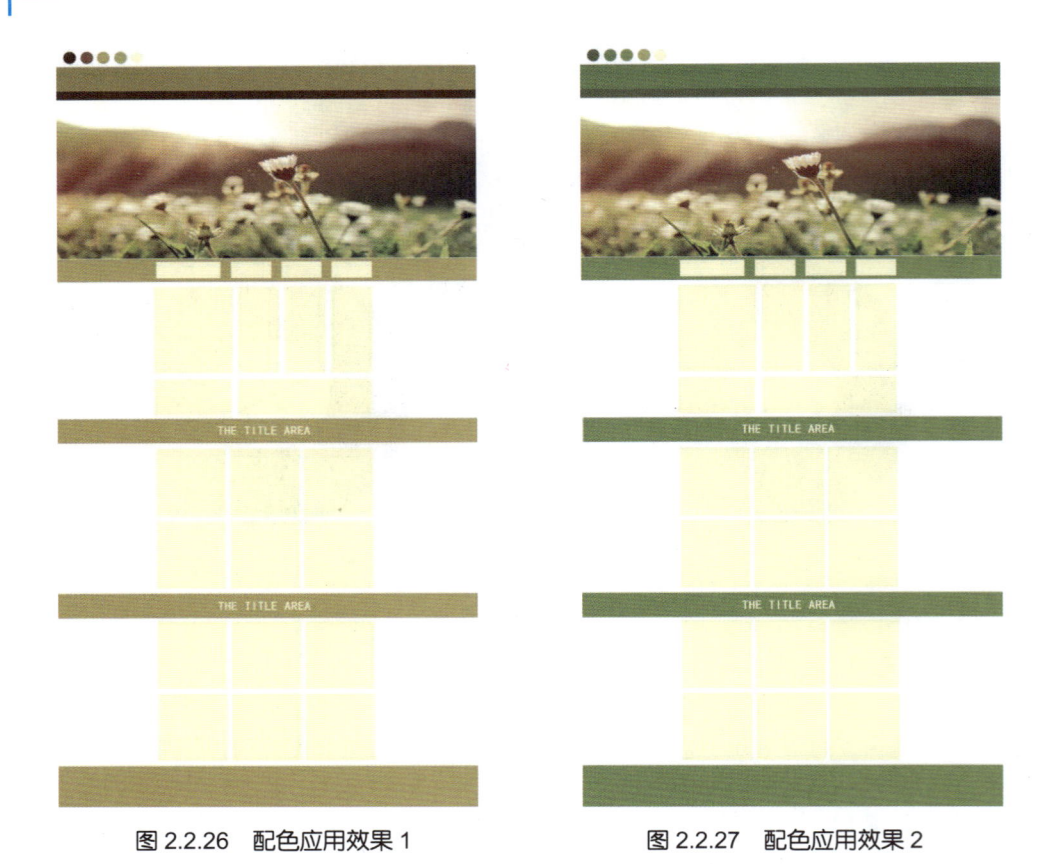

图 2.2.26　配色应用效果 1　　　　　　　图 2.2.27　配色应用效果 2

第三节　构 图 设 计

在设计跨境电商页面时，会遇到一个难题就是该如何构图。从事视觉设计的新手，面对构图往往会产生一种乏力感，而优秀的构图不仅让作品充满美感，而且还能表现出作品的主题思想。

一、构图概述

这里有四幅画面（见图 2.3.1～图 2.3.4），大家是否感觉到这些画面或优美，或平静，或动感？那么这些画面在构图方面都遵循了怎样的规律呢？构图的基本形式包括哪些呢？

图 2.3.1　构图效果 1 　　图 2.3.2　构图效果 2 　　图 2.3.3　构图效果 3 　　图 2.3.4　构图效果 4

常见构图的基本形式有九宫格构图、对称式构图、对角线构图、三角形构图、引导线构图、水平线构图、垂直线构图、向心式构图等,如图 2.3.5～图 2.3.12 所示。

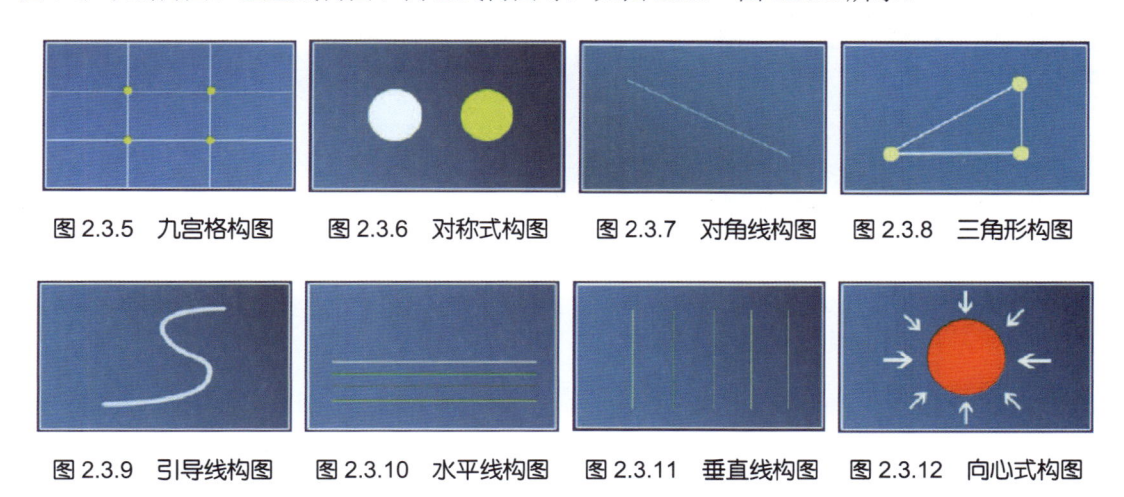

图 2.3.5　九宫格构图　　图 2.3.6　对称式构图　　图 2.3.7　对角线构图　　图 2.3.8　三角形构图

图 2.3.9　引导线构图　　图 2.3.10　水平线构图　　图 2.3.11　垂直线构图　　图 2.3.12　向心式构图

那么,这些构图的基本形式的概念分别是什么,应该如何应用?

二、构图的基本形式

(一)九宫格构图

九宫格构图指的是用水平和垂直的四条线将画面分成九个格,将主要元素放在线的交叉点上。"井"字的四个交叉点就是主体的最佳位置,这里的每个点都是视觉的焦点。一般认为,右上方的交叉点最为理想,其次为右下方的交叉点,如图 2.3.13 所示。

图 2.3.14 所示的案例,模特、文案均在交叉点的位置,客户的眼球自然就会被模特吸引,而文案内容正好占据了左上角的"趣味中心",使整个画面在保持舒适平和的同时,突出了模特和文案内容。

图 2.3.13　九宫格焦点　　　　图 2.3.14　九宫格构图效果 1

图 2.3.15 所示的花朵照片、图 2.3.16 所示的海滩人物照片均利用了九宫格构图形式来突出重点。

图 2.3.15　九宫格构图效果 2 　　　　　　　图 2.3.16　九宫格构图效果 3

九宫格构图符合人们的视觉习惯，是最经典的构图形式，使主体自然成为视觉中心，具有突出主体，并使画面趋向均衡的特点。

（二）对称式构图

对称式构图来源于生活，是常用的一种构图形式，对称式构图一般有左右、上下和斜向三个方向上大致对等的视觉效果。

使用对称式构图，可以让画面达到一种平衡感，具有平衡、稳定、相呼应的特点，如图 2.3.17 和图 2.3.18 所示。

图 2.3.17　对称式构图效果 1 　　　　　　　图 2.3.18　对称式构图效果 2

对称式构图的缺点是比较呆板、缺少变化。有时需要借助元素的调整来破除负面气质，例如，图 2.3.18 因为小鸟的出现打破了平衡，图 2.3.19 因为左右两边不同的笔刷效果使得整个画面具有了灵动气息。

图 2.3.19　对称式构图在电商海报设计中的应用

（三）对角线构图

对角线构图是基本的构图形式之一，它把主体安排在画面两对角的连线上，以产生运动感、立体感和延伸感。

图 2.3.20 采用了对角线构图，使得整个画面具有纵深感，增强了立体感。利用对角线构图可以使画面更加富有鲜活力和节奏感，图 2.3.21 所示的奔跑运动员，采用对角线构图，使得整个画面充满力量。在电商海报设计中也较多采用此构图形式，如图 2.3.22 所示。

图 2.3.20　对角线构图效果 1　　　　图 2.3.21　对角线构图效果 2

图 2.3.22　对角线构图在主图中的应用

（四）三角形构图

三角形构图是指将画面中所表达的主体放在三角形中或影像本身形成三角形的态势。三角形可以是正三角也可以是斜三角或倒三角，其中斜三角较为常用，也较为灵活。

图 2.3.23 和图 2.3.24 均采用了三角形构图形式，图 2.3.23 主体本身就是斜三角形，图 2.3.24 的三朵花构成了三角形。

从以上案例可以看出，三角形构图既创造了平衡感又增添了动感。

（五）引导线构图

引导线构图，即利用线条引导浏览者的目光，使之汇聚到画面的焦点。引导线不一定是具体的线，但凡有方向的、连续的东西，都可以称为引导线。现实中的一条道路、一条小河、一座桥、喷气式飞机拉出来的白线，颜色、阴影甚至人的目光，不管是实的还是虚的，只要是视觉上的线条都可以是引导线。

图 2.3.23　三角形构图效果 1　　　　图 2.3.24　三角形构图效果 2

图 2.3.25 画面上的道路为 S 形引导线，具有延长、变化的特点，看上去有韵律感，具有优美、雅致、协调的感觉，图 2.3.26 采用海岸线作为引导线，画面自然、优美。

引导线构图使得画面充满美感，使近处和远处的景物相呼应，能有机地支撑起画面，不仅增加了立体空间感，而且通过引导线将人的视线引向兴趣点，突出主体，烘托主题。

图 2.3.25　引导线构图效果 1　　　　图 2.3.26　引导线构图效果 2

（六）水平线构图

水平线构图是最基本的构图形式之一，以水平线条为主，水平线构图效果如图 2.3.27 和图 2.3.28 所示。水平、舒展的线条能表现出宽阔、稳定、和谐的感觉，通常运用在湖面、水面、草原等场景。

（七）垂直线构图

垂直线构图即画面中以垂直线条为主。通常在运用垂直线构图时，主体自身就符合垂直线特征，如树木、一排排的风车等，如图 2.3.29 所示。垂直线在人们的心中是符号化象征，能充分展示景物的高大和深度。

在电商海报中，如果想要展示产品的多个款式、多种颜色或多个角度，也经常采用垂直线构图形式，如图 2.3.30 所示。

图 2.3.27　水平线构图效果 1 　　　　　　图 2.3.28　水平线构图效果 2

图 2.3.29　垂直线构图效果 　　　　　　图 2.3.30　垂直线构图的应用

（八）向心式构图

向心式构图是指主体处于中心位置，而四周景物朝中心集中的构图形式。能将人的视线强烈引向主体中心，并起到聚集的作用，如图 2.3.31 所示。

向心式构图具有突出主体的鲜明特点，但有时也会形成压迫中心，产生局促沉重的感觉，如图 2.3.32 所示。

图 2.3.31　向心式构图的应用 　　　　　　图 2.3.32　向心式构图效果

以上这些都是构图的基本形式。需要注意的是，一幅好的作品，往往包含多种构图形式。例如，图 2.3.33 所示的画面既采用了水平线构图，又采用了九宫格构图。图 2.3.34 所示的画面采用引导线构图形式，引导线末端的主体在九宫格最显眼的位置，在路的尽头出现一道阳光，画面形成了带人入景的效果。

图 2.3.33　多种构图形式综合运用效果 1

图 2.3.34　多种构图形式综合运用效果 2

第四节　字　体　设　计

一个成功的海报设计或专题页面，除了具备出彩的配色，构图，创意等，还有一个非常重要的因素——字体。同样的素材，同样的配色，但不同的字体运用会让页面呈现出不同的效果，甚至天壤之别。那么在电商视觉设计中应如何选择合适的字体，如何应用字体呢？

一、字体的类型

字体是文字的风格样式，也是文化的载体，不同的字体给人的感觉不尽相同。英文字体可分为衬线体、无衬线体、其他字体(如手写体)。

(一)衬线体

衬线体在字母起笔和落笔之处会有装饰衬线，装饰衬线对于客户的视线有引导作用，外观特征为古典、端庄、传统，如图 2.4.1 所示。Times New Roman 是人们经常使用的一种衬线体。

(二)无衬线体

无衬线体也称等线体，顾名思义，无衬线体没有装饰衬线，笔画粗细一致。无衬线体外观特征为客观、朴素、线条清晰、均匀有力，作为一种等线字体，它展示了没有经过任何修饰的字母骨架，如图 2.4.2 所示。Arial 是人们经常使用的无衬线体。

(三)手写体

手写体带有强烈的书法特色，如图 2.4.3 所示，字体笔画连贯、流畅，但用于正文可能存在识别性差的问题，会降低阅读效率。手写体通常适用于比较特殊的设计案例，如婚礼、音乐会等。

图 2.4.1　衬线体

图 2.4.2　无衬线体

图 2.4.3　手写体

二、字体的选择与应用

在选择字体时，需细致考量设计项目的目标受众群体，准确把握其审美偏好，依据不同受众群体的特性和需求，匹配合适的字体风格。下面重点介绍衬线体与无衬线体的选择与应用。

（一）衬线体应用

衬线体的笔画有粗细变化，在文化、艺术、生活、女性、美食、养生等领域所传达出来的气质要比无衬线体强。

女性类产品海报字体常常采用衬线体，纤细、秀美、线条流畅、字形有粗细等细节变化，表现出女性柔软、飘逸、秀美等气质，显得有韵律，如女士服装海报、化妆品海报通常选用衬线体，如图 2.4.4 和图 2.4.5 所示。

图 2.4.4　衬线体海报设计效果 1

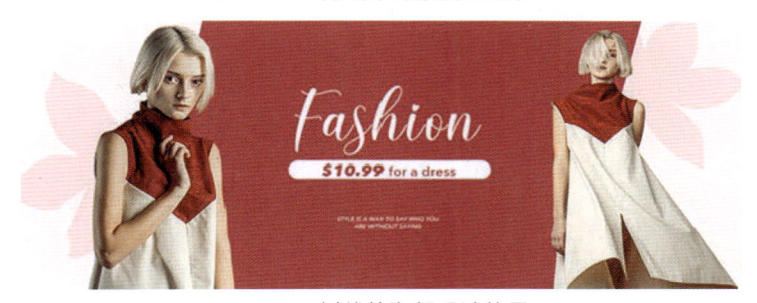

图 2.4.5　衬线体海报设计效果 2

文艺、民族风作品，也更多采用衬线体，表现优美、复古、典雅高贵的气质，一些杂志封面也较多采用衬线体，如图2.4.6所示。

图 2.4.6　衬线体在杂志中的应用效果

（二）无衬线体应用

无衬线体比较方正，笔画醒目，并且粗细一致，无论是中文还是英文都能传递直接干练的气质特点。

无衬线体的应用范围非常广泛，可塑性很强。例如，男性产品海报常常选择笔画粗的黑体类字体，表现出硬朗、粗犷、稳重、力量、运动、简约的感觉，如图2.4.7和图2.4.8所示。

图 2.4.7　无衬线体应用效果1

图 2.4.8　无衬线体应用效果2

电商大促海报经常使用无衬线体表现激情、动感力量，旨在创造强烈的视觉冲击力，吸引客户注意，如图 2.4.9 所示。有些海报还采用倾斜、文字变形等方式达到促销效果。

图 2.4.9　无衬线体应用效果 3

三、字体层级的布局

在视觉设计中，根据文字的地位可将文字划分为不同的层级，例如，大标题、小标题、正文等，处于不同层级的文字对字体的要求也不尽相同。一张作品只有层级清晰，才能表现出画面中的主次关系。

一般来说，可以将字体分为三种层级。

第一层级是首要文字，也就是大标题。第一层级的字体一定要有足够的吸引力，将客户的注意力吸引过来，在选择文字字体时要注意其醒目性和独特性。

第二层级是次要文字或主题，包括小标题、说明文字、引题、导语等。次要文字是在标题之后正文之前，一般要比首要字体小，但比正文字体大。

第三层级是正文，为正文选择字体的目的是让客户轻松舒适地进行阅读，所以清晰易读是首要原则。

如图 2.4.10 所示，"CUBOT RAINBOW 2"属于第一层级内容，用于吸引注意力，"US $69.99"属于第二层级内容，用于说明活动的优惠力度，手机具体性能指标等信息则为第三层级内容。

图 2.4.10　三种层级文字的布局效果

第五节 留白设计

在电商视觉设计实践中，合理利用留白，可设计出高大上的作品。本节内容主要介绍设计中的留白，包括什么是留白、为什么要留白及如何留白。

一、什么是留白

"留白"一词来源于我国水墨画，在我国的水墨画作品中非常讲究留白，很多艺术大师往往都是留白的大师。留白最具代表性的一幅作品属于宋代马远创作的"寒江独钓图"（见图2.5.1），我们可以看到这幅画上一叶扁舟，一位老翁俯身垂钓，寥寥数笔勾出水纹，四周虽然都是空白，但让人觉得江水浩渺，空白之处有一种耐人寻味的境界。这就是利用了留白而产生的效果，留白在现代设计中的应用也非常广泛。

图 2.5.1 寒江独钓图（宋·马远）

那么，什么是留白呢？

很多人认为留白就是留出白色，其实这是留白最常见的误区，留白不等于留出白色。留白的真正含义是指在作品中留出相应的空白，这里的空白指的是空间。因此在留白设计中可以留出白色，也可以是一片灰色或其他颜色，还可以是渐变或带有纹理的，没有过度装饰的背景图形，如图2.5.2和图2.5.3所示。

图 2.5.2 留白设计效果1　　　　　图 2.5.3 留白设计效果2

二、为什么要留白

留白这样的区域对作品表现有什么作用呢?

我们举例来说明留白的重要性,以下是两张海报,图 2.5.4 是一张常见的超市海报,图 2.5.5 是一张苹果 iPad 海报。

图 2.5.4　超市海报

图 2.5.5　苹果 iPad 海报

从设计的角度来看,你觉得哪张更专业更好看呢?毫无疑问,苹果 iPad 海报设计更专业,这两张海报最大区别在于超市海报空间饱满,苹果 iPad 海报有大量的留白。

那么,留白到底有什么作用呢?

(一)突出主题

留白的第一个作用是突出主题。这里有两幅画面,我们可以看到,图 2.5.6 所示的画面,有非常多的船和绿色植物,还有弯弯曲曲的河道,而图 2.5.7 所示的画面,只有一大片河水,角落有一些绿色植物。

图 2.5.6　河道拥挤的画面

图 2.5.7　突出主题"船"的画面

你觉得哪一张的主题更加突出呢?

显然,图 2.5.7 所示的画面更加突出主题——船。图 2.5.6 所示的画面实在不知道要突出的主题是什么,什么都想突出,反而什么都不能突出。我们看到在广告视觉传达作品中,很多创作者总是希望把画面挤得满满的,生怕浪费了每寸空间,画面的拥挤反而使人难以认清它的主题。

我们再来看图 2.5.8 和图 2.5.9,这两张照片由于有大量留白,是不是感觉瞬间就被突出的焦点吸引到了呢?

图 2.5.8　突出主题的留白效果 1　　　　图 2.5.9　突出主题的留白效果 2

像图 2.5.9 所示的照片,明明天空的面积是鹰的几十倍,但我们第一时间看到了鹰。刻意留出足够的空间,可以创造出一个强大的焦点。

讲到留白,必须提到一个经典的案例——无印良品地平线海报(见图 2.5.10)。

图 2.5.10　无印良品地平线海报

整个海报没有多余的元素、没有广告语、没有解释性的文字,大面积的留白,反而让观众的视线、注意力集中在了"无印良品"上,更能体现韵味和空间感,这种设计简化了页面,更加凸显了"无印良品"的品牌特性。

(二)提高质感

留白的第二个作用是提升品质、提高质感。敢于大胆留白,是对自己的品牌、产品的一种自信。

图 2.5.11 是香奈儿海报,只有 Logo、产品与简单的文案,这样留有大面积空间的产品展示,就是在暗示"我很高大上,我很贵"。它不需要像促销海报那样把价格、折扣放到非常醒目的位置,甚至不显示任何的价格信息。

图 2.5.11　香奈儿海报

大面积留白设计能传达出作者对产品十足的信心，因此，奢侈品的网页设计、海报设计通常都有大量的留白，让产品本身为自己代言。

三、怎样留白

在设计中，留白应该怎么用，才能让作品看起来高大上呢？

（一）运用 KISS 原则

如果想用留白的技法来设计一个画面，需要理解一个原则，也就是 KISS（Keep It Simple And Stupid）原则，即简单就是美的原则。元素越少，人的视觉注意就越不会被其他的元素所抢走，也就是"少即是多"的道理。

使用留白的一种方法就是去掉设计中不必要的元素。

图 2.5.12 是一张非常常见的页面设计，有标题、图片与文字说明，但缺乏吸引力，主题不够突出，我们如何把"你们知道了，但是我们做到了。"这个主题凸显出来呢？

我们运用 KISS 原则，将主人公的生平介绍删除，只剩下主人公的图片与标题，留出大面积的黑色，如图 2.5.13 所示。这样的设计有没有吸引到你，有没有感觉到主题非常凸显呢？

图 2.5.12　常见的页面设计效果　　　图 2.5.13　运用 KISS 原则的设计效果

（二）留出足够的空间

留白的第二种方法是留出足够的空间。例如，我们找到了一张海报背景图片素材，但是发现如果要在这张图片中置入文案，会显得很拥挤，如图 2.5.14 所示。这时可以尝试放大这个图像尺寸，留出足够的空间，如图 2.5.15 所示，通过增加留白，使得整个海报显得非常简约、大气。

图 2.5.14　较拥挤的海报设计　　　　　　图 2.5.15　运用留白的海报设计

（三）注意营销的视角

大量的留白可以表达自信，增强产品的品质感，但它也存在负面效应——就是在高大上之余失去亲和力。留白虽然是一剂改善视觉表现的良药，但应该根据产品的市场定位，目标人群与营销方案去定夺留白程度。

再回到前面的两个例子，即超市海报和苹果 iPad 海报，从设计的角度来看，苹果 iPad 海报明显更专业，但从营销的角度来看，两张都是对的设计。超市广告应该更多地传递实惠的信息与热闹的调性。所以设计师要把这方面的气质传递出来，不一定非要用留白来设计，留白反而会适得其反。

促销海报需要传递促销信息，给人亲民的感觉，营造出"哇，我很实惠，很便宜，快来买买买吧"的效果。节日海报需要传递的是热闹、喜庆的感受。这些场景，慎用大面积留白。所以在做设计简化的同时，需要考虑品牌本身的调性。

本章习题

项 目 实 训

实训目标：理解四个设计基本原则；了解色彩基本属性与配色的具体方法；掌握构图的基本形式与特点；理解字体的选择与应用。

实训要求：

搜索一张你认为视觉营销处理比较好的产品海报进行视觉设计分析。

实训思路：

1. 分析该产品海报遵循了设计中的哪些基本原则，如亲密性、对齐、重复和对比等。
2. 分析该产品海报的主色调及色彩搭配方法，通过色彩搭配，传递出什么样的调性。
3. 分析该产品海报的结构布局，可从文字版块和产品版块的视角进行说明，如左文右图、左图右文、左中右结构等。
4. 分析该产品海报的字体选择是否符合产品特性，是否做到了主题突出，主次分明。

第三章 产品拍摄

结构导图

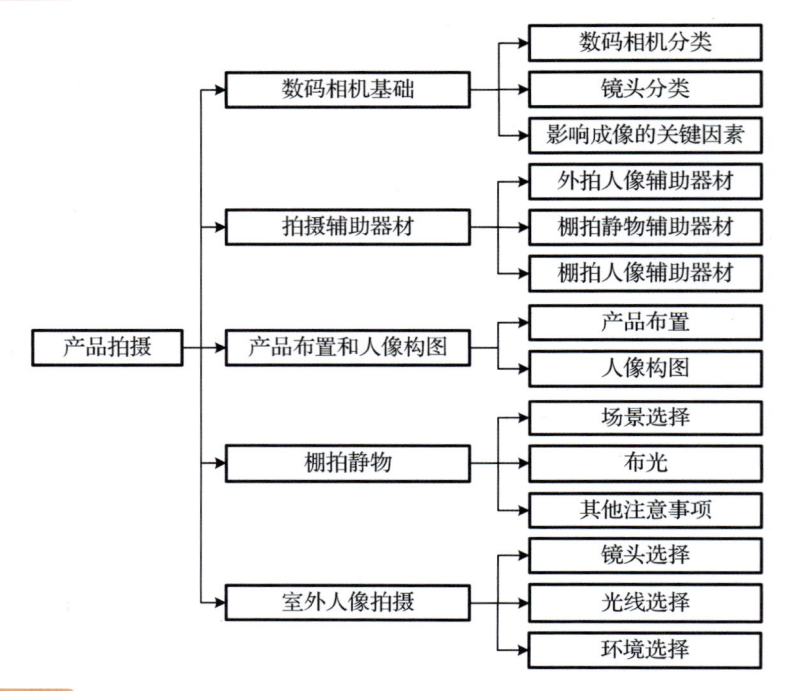

```
                          ┌─ 数码相机基础 ──┬─ 数码相机分类
                          │                 ├─ 镜头分类
                          │                 └─ 影响成像的关键因素
                          │
                          ├─ 拍摄辅助器材 ──┬─ 外拍人像辅助器材
                          │                 ├─ 棚拍静物辅助器材
                          │                 └─ 棚拍人像辅助器材
                          │
            产品拍摄 ─────┼─ 产品布置和人像构图 ──┬─ 产品布置
                          │                        └─ 人像构图
                          │
                          ├─ 棚拍静物 ──────┬─ 场景选择
                          │                 ├─ 布光
                          │                 └─ 其他注意事项
                          │
                          └─ 室外人像拍摄 ──┬─ 镜头选择
                                            ├─ 光线选择
                                            └─ 环境选择
```

学习目标

1. 知识目标

- 了解相机的分类与镜头的分类。
- 理解影响成像的关键因素。
- 认识拍摄辅助器材。

2. 能力目标

- 掌握专业相机的基本操作。
- 学会产品布置和人像构图。
- 掌握不同的布光方式。
- 掌握拍摄时背景的选择与处理。
- 熟练进行棚拍静物和室外人像拍摄。

3. 价值目标
- 培养良好的审美情趣。
- 塑造乐于探索、勇于实践的品格。

案例导入

在产品拍摄的世界里，每一次创作都是一次技术与艺术的碰撞。

汕头某电商公司决定拍摄一款新推出的陶瓷茶具，这款茶具设计优雅、颜色温润，公司希望通过照片将这种美丽和品质展现给消费者。公司找到了一家专业的产品摄影师团队，在拍摄之前，摄影师对产品进行了深入的研究，了解产品的特点、材质和用途。然后，开始策划拍摄方案，包括如何布置拍摄场景、如何选择道具、如何展现产品的优点等。在拍摄过程中，摄影师通过不同的拍摄角度和灯光设置，展现出茶具的每一个细节，还使用反光板和填充光来增强产品的质感和立体感。

除了扎实的拍摄技术，摄影师还需要发挥他们的艺术感知力才能完成一幅优秀的作品拍摄。通过选取合适的拍摄角度和构图，将茶具的优雅和温润表现得淋漓尽致。通过后期处理，增强色彩和对比度，使图片更加吸引人。

摄影师团队负责人认为，技术是基础，还需要通过艺术来触动消费者的情感，使其对产品产生共鸣。

第一节　数码相机基础

在开始进行产品拍摄之前，需要了解相机的分类、镜头的分类和影响成像的关键因素，这样才能将产品"美"的一面展现在客户面前。

一、数码相机分类

数码相机按照专业性质可划分为卡片机与手机、准专业相机和专业相机。

（一）卡片机与手机

卡片机机身轻巧，价格低廉，拍照模式由机内程序控制，是初学者的首选相机，但与专业相机相比，其成像效果一般，如图 3.1.1 所示。

手机因为操作简单、携带方便，成为大众摄影的首选机型。随着手机摄像头的发展，手机与卡片机的成像质量与效果正逐步缩小，手机摄影的兴起，很大程度上改变了摄影行业的结构，使得普通客户很容易成为作品的创作者。

（二）准专业相机

与轻巧型卡片机相比，准专业相机具有相对完善的拍摄功能，可以自定义调节参数，但这类相机在设计时往往绑定了机身与镜头，因此，也称不可换镜头相机。此类相机中，也有一些高端的机型内置了较大可变焦段的镜头，成像效果甚至可以媲美专业的单反和微单相机，是进阶摄影师和外出摄影工作者的绝佳帮手，如图 3.1.2 所示。

(三)专业相机

专业相机一般包含单反和微单相机，两者均可更换镜头，可调节更多的参数，成像效果佳，价格相对昂贵，是专业摄影师的最佳选择，如图3.1.3所示。

图 3.1.1　卡片机　　　　　图 3.1.2　准专业相机　　　　　图 3.1.3　专业相机

二、镜头分类

(一)根据焦距长短分类

镜头是相机重要的组成部分，根据焦距的长短即拍摄时的视角，可以分为广角镜头、标准镜头及长焦镜头。

1. 广角镜头

广角镜头顾名思义就是其摄影视角比较广，视角大于人眼视角的镜头。适用于拍摄范围大的景物，有时用来刻意夸大前景表现，表现出极强的透视效果，能很好地将场景和主题结合到一起，适合电商摄影中的海报拍摄。

2. 标准镜头

标准镜头的视角约 50 度，这是在人的头和眼不转动的情况下单眼所能看到的视角，从标准镜头中观察到的景物与我们平时所见的景物基本相同。

3. 长焦镜头

长焦镜头可以有更长的拍摄距离，这就意味着可以在很远的距离悄无声息地拍摄，因此多用于足球赛、野外动物等场景拍摄。长焦镜头景深较小，容易使背景模糊，主体突出。但相对广角镜头来说，对物体的表现力要弱得多。

(二)根据焦距是否可变分类

根据镜头焦距是否可变，可分为定焦镜头和变焦镜头。

1. 定焦镜头

定焦镜头特指只有一个固定焦距的镜头，只有一个焦段，或者说只有一个视野。定焦镜头没有变焦功能，相对于变焦镜头来说，最大优势是对焦速度快且准确，成像质量好。

2. 变焦镜头

变焦镜头的焦距可以在较大范围内进行变化，在拍摄距离不变的情况下，能在较大幅度内调节拍摄的成像比例及透视，因此一个变焦镜头可起到若干个不同定焦镜头的作用。

三、影响成像的关键因素

影响摄影成像的关键因素包括 ISO、光圈和快门。

(一) ISO

在胶片时代，ISO 指的是胶片对光的敏感度。测量这种敏感度的刻度有 100、200、400 等，数值越低表明对光的敏感度越低。所以，如果拿到一卷 ISO 100 胶卷，由于它对光线相对不敏感，往往需要在明亮的灯光下拍摄。一卷 ISO 400 胶卷适合在较低的光照条件下使用，如在室内拍照。

在胶片摄影时期，ISO 反映了胶片对光线的物理敏感程度。而进入数码摄影时代，ISO 转变为一种电子设置，它调节的是相机传感器对光线的敏感性。ISO 数值越低，照片越暗；数值越高，照片越亮。但要注意的是，ISO 越高，照片产生的噪点也就越多，如图 3.1.4 所示。

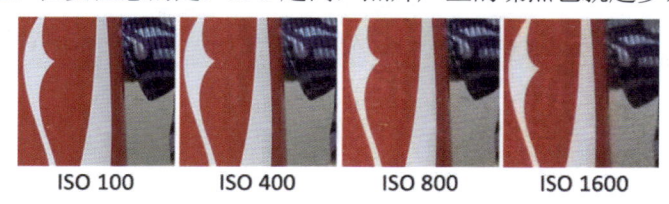

图 3.1.4 不同 ISO 数值与噪点的关系

(二) 光圈

光圈是拍摄时镜头打开的大小、光圈的大小直接影响进光量和景深，光圈是以"f/"标注的。例如，f/2.8、f/4、f/5.6、f/22 等。f/值改变一档，镜头中开孔的大小会变为当前大小的一倍或一半，进光量也随之增加一倍或减少一半。

f/值越小，则表示光圈越大，进光量越多，反之，f/值越大，则光圈越小，进光量越少。相同的 ISO 与快门条件下，光圈越大画面越亮。昏暗或室内没有强光源拍摄时，建议使用较大的光圈，如图 3.1.5 所示。在光线充足的情况下或拍摄风景时，一般使用较小的光圈，如图 3.1.6 所示。

图 3.1.5 大光圈效果　　　　　图 3.1.6 小光圈效果

改变光圈会对拍摄造成众多影响,其中最值得注意的是景深问题。景深是指相机能够取得清晰图像的成像所测定的被摄物体前后距离范围。大景深意味着照片无论远近,静物大部分都是清晰的,小(或浅)景深意味着照片中只有一部分画面是清晰的,其他画面都会被虚化。大光圈会减少景深,小光圈会增加景深。f/2.8 属于大光圈,常用于营造背景模糊的浅景深效果;使用 f/16 小光圈,拍摄主体与背景均比较清晰,如图 3.1.7 所示。

▲f/2.8　　　　　　　▲f/4　　　　　　　▲f/5.6

▲f/8　　　　　　　▲f/11　　　　　　　▲f/16

图 3.1.7　不同光圈的效果比较

(三)快门

快门是镜头前阻挡光线进来的装置,快门速度代表着曝光时间的长短,快门速度越快,进光量越少,快门速度越慢,进光量越多。通常在光线充足的条件下,所需的曝光时间较短,在光线不足的条件下,所需的曝光时间较长。长时间曝光需要搭配三脚架来稳定相机,避免影像产生晃动的残影。

常见的快门速度有 1、1/2、1/4、1/8、1/15、1/30、1/60、1/125 等,相邻两级快门速度的曝光量相差一倍,如 1/60 比 1/125 的曝光量多一倍。

此外,还有 B 快门和安全快门,B 快门是自己控制快门开启的时间长短,在按下快门键时快门开启,直到放开快门键后快门才会合上。安全快门是一个避免手持晃动而造成影像模糊的最慢快门值。

当快门速度很快(曝光时间短)时,能够"冻结"快速移动的物体,捕捉瞬间的动作,得到清晰静止的画面效果,如图 3.1.8 所示,而当曝光时间拉长时,影像将会记录下一整段的运动轨迹,如图 3.1.9 所示。

图 3.1.8　曝光时间短的照片效果 　　　　　图 3.1.9　曝光时间长的照片效果

第二节　拍摄辅助器材

在拍摄产品时，通常需要一些摄影器材来辅助整个拍摄工作的顺利进行，不同的拍摄场景如外拍人像、棚拍静物和棚拍人像等，会使用到不同的辅助器材。

一、外拍人像辅助器材

电商外拍以人像为主，外拍摄影组一般会由两个人组成，即摄影师和助手。摄影师负责拍摄，助手负责景色选择和光影制造。在外拍时，摄影师需要带上相机、镜头、足够一天拍摄的电池、额外的储存卡和机顶闪光灯（可用小型 LED 常亮灯代替），在白天拍摄时，可以省略闪光灯，助手带上金银两面反光板和遮光板。

（一）机顶闪光灯和常亮灯

在拍摄光线不足的情况下，通常会使用到机顶闪光灯（见图 3.2.1）和常亮灯（见图 3.2.2）。两者之间存在一定的区别，机顶闪光灯的功率大，瞬间能提供很高的照度，对于一些需要"打透"的物品拍摄有很大帮助，如表现一些半透明的物品。但是机顶闪光灯存在一个缺点，即在缺乏经验的情况下，会使模特皮肤变得不自然，并且机顶闪光灯耗电量大，需要准备额外的机顶闪光灯电池。

图 3.2.1　机顶闪光灯　　　　图 3.2.2　常亮灯

常亮灯的优点在于光源是常亮的，且不需要和相机同步，放置的地点更加灵活。另外，常亮灯价格便宜、体积小巧、便于携带，并且常亮灯的电源是充电式的，充电宝可以很方便地为常亮灯续上电源。

（二）反光板

反光板是拍摄时所用的照明辅助工具，通常用锡箔纸、白布、米菠萝等材料制成。反光板一般会有两面，一面金色，一面银色，用来反射太阳光。在背光或顶光的拍摄环境下，光线往往无法直接照到模特脸部，此时需要用反光板辅助照明。金色反光面使光线呈现温暖的感觉，但会有一定的色差，银色反光面反射的白光较为纯净，因此使用更多的是银色反光面，如图 3.2.3 所示。

(三)遮光板

遮光板一般是一块可以透光的板,其作用是阻挡过于强烈的阳光,如果拍摄时光线过于明亮,人物或产品可能会出现曝光过度的现象,此时需要遮光板遮挡在模特或产品的上方,过滤掉强烈的光线。此外,用机顶闪光灯或常亮灯时,遮光板也可以放置在灯的前面,使灯光更加柔和,如图 3.2.4 所示。

图 3.2.3　反光板

图 3.2.4　遮光板

二、棚拍静物辅助器材

棚拍静物一般只需要一个摄影师即可完成,辅助器材包括静物台、棚拍闪光灯(或常亮灯)、米波萝和反光板。

(一)静物台

静物台,顾名思义是用来放置拍摄物体的一个台子,背板和底板会以弧形连接,用来消除连接处的阴影,如图 3.2.5 所示。

(二)棚拍闪光灯

棚拍时,更加注重还原产品本身的色彩,由于常亮灯的光源不是很稳定,更多的时候选择棚拍闪光灯,一般我们需要一个高功率和两个低功率的棚拍闪光灯,棚拍闪光灯配件有标准罩、柔光箱、八角柔光箱和灯架等,如图 3.2.6 所示。

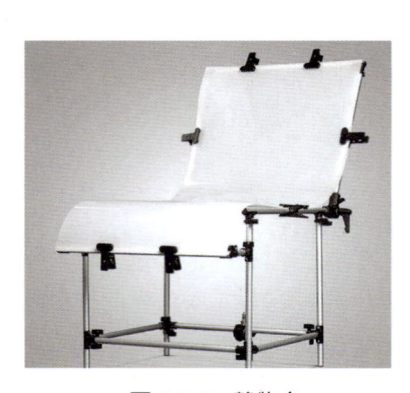

图 3.2.5　静物台

图 3.2.6　棚拍闪光灯

(三)米菠萝和反光板

米菠萝和反光板均用来反射光线，其作用是代替一盏低功率的棚拍闪光灯。米菠萝是一块泡沫板，用于光的漫反射；反光板是一块塑料板，进行镜面反射，如图 3.2.7 所示。

图 3.2.7　米菠萝和反光板

三、棚拍人像辅助器材

棚拍人像和棚拍静物所需的器材总体相同，例如，棚拍人像同样会使用到棚拍闪光灯、米菠萝和反光板等配件，另外还需要柔光屏、背景纸。

(一)柔光屏

柔光屏的作用和遮光板相似，都是遮挡一部分光线，但是柔光屏的主要作用是分散光源，使得光线更加柔和，照射范围更广，如图 3.2.8 所示。

(二)背景纸

棚拍人像最常用、最基本的场景布置就是用单色无缝背景纸和背景棉纺布作为背景拍摄，与背景纸配套的还有背景纸架。颜色方面，一般选择饱和度比较低的颜色，通常会准备白色、灰色及黑色的吸光布。由于布料的吸光特性，在拍摄纯黑背景时，吸光布要比纸质背景更合适。不过在童装摄影和活动海报拍摄时，一般会选择颜色较为鲜艳的背景纸，如图 3.2.9 所示。

图 3.2.8　柔光屏 　　　　图 3.2.9　背景纸

第三节　产品布置和人像构图

产品布置和人像构图是影响拍摄效果的重要因素。采用什么样的布置方式最能体现产品性能、特点和价值，产品拍摄时如何构图，这是拿起相机进行拍摄前需要思考的问题。

一、产品布置

产品布置大致有两种情形，一种是纯色背景的产品布置，一种是场景搭建的产品布置。

（一）纯色背景的产品布置

进行纯色背景的产品拍摄时，通常将产品摆放至镜头的正中心。一是因为，镜头中间是相机解析力最强的区域，可以得到最好的成像效果，且使产品呈现全貌；二是因为，中心点是光线最均匀的地方。

同时，建议所拍的产品约占整个画面的九分之一，也就是说，我们将画面分成九等份，产品处于中间的那一格，如图 3.3.1 所示。这样做的目的是给照片留出大片的空间，便于后期处理。

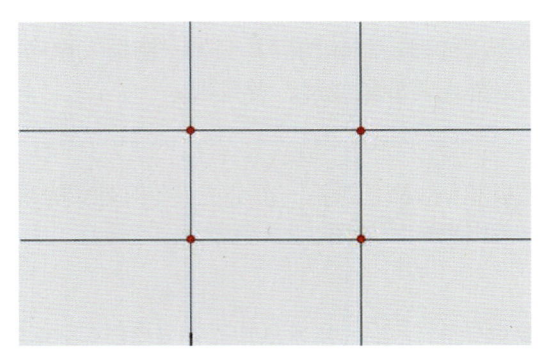

图 3.3.1　九宫格

那么，产品占比这么小，放大后会不会出现模糊的现象？

如果拍摄时使用全幅相机①，那么拍摄的像素是足够的，而且电商页面不需要使用高像素的图片来进行展示，因此并不用担心画面清晰度不够的问题。但如果相机是 C 画幅的，或要求所拍摄的产品呈现更多的细节，建议可以适当放大产品在画面中所占的比例。

（二）场景搭建的产品布置

如今，越来越多的产品拍摄需要进行小物品的搭配，使画面达到想要呈现的氛围，省去后期场景合成这一步骤，如图 3.3.2 所示。

场景搭建一般分成背景、中景和前景，背景用于确定拍摄的氛围基调，例如，童装拍摄会选择棉麻或清新格子的背景布，男装则会使用水泥、木板等比较硬朗的背景。中景一般和

---

①：全幅相机和 C 画幅相机是摄影方面的专业术语，全幅相机的感光芯片大小与传统 135 胶片相机的感光面积相同，均为 24mm×36mm，因其画幅相同，所以称为全幅；而 C 画幅大约是全画幅 CCD（CMOS）面积的一半，也称半幅。

产品处在同一平面的位置，用较小的道具进行点缀，如仿真水果、玩偶等；当画面元素足够的时候，一般不会用到前景，如图 3.3.3 所示。

图 3.3.2　产品布置案例 1

图 3.3.3　产品布置案例 2

场景搭建拍摄时，通常会有两种布置方式，一种是将产品置于正中间位置；另一种是将产品置于画面的五分之三处，这样可以避免画面呆板的情形，并且画面留白对后期设计海报非常友好，需要注意的是，在画面的空白处，要放上相对应的中景物品来平衡整个画面的视觉，如图 3.3.4 所示。

图 3.3.4　产品布置案例 3

二、人像构图

（一）人像在画面中的位置

电商摄影中，通常会利用九宫格构图形式将人物的焦点（模特的眼睛或脸）放在画面的黄金分割点上，当人物的眼睛或脸处于这个位置时，画面呈现出平衡、舒适的感觉，如图 3.3.5 所示。

（二）人像所占的比例

在电商摄影中，人物所占画面的比例一般不超过三分之二，如图 3.3.6 所示。由于室外拍摄是人物和景色结合的一种拍摄方式，在较好地呈现主体的同时，尽量留出更多的画面给环境，避免将人像拍得太满。

图 3.3.5　人像构图　　　　　　　　　　　　图 3.3.6　人像占比

第四节　棚拍静物

拍摄电商产品看似简单,要拍好却不容易,所谓"入门易,精通难"。想要提高产品拍摄技能就要做好场景选择、布光和拍摄角度选择等。

一、场景选择

(一)工作台

产品照的拍摄往往需要搭建一个工作台,否则衬景和被摄道具将无处栖身。拍摄一般的产品照时,可以使用方桌或写字台作为工作台。

(二)背景

一个好的背景对创作一件成功的作品起着非常重要的作用。背景的作用主要用来衬托实物,质地合适的布帛或素色的纸都是不错的选择。用图钉将其上端钉在墙上,让其下端随势垂直悬挂下来,再缓缓地斜铺到桌面上,即构成了一块无缝连地衬景(见图3.4.1)。此时将被摄产品搁置到布(纸)上,不会有地平线痕迹,画面也不会产生割裂现象。当然,也可以用静物台进行拍摄,操作非常简便(见图3.4.2)。

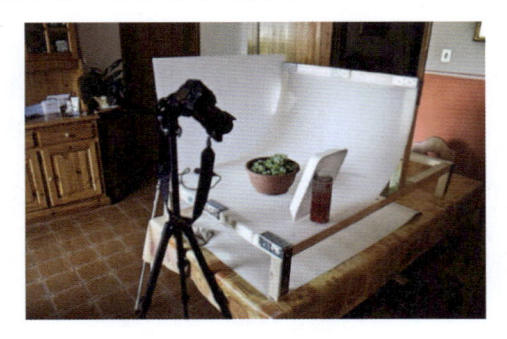

图 3.4.1　无缝连地衬景　　　　　　　　　　图 3.4.2　静物台

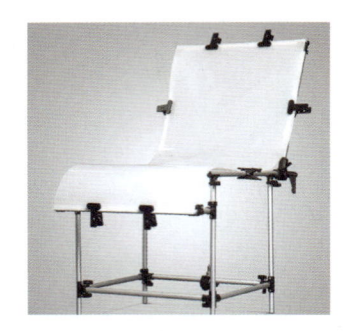

对于一些比较小的实物，可以使用衬底来代替（见图 3.4.3），黑色的天鹅绒会是不错的选择，因为它能够吸收光线，使衬底看起来是纯黑色的。

图 3.4.3　衬底

二、布光

光线是所有摄影的基本元素，没有光线就没有照片，光线用得好，摄影作品就成功了一半。在布光上要求做到光线指向明确、阴影明暗恰当。

（一）光线指向明确

光线指向明确是指画面光影不杂乱，通过阴影的走向可以判断画面的主光来源于几点钟方向，且无其他光源干扰。这类画面更加符合人们的视觉习惯，在布光时，要确定主光源，让画面影调有条理，符合逻辑。

（二）阴影明暗恰当

阴影对于塑造体积感是极其重要的，缺乏阴影的画面，将会失去存在感。但这并不意味着阴影越重越好。单灯的画面效果会使背光面非常暗。如图 3.4.4 所示，可以发现画面的右侧和下方显得有些突兀。

图 3.4.4　较重阴影

此时需要有光线补充阴影区域，需要注意的是，尽量避免在阴影区域过于随意地补充光线，否则会产生两个或多个阴影。

三、其他注意事项

（一）三脚架的使用

三脚架是摄影中常用的辅助工具。与手持拍摄相比，三脚架能使相机保持在最稳定的状态，避免了因相机抖动而造成的模糊现象，从而得到最清晰的照片。

使用三脚架和快门线，一方面便于更好地观察和拍摄对象，同时也可以使图像的聚焦点前移、背景虚化，如图 3.4.5 所示。

（二）拍摄角度

一旦使用了三角架，由于位置固定，容易导致所有的照片均为一个角度拍摄。此时需要注意调整角度和高度，不要让固定位置限制了创造力。在平视、俯视或仰视等不同角度拍摄时，产品会呈现出不一样的感觉。

（三）元素的组合

各种创作元素间的组合，对于拍摄一幅独一无二、精美的摄影作品是非常重要的。应考虑如何使作品中的各种元素达到最佳组合，确保在画面中不存在分散注意力的元素。在拍摄时也可以尝试使用创造性思维来改变元素的组合，如图 3.4.6 所示。

图 3.4.5　背景虚化效果　　　　　　图 3.4.6　元素的组合效果

第五节　室外人像拍摄

室外人像拍摄是较为常见的电商摄影师拍摄手法，镜头、光线和环境等因素均会影响人像拍摄效果。

一、镜头选择

室外拍摄要注意人物和背景的结合，并学会合理使用太阳光。

在室外拍摄时，通常会携带 24～70 焦段镜头作为挂机头，因为这个镜头包含了 24、35、50 三个人像经典焦段，使用 24 焦段拍摄较大场景的人像，使用 35 焦段拍摄人物的全身和较大比例的半身照，使用 50 焦段拍摄人物的上半身照片，使用 70 焦段拍摄人物细节。

有条件的情况下还可以携带 85 和 135 焦段镜头，用来拍摄远景或虚化背景。

二、光线选择

在室外拍摄时，尽量选择正侧光进行拍摄，即光线在模特的正面偏左或偏右位置，这样能保证模特、衣服有着充足的光线，侧方位的光线使模特脸上出现恰当的阴影，更有立体感。此时，甚至不需要借助任何器材，只要一台相机就可以拍摄出不错的照片，如图 3.5.1 所示。

拍摄背光的照片时，由于光线在模特的背面，模特脸部较暗，此时需要使用反光板，将模特背后的光线反射到模特的正面，如图 3.5.2 所示。

图 3.5.1　光线充足的拍摄效果　　　　图 3.5.2　光线在背面的拍摄效果

室外拍摄要尽量避开正中午，因为此时的光线是顶光，容易导致模特头顶发亮，而脸部阴影厚重，效果较差。在不得已需要在正中午拍摄的情况下，需要用到反光板和遮光板，将遮光板放置在模特头顶（见图 3.5.3），来过滤掉强烈的光线，同时将反光板放置在模特正面下方，使光线反射到模特脸上和衣服上，拍摄效果如图 3.5.4 所示。

黄金拍摄时段通常为上午 9:00—10:30、下午 3:00—4:30，尤其是当太阳与地面呈 45 度角时，光线柔和且富有层次，对于拍摄关键产品，选取这两个时间段尤为重要，能够捕捉到更为细腻的光影效果和自然色彩，极大地提升作品的视觉表现力。

一般不建议晚上拍摄人像，因为常亮灯和闪光灯会带来较大的色差，但傍晚时分，很适合拍摄有大片意境的照片。

图 3.5.3　遮光板置于模特头顶　　　　图 3.5.4　反光板放置在模特正面下方的拍摄效果

三、环境选择

环境选择是室外拍摄需要考虑的重要因素。休闲度假类的衣服和产品，在拍摄时一般选择树林、草地、花丛、海边或酒店等色调清新、能让人放松的场所；潮流或大气的衣服、箱包或其他偏正装的衣帽服饰，一般选择在街道进行拍摄；而在电商发达的城市，在拍摄时可选择摄影基地进行拍摄，因为摄影基地景物多变，适合绝大多数产品的拍摄。

另外，室外拍摄还要考虑行人等因素，尽量避开行人比较多的地方，保证照片的背景较为干净，如果无法避开人群，可以选择墙面或门进行小场景拍摄。

本章习题

项目实训

实训目标：通过本项目实训，掌握专业相机的基本操作，学会产品的摆放和基本构图，掌握不同的布光方式，最终掌握产品拍摄的技能。

实训要求：选定一个准备上架销售的产品，为该产品拍摄一整套图片，包含主图、颜色图和详情图。

实训思路：

1．准备器材。准备好专业相机（如微单相机）和其他拍摄辅助器材，如静物台、LED常亮灯和三脚架等。

2．产品摆放。理清产品特性，思考产品的呈现方式，搭建好工作台或拍摄背景，设置好前景、中景和背景等场景。

3．布光。注意光线指向明确，阴影明暗恰当。

4．拍摄。设置好快门、光圈、ISO等参数，注意合理的构图，并综合运用镜头、光线和环境等因素进行拍摄。

第四章

Photoshop 图像美化

结构导图

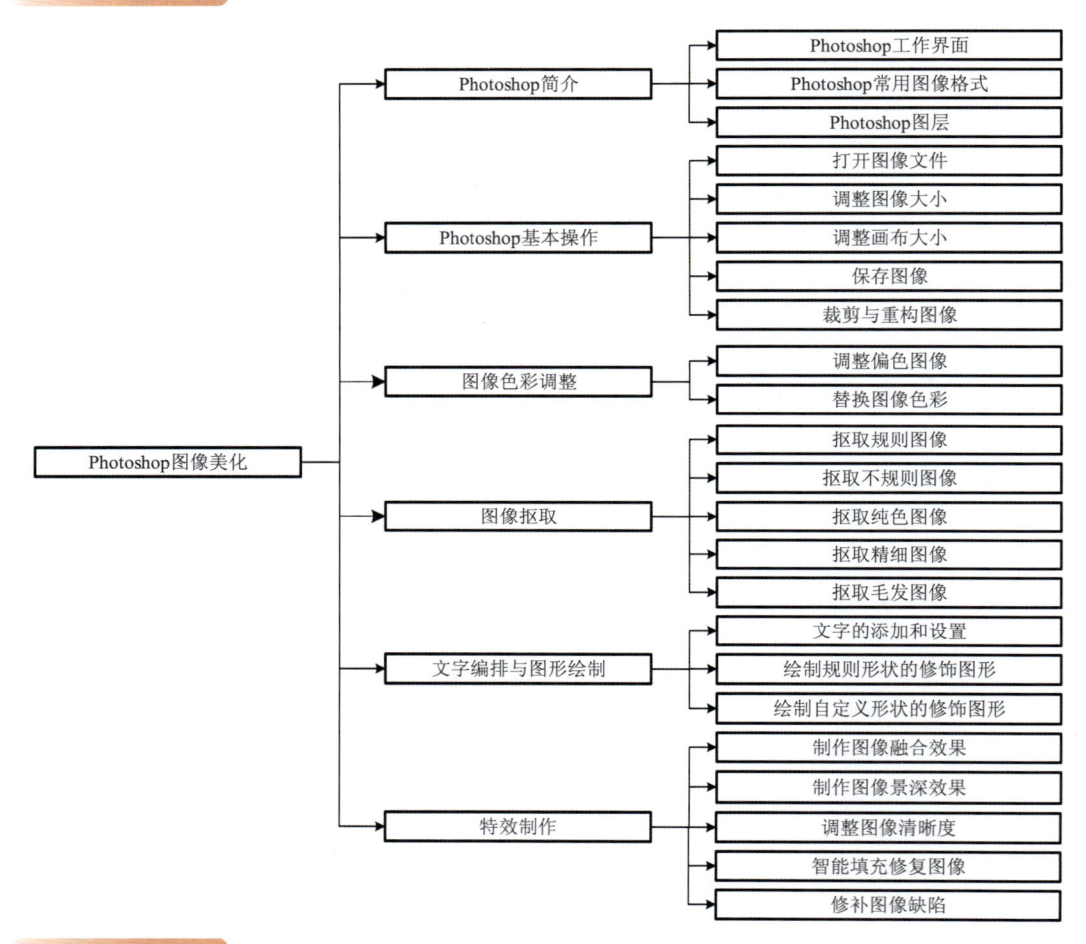

- Photoshop图像美化
  - Photoshop简介
    - Photoshop工作界面
    - Photoshop常用图像格式
    - Photoshop图层
  - Photoshop基本操作
    - 打开图像文件
    - 调整图像大小
    - 调整画布大小
    - 保存图像
    - 裁剪与重构图像
  - 图像色彩调整
    - 调整偏色图像
    - 替换图像色彩
  - 图像抠取
    - 抠取规则图像
    - 抠取不规则图像
    - 抠取纯色图像
    - 抠取精细图像
    - 抠取毛发图像
  - 文字编排与图形绘制
    - 文字的添加和设置
    - 绘制规则形状的修饰图形
    - 绘制自定义形状的修饰图形
  - 特效制作
    - 制作图像融合效果
    - 制作图像景深效果
    - 调整图像清晰度
    - 智能填充修复图像
    - 修补图像缺陷

学习目标

1. 知识目标

- 了解 Photoshop 的应用领域、工作界面与功能。
- 认识 Photoshop 主要的选区工具，理解不同选区工具的适用范围。
- 认识 Photoshop 调色、文字编排与图形绘制的工具、菜单和相关参数。
- 学习 Photoshop 常用滤镜与应用范围。

2. 能力目标

- 熟练掌握 Photoshop 基本编辑功能。
- 学会综合应用 Photoshop 选择工具抠取图像,掌握精细选区的操作。
- 能利用 Photoshop 进行修图与调色,最终学会使用 Photoshop 美化商品图。
- 掌握构建景深特效、调整商品清晰度和商品缺陷等特效处理的方法。
- 初步掌握电商海报的创作能力,提高图像合成能力和审美能力。

3. 价值目标

- 具备诚实守信的职业素养。
- 具有尊重知识产权的版权意识。
- 具备团队合作精神。

案例导入

皮皮(化名)是一名跨境电商卖家,刚刚完成了一组宠物用品的拍摄,在拍摄过程中,虽然使用了专业的摄影设备和灯光技术,但皮皮在打开拍摄作品时发现有些商品图的色彩和光线并不理想,需要用 Photoshop 对其进行调整和优化。

Photoshop 是 Adobe 公司旗下最为出名的图像处理软件之一,在图像编辑、图像合成、照片修饰、广告创意、Web 设计等方面表现出众,深受广大设计师的喜爱。最近,Adobe 发布了 Photoshop 2024 版,该版本把强大的创意设计工具 Photoshop 和 AI 智能工具结合起来,通过文本的提示,生成创意内容。

皮皮决定先从 Photoshop 的基础操作入手,使用 Photoshop 调整图像色彩,掌握常用的抠图技巧,学会文字编排功能,进行 Photoshop 特效制作的实践,将自己拍摄的商品图变得更加出色,吸引更多的潜在客户。

第一节 Photoshop 简介

Photoshop 是应用最广泛的图像处理软件之一,具有强大的图片处理功能,不但可以有效地进行商品图的编辑工作,快速修复商品图的拍摄缺陷,而且可以对商品图的色彩进行调整,还能完成很多特效的制作,是跨境电商视觉设计的必备软件。

一、Photoshop 工作界面

Photoshop 的工作界面包括菜单栏、选项栏、工具箱、状态栏、图像窗口及控制面板等,如图 4.1.1 所示。

(一)菜单栏

菜单栏包括文件、编辑、图像、图层、文字、选择、滤镜、3D、视图、窗口和帮助等功能,如图 4.1.2 所示。菜单栏为 Photoshop 所有窗口提供菜单控制,可以通过选择菜单命令或者使用快捷键来执行菜单中的所有命令。

图 4.1.1　Photoshop 工作界面

（图中标注：菜单栏、选项栏、工具箱、图像窗口、控制面板、状态栏）

图 4.1.2　菜单栏

（二）选项栏

选项栏又称属性栏，在 Photoshop 中，选择某个工具时，选项栏会自动变成该工具对应的属性设置选项，如图 4.1.3 所示。

图 4.1.3　选项栏

（三）工具箱

在 Photoshop 中，用来进行图像选择、绘图、编辑及查看的工具都在工具箱中，如图 4.1.4 所示。有些工具图标右下角有小三角形符号，表示该工具图标是包括多个相关工具的工具组。选择其中一个工具后，选项栏会显示该工具的属性选项。

（四）状态栏

图像窗口的底部是状态栏。状态栏由缩放栏和预览框等部分组成，如图 4.1.5 所示。

缩放栏显示当前图像窗口的比例，用户也可以在窗口中输入缩放数值改变显示比例。预览框的右边有黑色三角按钮，单击该按钮，可以在弹出的菜单中选择任一命令，以显示相关信息。

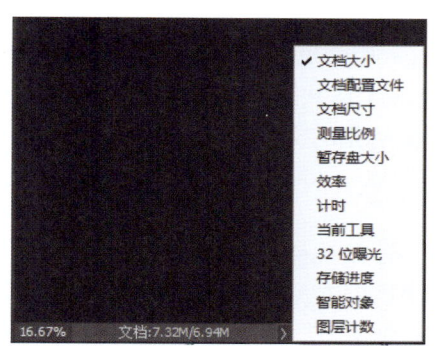

图 4.1.4　工具箱　　　　　　　　　　　图 4.1.5　状态栏

（五）图像窗口

图像窗口位于 Photoshop 的正中间位置，是 Photoshop 的主要工作区，用于显示正在编辑的图像文件，如图 4.1.6 所示。Photoshop 支持同时打开多个图像文件进行编辑，每个图像文件窗口都包含标题栏，提供该图像文件的基本信息，如文件名、缩放比例、颜色模式等。多个图像可以使用【Ctrl+Tab】快捷键进行图像窗口切换。

（六）控制面板

Photoshop 中默认的控制面板包括颜色面板、调整面板、图层面板、通道面板、历史记录面板等，如图 4.1.7 所示。可通过"窗口"菜单灵活地选择显示或隐藏面板，以适应不同的编辑需求。按【Tab】键可以自动隐藏或者显示控制面板、选项栏和工具箱。按【Shift+Tab】快捷键可以显示或隐藏控制面板。

图 4.1.6　图像窗口　　　　　　　　　　图 4.1.7 控制面板

二、Photoshop 常用图像格式

在 Photoshop 中常见的图像格式包括以下几种。

psd 格式：psd 是 Photoshop 默认的文件格式，可以保留文档中的所有图层、蒙版、通道、路径、未栅格化的文字、图层样式等。通常情况下，将文件保存为 psd 格式，便于后续继续修改。其他 Adobe 应用程序，如 Illustrator、InDesign、Premiere 等可以直接置入 psd 文件。

jpg 格式：jpg 是一种常见的图像文件格式，全称为 jpeg，是由联合图像专家组开发的文件格式。它采用压缩方式，具有较好的压缩效果，但是将压缩品质数值设置得较大时，会损失掉图像的某些细节。jpeg 格式支持 RGB、CMYK 和灰度模式。

gif 格式：gif 是基于在网络上传输图像而创建的文件格式，支持透明背景和动画，被广泛地应用于网站传输。

png 格式：png 用于在 Web 上显示无损压缩的图像。与 gif 不同，png 支持 24 位图像并产生无锯齿状的透明背景，但某些早期的浏览器不支持该格式。

三、Photoshop 图层

Photoshop 图层就如同堆叠在一起的透明纸，图像不同部分被分别放在不同的图层上，通过图层的透明区域可以看到下面的图层内容。图层的基本操作主要在"图层"面板中进行，选择"窗口"→"图层"命令打开"图层"面板，"图层"面板常用命令如图 4.1.8 所示。

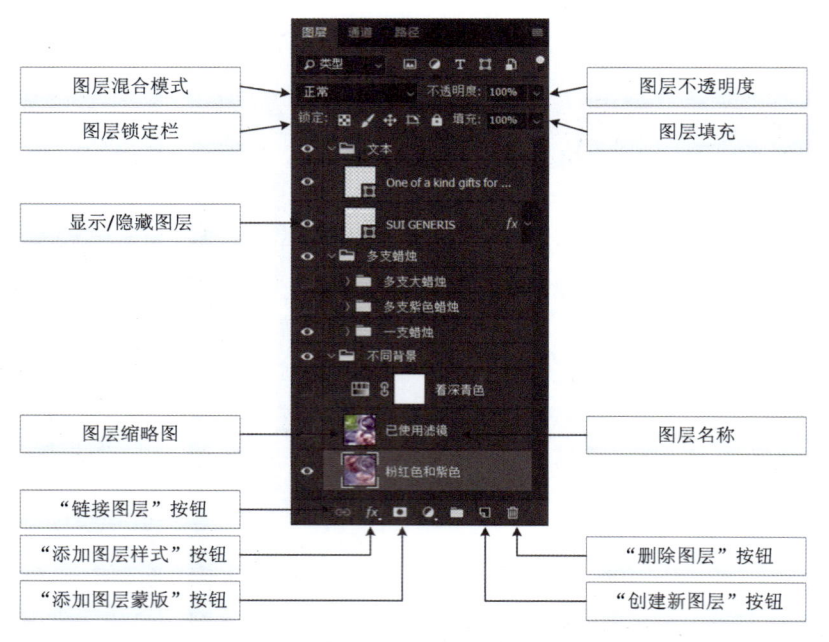

图 4.1.8 "图层"面板常用命令

单击"图层"面板中的相关命令可完成图层的新建、删除、显示/隐藏、锁定、链接、添加图层样式及添加图层蒙版等操作。

常用的图层操作包括以下内容。

（1）复制图层：使用【Ctrl+J】快捷键可在该图层上方得到复制的新图层；按住鼠标左键并拖曳图层至"创建新图层"按钮上，释放鼠标后亦可复制该图层。

（2）合并图层：选择两个或两个以上需要合并的图层，选择菜单"图层"→"合并图层"命令或使用【Ctrl+E】快捷键可将多个图层合并为一个图层。选择菜单"图层"→"合并可见图层"命令或使用【Shift+Ctrl+E】快捷键合并可见图层，其中隐藏图层不进行合并。

（3）盖印图层：若要将多个图层的内容合并到一个新的图层中，同时保留原来的图层不变，可执行盖印图层操作。选择需要盖印的多个图层，使用【Ctrl+Alt+E】快捷键将选择的图层盖印到一个新的图层中。

（4）利用图层组管理图层：当图层较多时，可使用图层组对图层进行分类管理，方便后期查找与修改。选择需要移动的图层，使用【Ctrl+G】快捷键将选中的图层移动到图层组中。双击图层组名称或图层名称可重命名图层组或图层；也可单击"创建新组"按钮新建图层组，然后将图层拖曳到该图层组中。

第二节　Photoshop 基本操作

Photoshop 的基本操作主要包括打开图像文件、调整图像大小、调整画布大小、保存图像、裁剪与重构图像等。

一、打开图像文件

在 Photoshop 中打开文件的方法有很多，既可以选择菜单"文件"→"打开"命令打开，也可以用【Ctrl+O】快捷键打开，还可以直接将图像拖曳至软件界面中打开，大家可以根据实际情况进行相应的选择。

打开图像后，Photoshop 会在文档上方显示图像名称、显示比例及颜色模式等信息。同时，在状态栏中，可以选择查看文档的相关属性，如图 4.2.1 所示。

如果图像窗口显示的图像过大或者过小，不便于进行图像查看和编辑时，可以单击工具箱中的缩放工具，如图 4.2.2 所示，对图像进行放大和缩小操作。

在 Photoshop 中，也可以使用快捷键来实现图像的放大和缩小效果。按【Ctrl】和【+】快捷键，实现图像放大操作；按【Ctrl】和【-】快捷键，实现图像缩小操作。

提示：上面提及的图像放大和缩小操作仅影响图像在屏幕上显示的尺寸，而图像本身的大小并不会因此发生改变。若需要改变实际图像大小，则需要通过调整图像大小来实现。

图 4.2.1 文档属性菜单　　　　　　　　　图 4.2.2 图像缩放工具

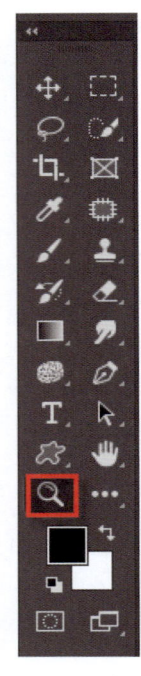

二、调整图像大小

通过拍摄得到的商品图像的宽度和高度基本都是 3000 像素以上，这样的大尺寸图像往往不能直接用于电商平台，因为过大的图像不仅会降低网页加载的速度，还会在合成、加工和制作图像的过程中，使软件的处理速度变慢，大大降低工作效率。

另一个核心因素在于，每个电商平台都有相应的图像尺寸规定，因此，商品照片后期处理往往需要修改图像的尺寸。

操作要领：

（1）用 Photoshop 打开一张商品图像，如图 4.2.3 所示。

（2）选择菜单"图像"→"图像大小"命令，弹出"图像大小"对话框，"图像大小"命令如图 4.2.4 所示，"图像大小"对话框如图 4.2.5 所示。

（3）修改图像的宽度为 1600 像素，则图像的高度会自动进行修改，如图 4.2.6 所示。设置完成后，单击"确定"按钮，可以看到修改好的图像效果。

图 4.2.3 商品图像

【思考题】如何解除比例锁定，调整图像大小为 1600 像素×1500 像素？

提示：如果只需要修改图像的宽度或高度，在"图像大小"对话框中单击宽度和高度左边的链条，解除宽度和高度的锁定，即可随意更改宽度和高度的值。

第四章　Photoshop 图像美化

图 4.2.4　"图像大小"命令　　　　　　图 4.2.5　"图像大小"对话框

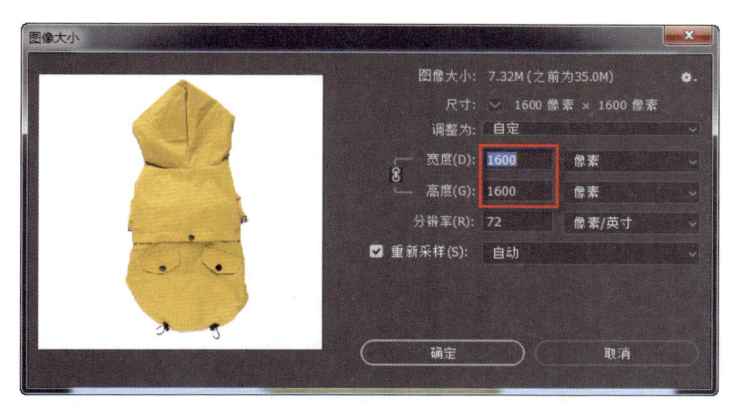

图 4.2.6　修改图像大小

三、调整画布大小

画布是绘制或编辑图像的显示区域。调整画布大小会裁剪掉部分图像边缘，或在图像四周增加空白区域。

提示：图像大小和画布大小是两个不同的对象。使用"图像大小"命令可以调整图像大小，同时也会调整画布大小。使用"画布大小"命令调整画布大小，图像大小不会随之调整。因此，若缩小画布，则图像周围会被裁剪；若扩大画布，则图像四周会增加新的空白区域。

操作要领：

（1）用 Photoshop 打开一张商品图像，如图 4.2.7 所示。

图 4.2.7　商品图像

　　(2) 选择菜单"图像"→"画布大小"命令，弹出"画布大小"对话框，"画布大小"命令如图 4.2.8 所示，"画布大小"对话框如图 4.2.9 所示。

　　(3) 修改画布的宽度和高度均为 1400 像素，如图 4.2.10 所示。若新的画布大小比原始画布小，则会提示图像剪切，如图 4.2.11 所示，单击"继续"按钮，完成调整后，可以看到修改后的商品图像效果，如图 4.2.12 所示。

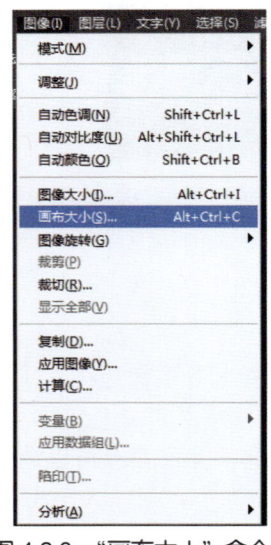

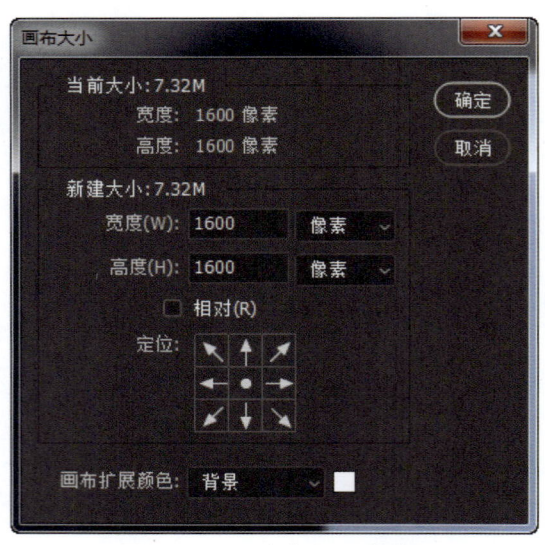

图 4.2.8　"画布大小"命令　　　　图 4.2.9　"画布大小"对话框

　　(4) 重新修改画布的宽度和高度为 1800 像素，修改"画布扩展颜色"为灰色，如图 4.2.13 所示，完成调整后，可以看到修改后的商品图像，如图 4.2.14 所示。

第四章　Photoshop 图像美化

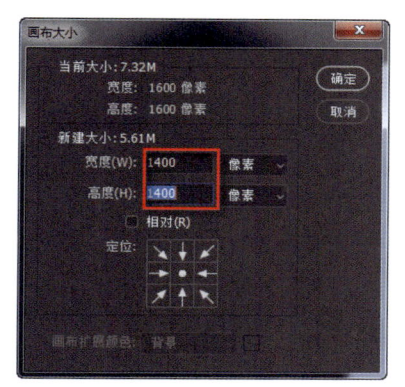

图 4.2.10　修改画布大小

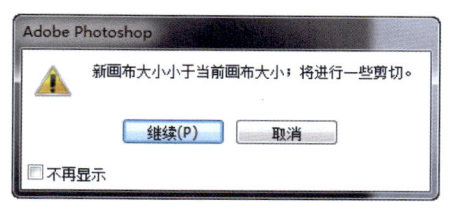

图 4.2.11　画布大小剪切提示

图 4.2.12　修改后的商品图像

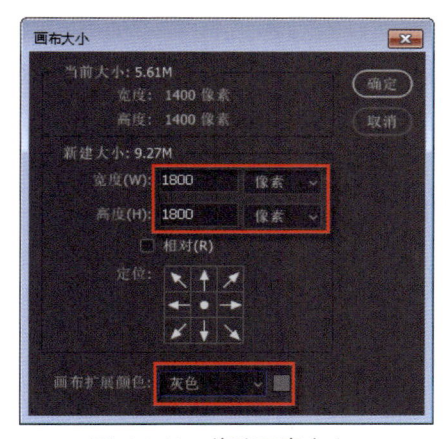

图 4.2.13　修改画布大小

图 4.2.14 修改后的商品图像

四、保存图像

在 Photoshop 中完成图像编辑后，可以将文件保存为常规的图像文件格式。
操作要领：

(1)在完成图像编辑后，选择菜单"文件"→"存储为"命令，弹出"另存为"对话框。"存储为"命令如图 4.2.15 所示，"另存为"对话框如图 4.2.16 所示。

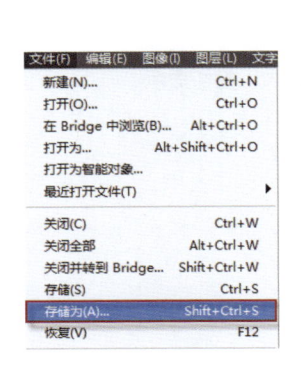

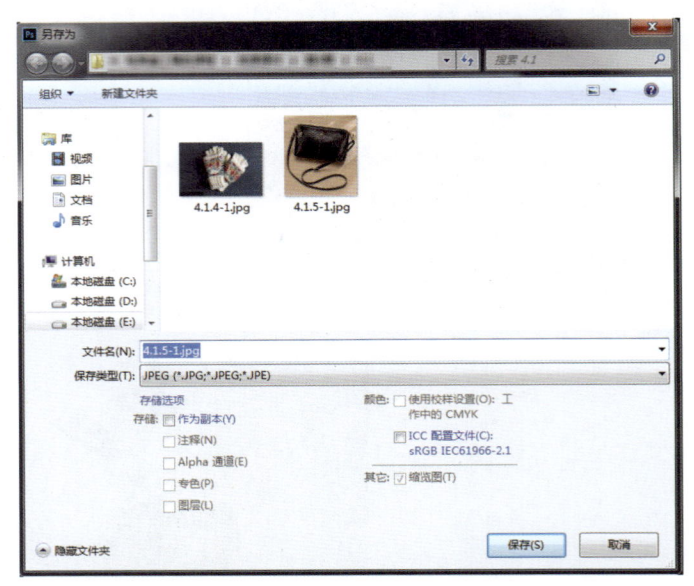

图 4.2.15 "存储为"命令　　　　图 4.2.16 "另存为"对话框

(2)在"保存类型"下拉列表中，选择需要保存的文件格式即可。

【实践题】根据上述介绍的图像格式，选择不同的文件类型进行保存，观察文件属性和文件大小的情况。

拓展知识

利用"存储为"命令减小文件占用空间

图像的文件格式与文件大小的关系非常密切。同一张图像保存成 tiff 格式，将比保存成 jpeg 格式大得多。这是因为 jpeg 格式适当压缩了图像，使得文件更小，但以略微降低视觉质量为代价。根据电子商务网站后台对设计图和商品图像的格式要求，大部分情况下都会使用 jpeg 格式的图像。

将其他格式的图像文件转换为 jpeg 格式，通常可以节省较大的存储空间。

操作要领：

在 Photoshop 中打开一张商品图像，选择菜单"文件"→"存储为"命令，将文件重新存储为 jpeg 格式，打开"JPEG 选项"对话框，如图 4.2.17 所示。一般将图像的"品质"设为"高"。同时，还可以调整品质值的大小，数值越小，压缩比越大，图像品质越低，文件所占的存储空间也就越小；相反，品质值越大，文件存储空间也就越大。

操作后查看文件的属性，可以发现文件占用的空间减小，但是照片的质量用肉眼很难发现有较大的改变，因此，用"存储为"命令降低文件空间占用量是一项非常有效的操作。

【实践题】调整"JPEG 选项"对话框中的品质值，观察文件大小优化情况和图像质量变化。

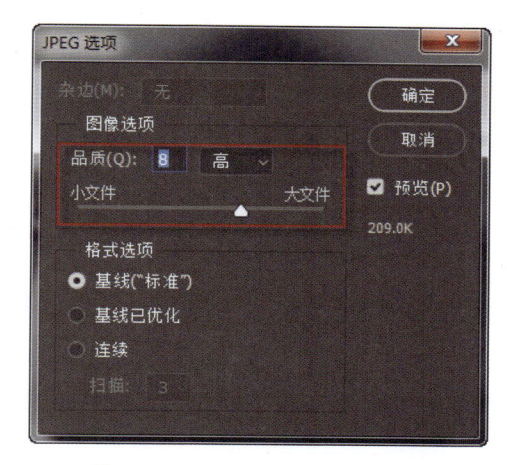

图 4.2.17 "JPEG 选项"对话框

五、裁剪与重构图像

电商视觉设计时，常常需要用裁剪工具对商品图像进行二次构图。Photoshop 中的裁剪功能不仅可以对商品图像进行重新构图，还能通过使用拉直水平线让商品得以端正展示。

首先讲解如何使用 Photoshop 的裁剪工具来重构商品图像。

操作要领：

（1）用 Photoshop 打开一张商品图像，如图 4.2.18 所示。

（2）使用"裁剪工具"在图像窗口中单击并拖曳，调整裁剪框的位置和大小，将商品框选到裁剪框中。双击裁剪框，即可完成图像裁剪。"裁剪工具"如图 4.2.19 所示，"裁剪工具"选项栏如图 4.2.20 所示，使用"裁剪工具"裁剪图像，如图 4.2.21 所示，裁剪后的商品图像如图 4.2.22 所示。

图 4.2.18 商品图像

图 4.2.19 "裁剪工具"

图 4.2.20 "裁剪工具"选项栏

图 4.2.21 使用"裁剪工具"裁剪图像

图 4.2.22 裁剪后的商品图像

接下来讲解如何使用 Photoshop 的"裁剪工具"来校正倾斜图像。

在拍摄商品图像的过程中，有时会因为拍摄环境或拍摄器材的限制，导致拍出的图像画面倾斜，此时，利用 Photoshop 中的"裁剪工具"就可以解决这个问题。"裁剪工具"中的拉直功能可以快速重新定义商品图像画面的水平或垂直基线，以一定的角度对图像进行旋转裁剪。

操作要领：

（1）用 Photoshop 打开一张倾斜图像，如图 4.2.23 所示。

图 4.2.23 倾斜图像

（2）在工具箱中选择"裁剪工具"，再在选项栏中单击"拉直"按钮，如图 4.2.24 所示。在图像中单击并沿着画面中的水平或垂直方向进行拖曳，重新绘制画面的水平或垂直基线。使用拉直功能矫正倾斜图像的效果如图 4.2.25 所示。

图 4.2.24 "拉直"按钮

图 4.2.25 使用拉直功能矫正倾斜图像

（3）在图像窗口中可以看到绘制的直线末端会显示出旋转裁剪的角度，释放鼠标后，Photoshop 会根据绘制的基线创建一个带有一定角度的裁剪框，此时裁剪框中的图像将显示出平稳的视觉效果。倾斜矫正后的图像预览如图 4.2.26 所示。

如果对拉直的效果不满意，可以再次单击"拉直"按钮，反复绘制水平或垂直基线，直到获得满意的拉直效果。

拉直画面后，还可以将光标放在裁剪框的边缘，单击并拖曳来调整裁剪框的高度和宽度，裁剪掉多余的画面部分，使商品得到平稳且集中的展示。倾斜矫正后的图像如图 4.2.27 所示。

图 4.2.26 倾斜矫正后的图像预览

图 4.2.27 倾斜矫正后的图像

第三节　图像色彩调整

当使用数码相机进行商品图像拍摄时，往往会因为天气、光照、环境等原因，导致拍摄的图片出现颜色失真等现象。在 Photoshop 中，可以使用亮度和对比度命令、色阶命令、曲线命令、白平衡工具及色彩范围命令，对颜色失真的图像进行色彩调整。

一、调整偏色图像

（一）亮度和对比度命令调整偏色图像

亮度和对比度命令可以对图像的色彩范围进行调整，是 Photoshop 中对图像色彩调整最简单的方法。

操作要领：

(1) 用 Photoshop 打开一张偏色图像，如图 4.3.1 所示。

图 4.3.1　偏色图像

(2) 选择菜单"图像"→"调整"→"亮度/对比度"命令，弹出"亮度/对比度"对话框，如图 4.3.2 所示。通过滑块调整图像的"亮度"和"对比度"的值，观察图像的变化情况，单击"确定"按钮，调整后的图像如图 4.3.3 所示。

（二）色阶命令调整偏色图像

在使用数码相机拍摄商品图像时，如果图像曝光不佳，像蒙了一层灰白色的雾，就会影响呈现的效果。

当遇到以上情况时，可以通过 Photoshop 的色阶命令对图像进行调整，使其恢复到正常的视觉效果，便于商品形象的塑造。

第四章　Photoshop 图像美化

图 4.3.2　"亮度/对比度"对话框

图 4.3.3　调整后的图像

操作要领：

（1）用 Photoshop 打开一张偏色图像，如图 4.3.4 所示。

图 4.3.4　偏色图像

（2）选择菜单"图像"→"调整"→"色阶"命令，如图 4.3.5 所示，弹出"色阶"对话框，如图 4.3.6 所示。从直方图可以看出，图像的高光区域缺失。

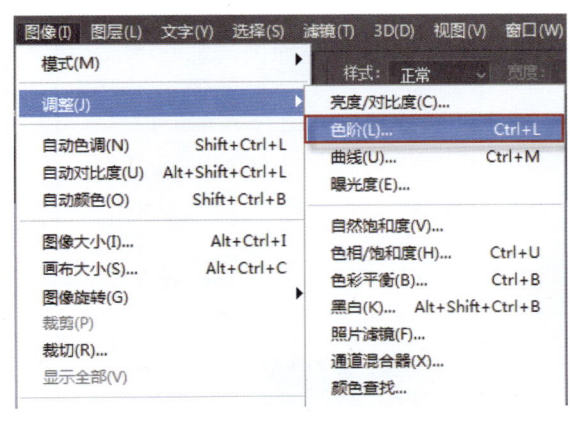

图 4.3.5　"色阶"命令

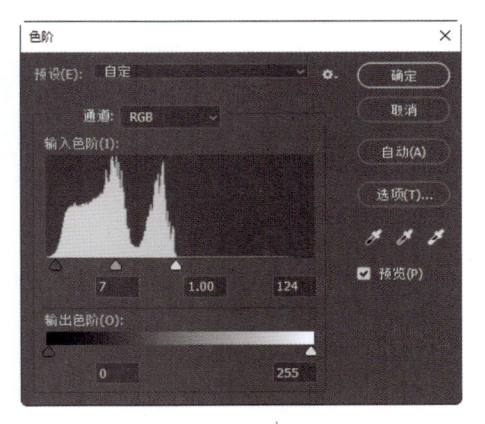

图 4.3.6　"色阶"对话框

(3) 在"色阶"对话框的"输出色阶"中直接拖曳滑块调整参数，在调整的过程中查看图像的明暗变化。调整后的图像如图 4.3.7 所示。

图 4.3.7 调整后的图像

在 Photoshop 中，除了使用"色阶"命令可以调整图像的明暗和层次，还可以使用"曲线""曝光""高光/阴影"等命令有效改善商品图像在曝光、对比度等方面存在的问题。

【实践题】利用 Photoshop 完成实践题素材商品效果的调整。

（三）曲线命令调整偏色图像

曲线命令被广泛地应用在图像色彩调整中。与色阶命令相比，曲线命令除包含色阶命令的功能外，还能做更多、更精密的设置，如图像亮度调整、对比度调整、色彩控制等。该命令由反相、色调分离、亮度/对比度调整等多个命令组成。

操作要领：

(1) 用 Photoshop 打开一张偏色商品图像，如图 4.3.8 所示。

(2) 选择菜单"图像"→"调整"→"曲线"命令，如图 4.3.9 所示，弹出"曲线"对话框，如图 4.3.10 所示。

图 4.3.8 偏色商品图像　　　　图 4.3.9 "曲线"命令

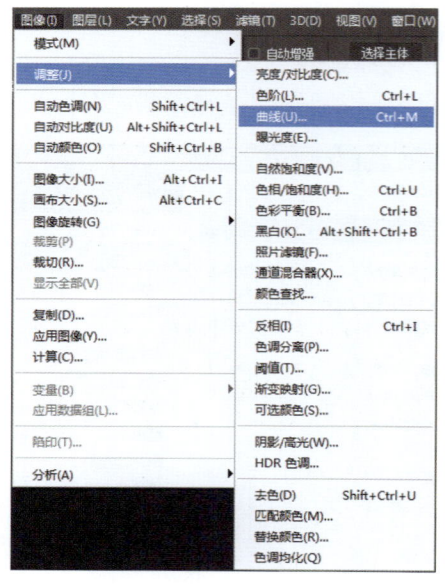

(3)用鼠标拖曳曲线的曲度并向上调整，改变图像的亮度，同时观察图像变化，如图 4.3.11 所示，完成后单击"确定"按钮，调整后的商品图像如图 4.3.12 所示。

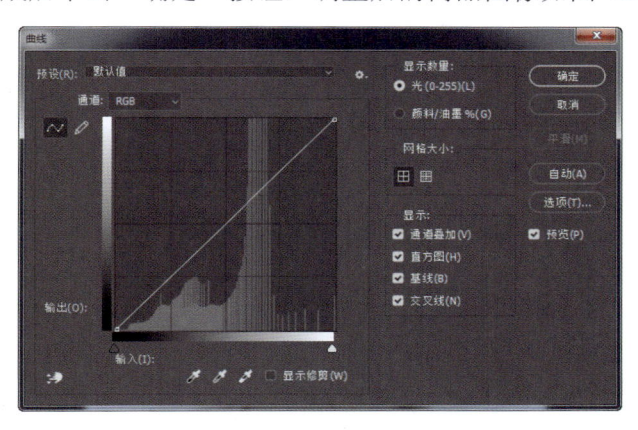

图 4.3.10 "曲线"对话框

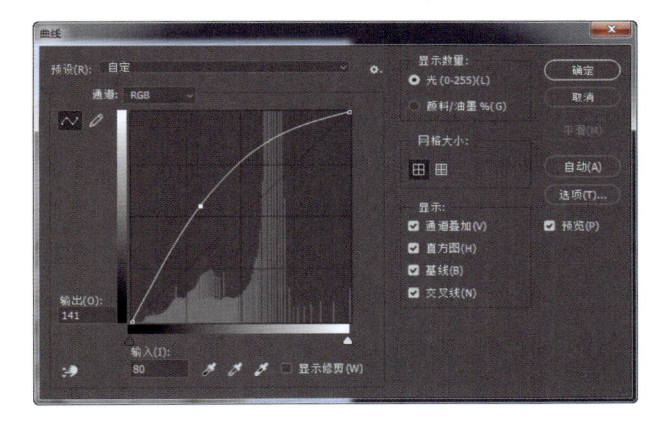

图 4.3.11 调整"曲线"对话框中的参数

图 4.3.12 调整后的商品图像

（四）白平衡工具调整偏色图像

在拍摄商品的过程中，因为光线与相机的原因，难免会存在色差问题，例如，在日光灯的房间里拍摄的影像会发绿，在室内钨丝灯光下拍摄出来的景物会偏黄，而在日光阴影处拍摄到的图像则偏蓝，不能真实表达商品原本的色彩，造成客户对商品的判断失误，进而导致退换货等问题。这就需要应用 Photoshop 进行校色处理。

对于偏色的问题，可以采用 Photoshop "白平衡"工具进行校色。

操作要领：

（1）用 Photoshop 打开一张偏色图像，如图 4.3.13 所示。

图 4.3.13　偏色图像

（2）选择菜单"图像"→"调整"→"色阶"命令，如图 4.3.14 所示，弹出"色阶"对话框，如图 4.3.15 所示。

图 4.3.14　"色阶"命令

（3）在"色阶"对话框右边有三个吸管，从左到右它们分别代表：黑色、灰色、白色，把图像中的黑白灰三色调节准确，图像整体的色彩自然就准确了。在本案例中，商品是在白色的背景上拍摄的，此时，只要选择白色吸管，在背景上单击，即可完成校色，达到正常的效果，调整后的图像如图 4.3.16 所示。

【思考题】对于偏色严重的图像，应该如何处理呢？

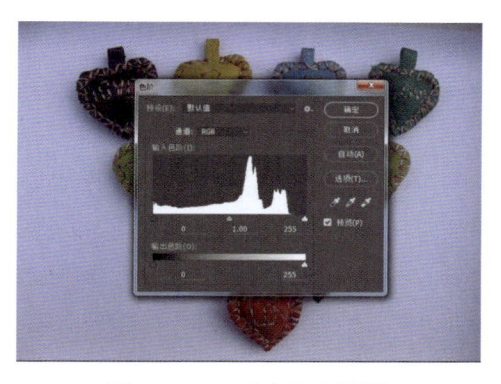

图 4.3.15　"色阶"对话框　　　　　　　　图 4.3.16　调整后的图像

提示：对于偏色非常严重的图像，要采用多个吸管组合使用的方法，比如，图 4.3.17 所示的图像偏色严重，完全无法勾起客户的食欲。先用"色阶"对话框中的白色吸管在盘子上单击，发现图像色彩进行了一定程度的校正，但效果不够理想；此时，再选择黑色的吸管进行调整，那么，图像中哪个位置是黑色的呢？

小技巧：图像的阴影一般而言应是黑色的，因此，用黑色的吸管单击盘子左上角的阴影区域，立刻达到了不一样的效果。调整后的图像效果如图 4.3.18 所示。

图 4.3.17　偏色严重图像　　　　　　　　图 4.3.18　调整后的图像效果

【实践题】利用 Photoshop 工具调整实践题素材商品偏色效果。

二、替换图像色彩

有时候，需要对商品中特定颜色进行选取，此时，可以使用"色彩范围"命令来快速完成。

"色彩范围"命令可以根据图像的颜色和影调范围创建选区，并且提供了较多的控制选项，具有较高的精准度。

操作要领：

（1）用 Photoshop 打开商品图像，如图 4.3.19 所示。

（2）选择菜单"选择"→"色彩范围"命令，如图 4.3.20 所示。在"色彩范围"对话框中使用"吸管工

图 4.3.19　商品图像

具"提取衣服表面的颜色,并根据灰度预览图中的显示效果调整参数,如图 4.3.21 所示。单击"确定"按钮后,在图像窗口中可以看到衣服表面被框选到了选区中,如图 4.3.22 所示。

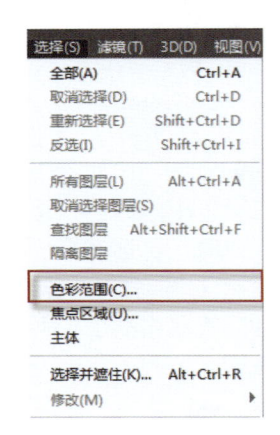

图 4.3.20 "色彩范围"命令　　　　图 4.3.21 "色彩范围"对话框

(3)单击调整面板中的"色相/饱和度"按钮,创建"色相/饱和度"调整图层,如图 4.3.23 所示。调整"色相/饱和度"参数改变选区中衣服的颜色,如图 4.3.24 所示。调整后的图像如图 4.3.25 所示。

图 4.3.22 创建颜色选择范围选区

图 4.3.23 创建"色相/饱和度"调整图层 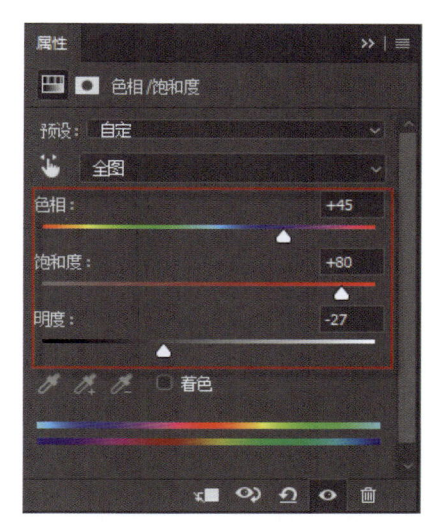　　　　图 4.3.24 调整"色相/饱和度"参数

图 4.3.25 调整后的图像

使用"色彩范围"命令选取特定颜色区域时，要注意选取"吸管工具"吸取的图像位置，同时把握好"颜色容差"选项的参数值，这样才能更精准地控制图像的选取范围。另外，除了能选择特定颜色的图像，还可以在"色彩范围"对话框的"选择"下拉列表中，通过预设的选择对象，选择图像中高、中、低不同明暗区域的图像。

第四节　图像抠取

图像抠取是学习 Photoshop 的一项重要技能，图像抠取的好坏，直接影响图像编辑的效果。Photoshop 提供了多种图像抠取的工具和方法，其中包括选框工具、套索工具、魔棒工具、钢笔工具及通道抠图法等。

一、抠取规则图像

有些商品的外形比较规则，如足球、画框等，对于规则形状的商品，应该如何抠取呢？

对于一些外形较为规则的商品图像，如椭圆形、正圆形、长方形或正方形的商品，可以使用 Photoshop 中的"椭圆选框工具"或"矩形选框工具"进行快速抠取。

操作要领：

（1）用 Photoshop 打开商品图像，如图 4.4.1 所示。

（2）选择"椭圆选框工具"，如图 4.4.2 所示。

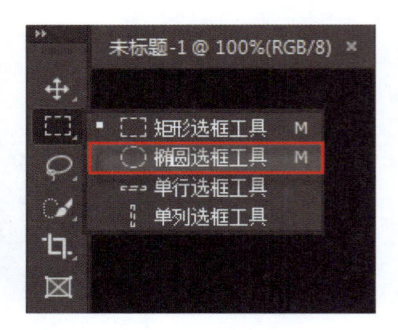

图 4.4.1　足球图像　　　　图 4.4.2　"椭圆选框工具"

（3）框选椭圆盘，大致将选区画好，建立选区，如图 4.4.3 所示。从蚂蚁线可以看出，椭圆选框并没有将足球全部选中，此时，右击选择"变换选区"命令调整选区的大小，如图 4.4.4 所示，直至选中整个足球，如图 4.4.5 所示。

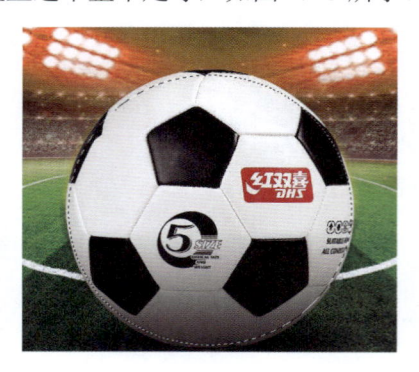

图 4.4.3　建立选区　　　　图 4.4.4　变换选区

(4)通过复制命令(或按【Ctrl+J】快捷键),即可复制出一个足球图像,复制足球对象如图 4.4.6 所示。

图 4.4.5　调整选区范围　　　　　图 4.4.6　复制足球对象

提示: 对于正圆形状的图像,拖曳鼠标画圆的同时按住【Shift】键,画出的圆即正圆。

当拍摄的商品外观为长方形或正方形时,使用"矩形选框工具"进行抠图是一种较为快速有效的方法。具体方法与"椭圆选框工具"类似,案例原始图像如图 4.4.7 所示,移动后的图像效果如图 4.4.8 所示。

图 4.4.7　案例原始图像　　　　　图 4.4.8　移动后的图像效果

【思考题】如何利用 Photoshop 绘制正方形选区?
【实践题】完成实践题素材商品图像的抠取。

二、抠取不规则图像

店铺装修中的大部分商品的外形都是不规则的,对于不规则形状的商品,应如何抠取呢?

如果商品的外形轮廓主要是由直线组成的多边形,那么可以使用"多边形套索工具"来进行抠取。

"多边形套索工具"可以创建直线构成的选区,适合选取边缘为直线、棱角分明的对象,如包装盒、积木、衣柜等。使用"多边形套索工具"在需要抠取的商品图像外形轮廓的各个拐角点位置单击,将单击的起始点与结束点重合在一起,即可创建封闭的多边形选区。

操作要领:

(1)用 Photoshop 打开商品图像,如图 4.4.9 所示。

(2)选择"多边形套索工具",如图 4.4.10 所示。

(3)从一个拐角点开始单击,沿着商品边缘绘制直线,即依次在每个拐角点上单击鼠标,将起始点与结束点重合在一起。建立选区,如图 4.4.11 所示。

(4)按【Ctrl+Shift+I】快捷键反向选区,如图 4.4.12 所示。

(5)按【Delete】键删除背景图像,如图 4.4.13 所示。

【实践题】利用"多边形套索工具"完成实践题素材商品的抠取。

图 4.4.9 不规则商品图像

在店铺装修中,对于外形轮廓边缘清晰且与背景反差较大的任意外形商品,可以使用"磁性套索工具"来进行抠取。

"磁性套索工具"可以自动检测图像的边缘,通过跟踪对象的边缘快速创建选区。

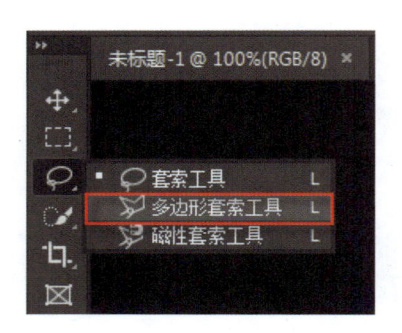

图 4.4.10 "多边形套索工具"

图 4.4.11 建立选区

图 4.4.12 反向选区

图 4.4.13 删除背景图像

操作要领：

（1）用 Photoshop 打开商品图像。

（2）选择"磁性套索工具"，如图 4.4.14 所示。"磁性套索工具"选项栏中的"宽度""对比度""频率"是三个较为重要的选项，会影响工具的使用效果，"磁性套索工具"选项栏如图 4.4.15 所示。"宽度"是指工具检测的宽度，决定了光标周围有多少个像素能被工具检测到；"对比度"决定了选择图像时，商品图像与背景图像之间多大的对比度才能被工具检测到；"频率"指添加锚点的数量。

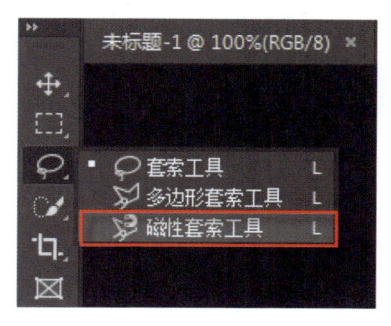

图 4.4.14 "磁性套索工具"

图 4.4.15 "磁性套索工具"选项栏

（3）从一个拐角点开始单击，自动将选区与对象的边缘对齐，在光标经过的位置放置锚点来定位和连接选区。如果想要在某一点放置一个锚点，可以在光标经过该点的时候单击。如果锚点的放置位置不准确，可以按【Delete】键将其删除。"磁性套索工具"建立选区如图 4.4.16 所示。

（4）由于深色的背景对浅色商品周边会有一定的影响，可以使用收缩选区的方法对选区进行调整。选择菜单"选择"→"修改"→"收缩"命令，弹出"收缩选区"对话框，如图 4.4.17 所示，设置收缩量为 2 像素，收缩选区后的图像如图 4.4.18 所示。

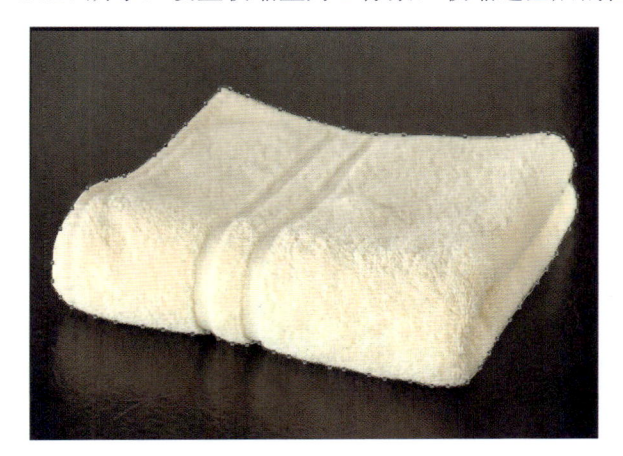

图 4.4.16 "磁性套索工具"建立选区　　　　图 4.4.17 "收缩选区"对话框

(5)按【Ctrl+Shift+I】快捷键反向选区,如图4.4.19所示。

图4.4.18　收缩选区后的图像　　　　　　　图4.4.19　反向选区

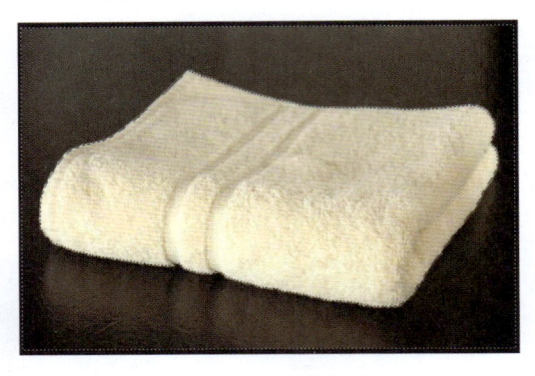

(6)按【Delete】键删除背景图像,其效果如图4.4.20所示。

使用"磁性套索工具"抠取图像时,商品图像与背景图像的色调与明度一定要有较大的差异,否则工具不能准确定义商品图像的边缘,将影响最终抠取效果。

【实践题】利用磁性套索工具,完成实践题素材商品抠取。

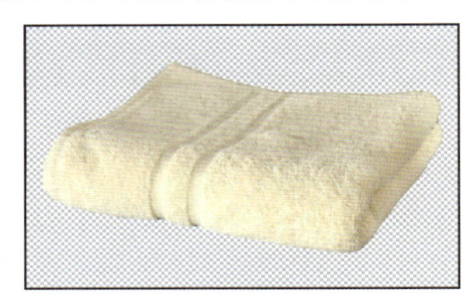

图4.4.20　删除背景图像

三、抠取纯色图像

在拍摄商品的过程中,有时会使用某一种颜色的背景进行拍摄(见图4.4.21),然而现在越来越多的电商平台要求商品的最佳背景颜色为白色(见图4.4.22),这就需要将商品抠取出来,更换颜色。

图4.4.21　绿色背景图像　　　　　　　图4.4.22　白色背景图像

如果商品背景颜色单一，且商品与背景的颜色存在较大的差异，就可以使用魔棒工具进行抠取。

1）什么是魔棒工具

魔棒是一种基于颜色差异来构建选区的工具。

2）魔棒工具的适用范围

当商品的背景颜色变化不大，且商品图像边缘轮廓清晰，与背景存在一定的颜色差异时，使用该工具可以快速地将商品图像抠取出来。

3）魔棒工具抠图的操作要领

（1）用 Photoshop 打开一张商品图像，如图 4.4.23 所示。

（2）选择"魔棒工具"，如图 4.4.24 所示，也可以按【W】快捷键选择。

（3）如果商品的背景颜色不是纯色的，而是相似的颜色，此时需要设置魔棒工具的属性，"魔棒工具"选项栏如图 4.4.25 所示。第一个要设置的属性是"容差"，默认值是 32。容差越小，选择的区域越小；容差越大，选择的区域越大。勾选"消除锯齿"复选框可以使选区更平滑，取消勾选"连续"复选框可以选择图像不连续的区域。

图 4.4.23 商品图像　　　　图 4.4.24 "魔棒工具"

图 4.4.25 "魔棒工具"选项栏

提示： "容差"是影响"魔棒工具"性能最重要的选项，它决定了哪些像素与选定的像素点在色调上是相似的。当该选项的参数值较小时，只能选中色调与鼠标单击点像素非常相似的少量像素。该选项的参数值越大，对像素相似程度的要求就越低，因此，选中的像素就越多。在抠取前应当先观察商品图像背景中颜色的相似程度，通过设置多个不同的"容差"值来判断选区的选取范围，力求找到一个最佳的容差值，将商品图像完整而准确地抠取出来。

（4）使用"魔棒工具"，在绿色背景区域单击，在绿色背景区域部分建立选区，如图 4.4.26 所示。

（5）完成了"魔棒工具"的抠图操作后，按【Ctrl+Shift+I】快捷键反向选区，如图 4.4.27 所示。

图 4.4.26 建立选区　　　　　　图 4.4.27 反向选区

（6）新建一个背景为白色的图像，将选取的包复制到新文件中，形成最终的效果，如图 4.4.28 所示。

【思考题】将"魔棒工具"中的"容差"值放大，选择的范围将变大还是缩小？

【实践题】利用"魔棒工具"，完成实践题素材商品背景图像的抠取操作。

图 4.4.28　更换图像背景

四、抠取精细图像

有时候，商品的外观比较复杂，为了让抠取出的商品图像边缘平滑、准确，达到更加精细的效果，使用"钢笔工具"无疑是最佳的方法。

"钢笔工具"绘制的路径有极其明确的边界线。对于边界非常光滑的对象，如汽车、电器、家具、金饰、瓷器等，使用"钢笔工具"往往可以得到满意的抠取效果。

下面，通过抠取爱心图形来熟悉"钢笔工具"的基本使用方法。

操作要领：

（1）用 Photoshop 打开爱心图像素材，如图 4.4.29 所示。

（2）选择"钢笔工具"，如图 4.4.30 所示。在"钢笔工具"选项栏中，选择"路径"模式，如图 4.4.31 所示。

图 4.4.29　爱心图像素材　　　　　图 4.4.30　"钢笔工具"

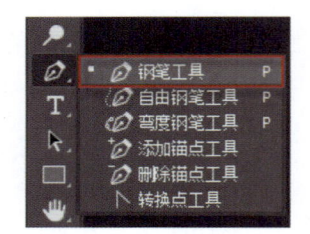

图 4.4.31　"钢笔工具"选项栏

(3)使用"钢笔工具"添加第一个锚点,如图 4.4.32 所示。单击图形左侧,并向上拖曳,绘制上下调节线。此时,按住【Shift】键可以绘制以 45 度角为单位的调节线。

(4)在图形左上侧同时按住【Shift】键和鼠标左键,添加第二个锚点,并绘制左右水平调节线,如图 4.4.33 所示。

图 4.4.32　添加第一个锚点　　　　　图 4.4.33　添加第二个锚点

(5)按住【Alt】键的同时,使用鼠标分别拖曳锚点两侧的调节点,调整曲线的曲度,以更加贴近图像边缘。调整曲线的曲度,如图 4.4.34 所示。

(6)使用相同方法,添加其他锚点。在两个锚点之间,将光标移动到锚点间的曲线上,光标出现"+"时添加新的锚点,如图 4.4.35 所示。同时按住【Ctrl】键和鼠标左键,可以移动新锚点的位置至图像边缘,如图 4.4.36 所示。同时按住【Alt】键和鼠标左键,移动调节点的角度,使其曲线更加贴近图像边缘。

图 4.4.34　调整曲线的曲度　　　　　图 4.4.35　添加锚点

(7)绘制剩余的其他锚点,并闭合路径,如图 4.4.37 所示。

【思考题】在"钢笔工具"中,【Shift】、【Ctrl】和【Alt】快捷键分别可以实现哪些功能?
使用"钢笔工具"的基本操作方法,来绘制商品的路径。
操作要领:
(1)用 Photoshop 打开商品图像,如图 4.4.38 所示。
(2)选择"钢笔工具",在"钢笔工具"选项栏中,选择"路径"模式。
(3)在商品图像的边缘单击,添加一个锚点,再次单击并拖曳鼠标添加第二个锚点,依次将整个商品的轮廓添加锚点。按【Ctrl】键和鼠标左键移动锚点和调节点的位置,按【Alt】键和鼠标左键调整调节点的方向,完成所有锚点的建立。使用"钢笔工具"建立锚点,如图 4.4.39 所示。

图 4.4.36 移动锚点的位置　　　　　　图 4.4.37 闭合路径

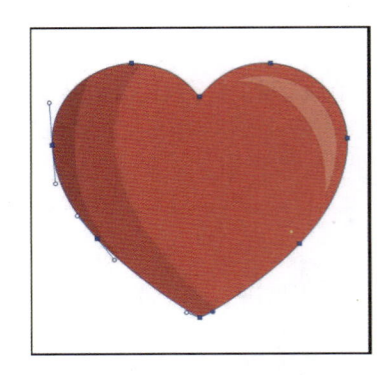

图 4.4.38 商品图像　　　　　　图 4.4.39 使用"钢笔工具"建立锚点

（4）在封闭的路径中间右击，在菜单中选择"建立选区"命令，如图 4.4.40 所示，弹出"建立选区"对话框，如图 4.4.41 所示，单击"确定"按钮"建立选区"后的图像如图 4.4.42 所示。

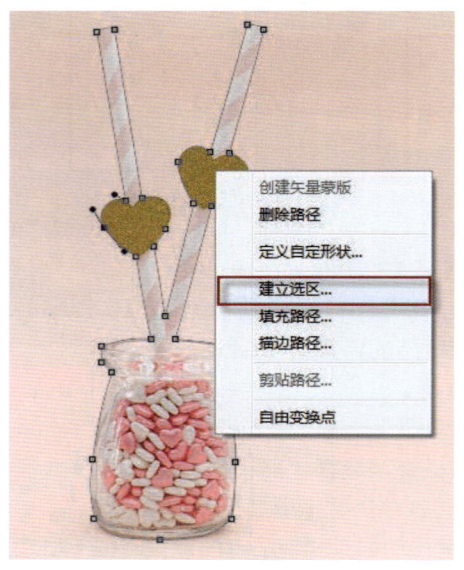

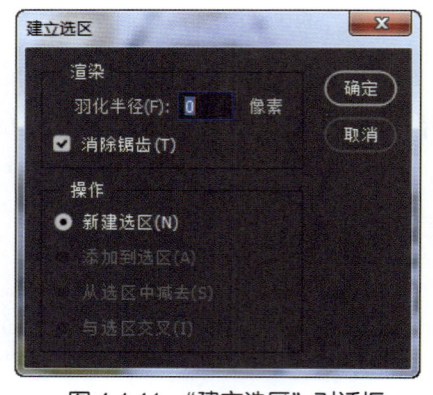

图 4.4.40 "建立选区"命令　　　　　　图 4.4.41 "建立选区"对话框

(5) 复制已经选择的商品，在指定位置粘贴，结果如图 4.4.43 所示。

图 4.4.42　"建立选区"后的图像　　　　　　图 4.4.43　复制并粘贴图像

【实践题】使用"钢笔工具"，完成实践题素材商品抠取。

五、抠取毛发图像

服装是众多电商平台的热卖品类，模特尤其是模特头发的抠取成为电商美工的必备技能，用"钢笔工具"或"套索工具"很难抠出满意的效果，这里推荐使用通道抠图法。

操作要领：

(1) 用 Photoshop 打开模特图像，如图 4.4.44 所示。

图 4.4.44　模特图像

(2) 打开"通道"面板，如图 4.4.45 所示，分别查看红、绿、蓝通道，找出模特头发和背景颜色对比度最大的通道，本例选择"绿通道"，如图 4.4.46 所示。

(3) 复制"绿通道"，如图 4.4.47 所示。选择菜单"图像"→"调整"→"色阶"命令，打开"色阶"对话框，如图 4.4.48 所示，调整黑色滑块和白色滑块的位置，让图像中的亮处区域更亮，暗处区域更暗，也就是使得头发颜色变得更黑，背景颜色变得更白。设置"色阶"对话框中的参数，调整色阶后的图像如图 4.4.49 所示。

图 4.4.45 "通道"面板

图 4.4.46 "绿通道"图像

图 4.4.47 复制"绿通道"

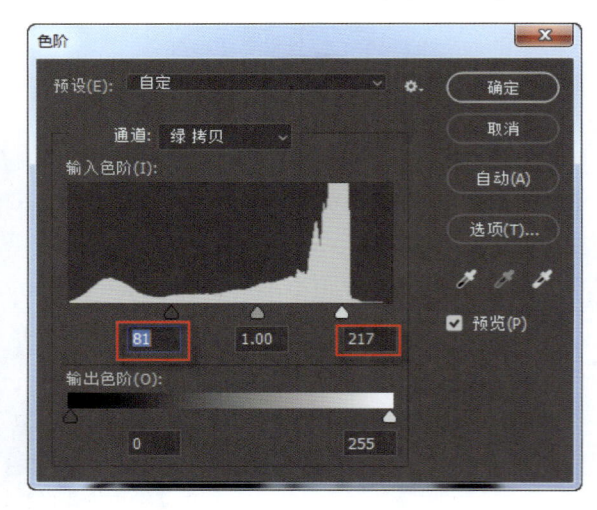

图 4.4.48 "色阶"对话框

图 4.4.49 调整色阶后的图像

(4) 按【Ctrl+I】快捷键，将颜色反向，颜色反向后的图像如图 4.4.50 所示。选择"画笔工具"，设置前景色为白色，调整"画笔工具"选项栏中的不透明度为 100%。将需要保留的模特脸部和衣服等部分涂成白色，如图 4.4.51 所示。

图 4.4.50　颜色反向后的图像

图 4.4.51　使用白色画笔涂抹模特

(5) 按【Ctrl】键的同时，单击"绿拷贝通道"左侧的缩略图，创建模特选区。在通道中选择 RGB 模式，回到图层面板，创建模特选区，如图 4.4.52 所示。按【Ctrl+J】快捷键创建模特复制图层，至此就完成了模特及模特发丝的抠取。

(6) 置入背景图像，将背景图层放置于"图层 1"的下方。按【Ctrl+T】快捷键，使用"自由变换"命令，调整背景的大小和位置。置入背景后的图像效果如图 4.4.53 所示。

图 4.4.52　创建模特选区

图 4.4.53　置入背景后的图像

对于毛发等精细对象的抠取，除了使用通道抠图法，还可以使用选择工具中的"选择并遮住"功能。

操作要领：

(1) 用 Photoshop 打开图像，如图 4.4.54 所示。

图 4.4.54　带毛发图像

(2) 选择 "快速选择工具"，如图 4.4.55 所示。调整选择工具的大小，在图像中大致框选狗的整体外形及部分地面，如图 4.4.56 所示。

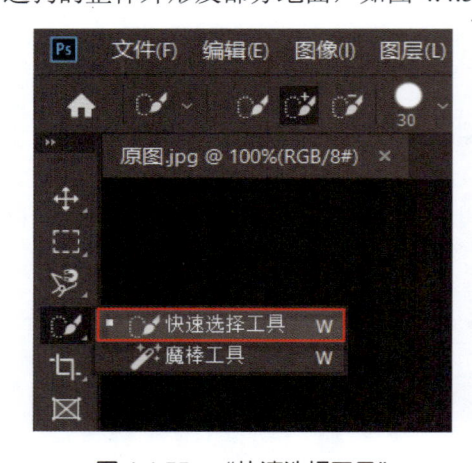

图 4.4.55　"快速选择工具"

图 4.4.56　框选狗的整体外形及部分地面

(3) 单击 "快速选择工具" 选项栏中的 "选择并遮住" 按钮，如图 4.4.57 所示。此后，进入新的操作界面，在右侧的 "属性" 面板中，选择 "视图模式" 为 "叠加"（根据图片特性，选择最合适的模式），如图 4.4.58 所示，同时，勾选 "属性" 面板中的 "智能半径" 及 "净化颜色" 复选框，如图 4.4.59 所示。

图 4.4.57　"选择并遮住" 按钮

第四章　Photoshop 图像美化

图 4.4.58　选择视图模式

图 4.4.59　勾选相关属性

（4）选择左边工具栏的第 2 个画笔工具，设置笔刷的大小，如图 4.4.60 所示。在图像中，涂刷周围的毛发，使毛发更加精细地被识别出来。重新进行毛发选择后的图像如图 4.4.61 所示，完成后单击右下角的"确定"按钮。

图 4.4.60　选择画笔工具

图 4.4.61　重新选择后的图像

（5）抠取后的狗在绘图区域呈现背景透明的状态，如图 4.4.62 所示。接着，置入蓝天白云背景素材，最终得到图 4.4.63 所示的效果图。

图 4.4.62　抠取后的图像

图 4.4.63　添加背景的效果

【实践题】使用以上两种方法，分别尝试并完成毛发抠取。

第五节　文字编排与图形绘制

在 Photoshop 中，文字和图形是图像绘制和编辑最基本的要素，在商品图像中起到表意功能与装饰作用。

一、文字的添加和设置

使用"横排文字工具"和"直排文字工具"为网店装修设计图添加所需的文字。

操作要领：

（1）用 Photoshop 打开商品图像，如图 4.5.1 所示。

（2）选择工具箱中的"横排文字工具"，如图 4.5.2 所示。在"文字工具"选项栏中，选择"Tahoma"字体，并设置为"Bold"，文字大小为 72 点，文字颜色为"#d98500"，如图 4.5.3 所示。在文档中输入文字内容，如图 4.5.4 所示。

图 4.5.1　商品图像

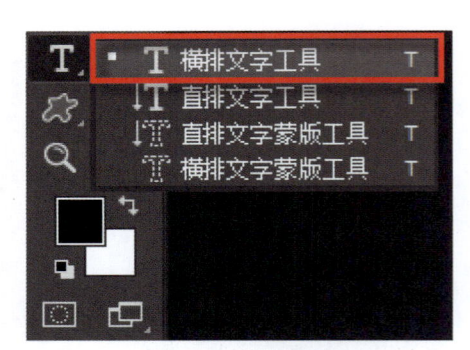

图 4.5.2　"横排文字工具"

图 4.5.3　"文字工具"选项栏

图 4.5.4　添加文字后的图像

(3)在控制面板中，打开"字符"面板，调整文字字符间距，如图 4.5.5 所示，使得字符之间宽度更加适宜。经过字符调整后的图像如图 4.5.6 所示。

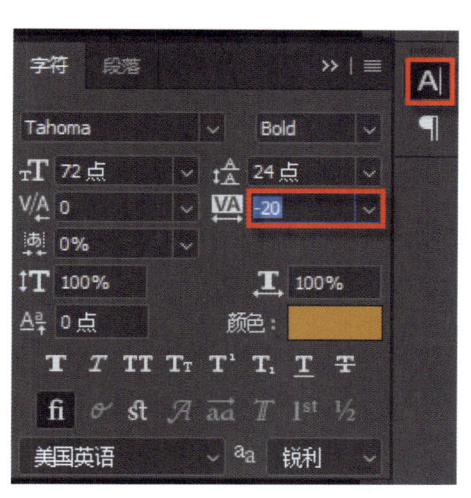

图 4.5.5　"字符"面板　　　　　图 4.5.6　经过字符调整后的图像

(4)选择工具箱中的"横排文字工具"，在段落文字区域拖曳创建文本框，如图 4.5.7 所示。在"文字工具"选项栏中，选择"Tahoma"字体，并设置为"Regular"，文字大小为 50 点，文字颜色为黑色，在文本框中输入文字，如图 4.5.8 所示。

图 4.5.7　创建文本框　　　　　图 4.5.8　在文本框中输入文字

(5)选中输入的文字，打开"字体"面板，设置行间距、字间距、文字样式等属性。"字符"面板参数如图 4.5.9 所示，调整后的文字效果如图 4.5.10 所示。

【实践题】使用"文字工具"，完成实践题素材商品设计效果。

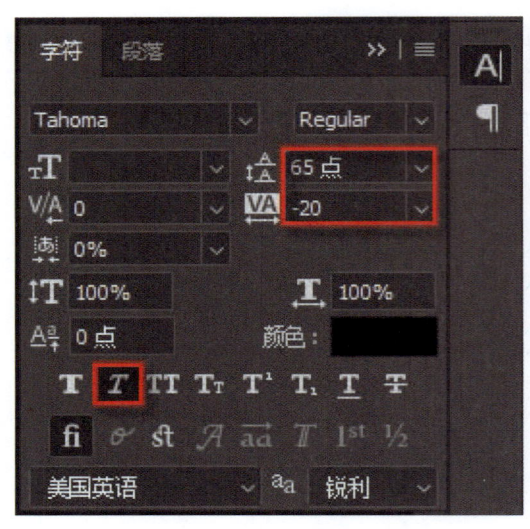

图 4.5.9 "字符"面板参数

图 4.5.10 调整后的文字效果

二、绘制规则形状的修饰图形

修饰图形是用于辅助表现商品的一种设计元素。在商品详情页中，可以通过修饰图形来增加页面的艺术感，增加客户的阅读兴趣，使商品产生较强的视觉效果，获得客户的好感。

在设计时，用修饰图形进行简单辅助和点缀，能呈现较好的视觉效果。未添加修饰图形的图像如图 4.5.11 所示，添加修饰图形的图像如图 4.5.12 所示。修饰图形主要包括矩形、圆形、圆角矩形、多边形等。可以使用 Photoshop 的形状工具来绘制规则形状。

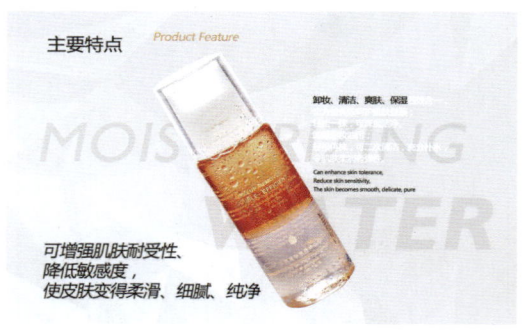

图 4.5.11 未添加修饰图形的图像

图 4.5.12 添加修饰图形的图像

操作要领：

（1）新建 Photoshop 文档。

（2）选择工具箱中的"矩形工具"，在"形状工具"选项栏中，可以设置绘制形状的大小、比例、样式、颜色等参数。按住【Shift】键，可以绘制正方形形状。绘制固定大小矩形如图 4.5.13 所示，绘制菱形如图 4.5.14 所示，菱形图形运用案例如图 4.5.15 所示，矩形图形运用案例如图 4.5.16 所示。

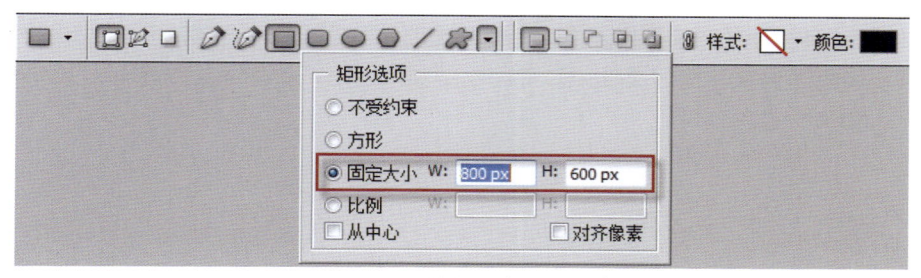

图 4.5.13　绘制固定大小矩形

图 4.5.14　绘制菱形

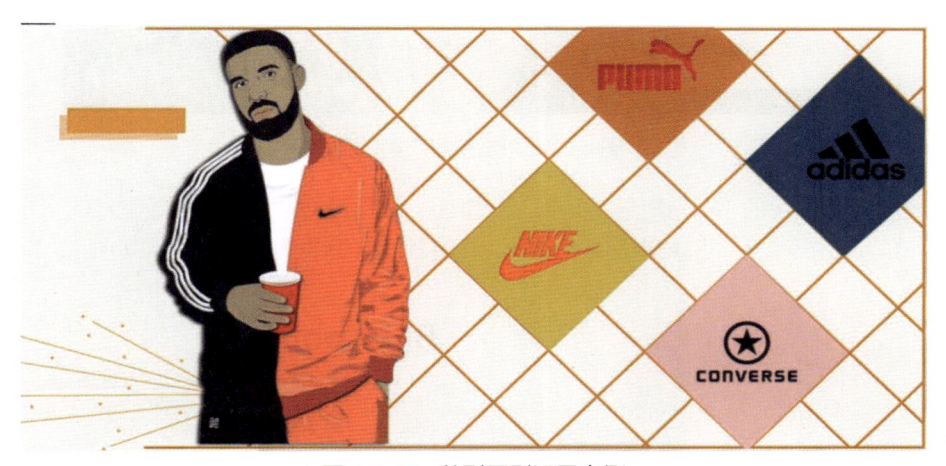

图 4.5.15　菱形图形运用案例

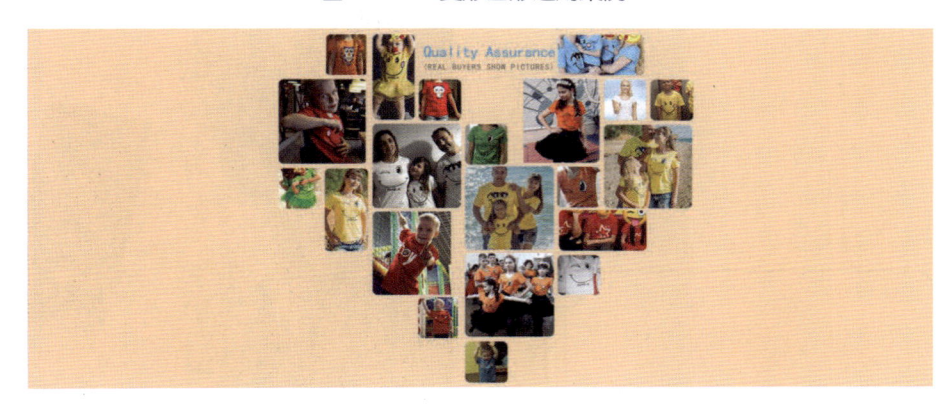

图 4.5.16　矩形图形运用案例

（3）选择工具箱中的"椭圆工具"，在"形状工具"选项栏中，设置绘制形状的大小、比例、样式、颜色等参数。按住【Shift】键，绘制圆形图形，如图 4.5.17 所示，圆形图形运用案例如图 4.5.18 所示。

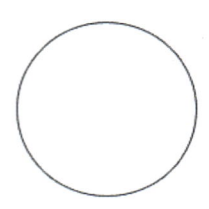

图 4.5.17　圆形图形

图 4.5.18　圆形图形运用案例

（4）选择工具箱中的"圆角矩形工具"，在"形状工具"选项栏中，可以设置绘制形状的大小、比例、样式、颜色等参数。圆角矩形图形如图 4.5.19 所示，圆角矩形运用案例如图 4.5.20 所示。

图 4.5.19　圆角矩形图形

图 4.5.20　圆角矩形运用案例

第四章　Photoshop 图像美化

　　(5) 选择工具箱中的"多边形"工具，在"形状"工具栏中，勾选"星形"复选框，设置绘制"边"值为 5，如图 4.5.21 所示，绘制五角星图形，如图 4.5.22 所示，五角星图形运用案例如图 4.5.23 所示。

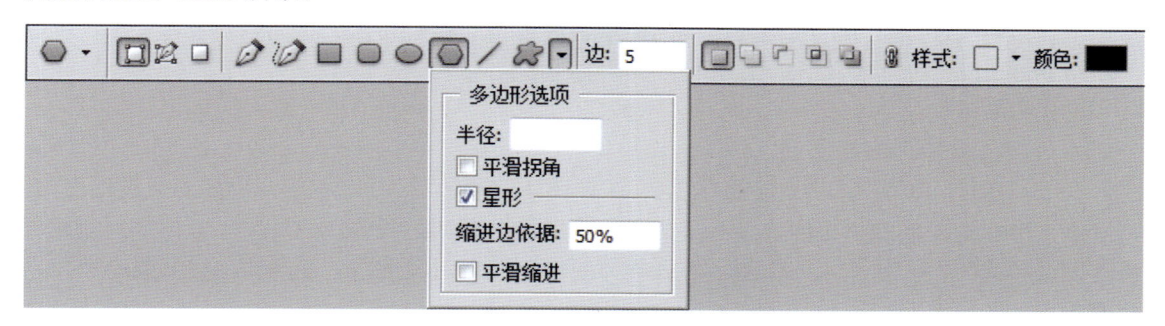

图 4.5.21　绘制星形

图 4.5.22　五角星图形

图 4.5.23　五角星图形运用案例

【思考题】修饰图形的基本图形有哪几类？如何选择每种不同修饰图形的适用场景？

三、绘制自定义形状的修饰图形

在电商美工设计中，纯粹使用规则的形状进行装饰和布局无法满足店铺装修要求，可以使用 Photoshop 的自定义形状工具来绘制不规则形状。

操作要领：

（1）新建 Photoshop 文档。

（2）选择工具箱中的"自定形状工具"，如图 4.5.24 所示。在"自定形状工具"选项栏中，单击"形状"右侧的下拉框，接着单击"形状"面板右侧的箭头，在菜单下方选择需要载入的预设形状类型，如图 4.5.25 所示。选择需要绘制的自定义形状，在画布上绘制爱心图形，如图 4.5.26 所示。

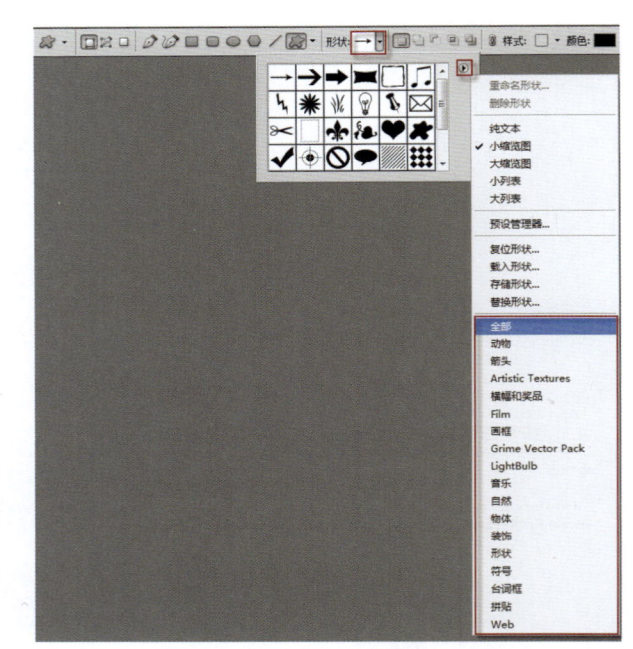

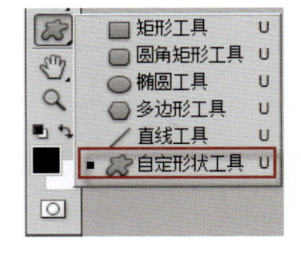

图 4.5.24 "自定形状工具"

图 4.5.25 载入预设形状类型

图 4.5.26 爱心图形

对于绘制出的自定义形状，如果想要更改其外观，可以使用"直接选择工具"，单击形状边线以显示出形状锚点，单击锚点可显示锚点的方向控制杆。此时单击锚点并拖曳，可移动锚点位置；单击方向控制杆的端点并拖曳，可调整形状的外观。

【实践题】使用图形工具，设计并完成修饰图形设计。

第六节　特 效 制 作

Photoshop 提供了多种图像特效的方法和工具，通过各种特效的制作，可以使得商品图像整体效果锦上添花，并突出商品的特征与属性。

一、制作图像融合效果

制作图像融合效果最常用的方法是使用 Photoshop 中的图层蒙版。图层蒙版在 Photoshop 图像编辑中起到了非常重要的作用。图层蒙版好比在当前图层上覆盖了一层玻璃片，这种玻璃片有透明的、半透明的、完全不透明的。

用绘图工具在图层蒙版上用黑色、白色或灰色进行涂色，涂黑色的地方，图层蒙版会变为完全透明。涂白色的地方，图层蒙版会变为完全不透明。涂灰色的地方，图层蒙版会变为半透明，透明的程度由灰度深浅决定。

操作要领：

(1)在 Photoshop 中打开一张风景图像，如图 4.6.1 所示。

(2)选择菜单"文件"→"置入嵌入对象"命令，将荷花图像(见图 4.6.2)素材置入场景中。

图 4.6.1　风景图像　　　　　　　　图 4.6.2　荷花图像

(3)选择荷花图层，单击图层面板下方的"添加图层蒙版"按钮，如图 4.6.3 所示。为荷花图层添加一个图层蒙版，如图 4.6.4 所示。

(4)选择"画笔工具"，如图 4.6.5 所示。在工具选项栏中，设置画笔大小，如图 4.6.6 所示。设置前景色为黑色。

(5)在图层蒙版的上方，用黑色画笔绘制图层蒙版，如图 4.6.7 所示。绘制的部分将显示出背景图片中的蓝天效果，调整图层蒙版后的效果如图 4.6.8 所示。

【实践题】利用图层蒙版，创作其他创意效果。

图 4.6.3 "添加图层蒙版"按钮

图 4.6.4 图层蒙版添加后的效果

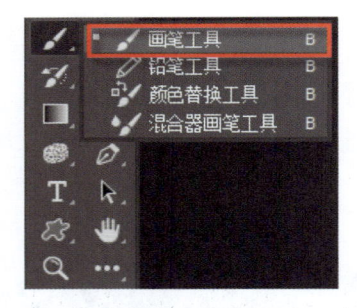

图 4.6.5 "画笔工具"

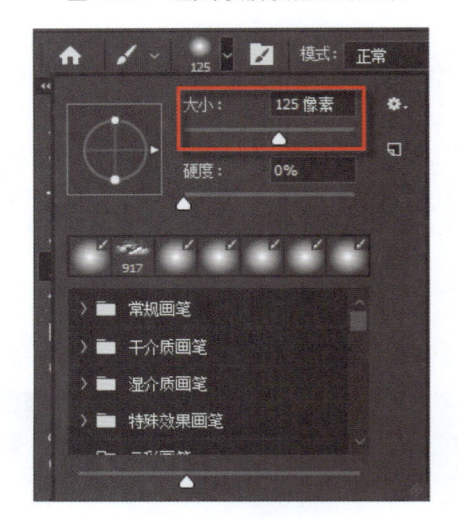

图 4.6.6 设置画笔大小

图 4.6.7 绘制图层蒙版

图 4.6.8 调整图层蒙版后的效果

二、制作图像景深效果

在商品拍摄过程中，有时背景较为复杂，导致拍摄的图像层次不明显，商品在图像中不够突出。可以通过 Photoshop 进行后期处理，制作出商品的景深效果，突出商品的形象。

Photoshop 提供了"模糊画廊"中的"光圈模糊""场景模糊""倾斜模糊"三个滤镜来构造景深的效果。

"光圈模糊"滤镜可以在图像中模拟出真实的浅景深效果，可以使用该滤镜自定义焦点，实现传统相机很难实现的效果。

操作要领：

（1）在 Photoshop 中打开商品图像，如图 4.6.9 所示。

（2）选择菜单"滤镜"→"模糊画廊"→"光圈模糊"命令，如图 4.6.10 所示，弹出"模糊工具"面板。调整光圈的大小和位置，同时设置光圈模糊的值，如图 4.6.11 所示。

图 4.6.9　商品图像

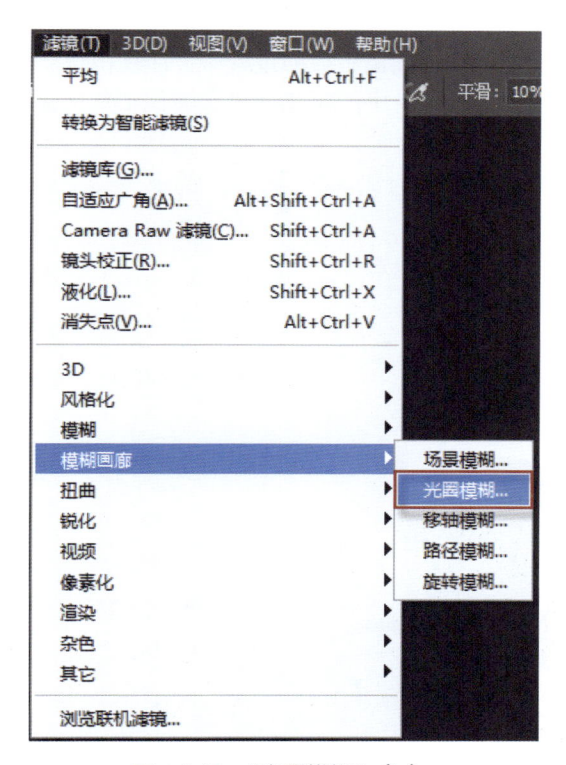

图 4.6.10　"光圈模糊"命令

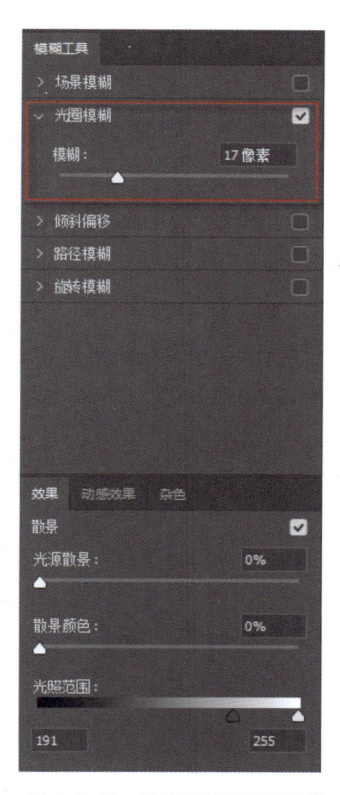

图 4.6.11　调整光圈模糊参数

经过"光圈滤镜"调整后,图像中的玉器周围变得模糊,使商品与周围图像形成了对比,构建出明显的景深效果,使商品更加突出。调整后的图像效果如图 4.6.12 所示。

图 4.6.12　调整后的图像效果

【实践题】利用"模糊画廊"中的"场景模糊"和"倾斜模糊"滤镜,完成实践题素材商品景深效果。

三、调整图像清晰度

在电商视觉设计中,商品清晰是最基本的要求。在图像拍摄的过程中,往往由于对焦等问题,使得商品图像局部不够清晰。可以使用 Photoshop 中的锐化滤镜和锐化工具来提高图像的清晰度,增强商品的表现力。

"USM 锐化"滤镜将根据指定的量增强邻近像素的对比,使得较亮的像素变得更亮,而较暗的像素变得更暗。

操作要领:

(1)在 Photoshop 中打开商品图像,如图 4.6.13 所示。

图 4.6.13　商品图像

（2）选择菜单"滤镜"→"锐化"→"USM 锐化"命令，如图 4.6.14 所示，弹出"USM 锐化"对话框，如图 4.6.15 所示，设置其中的参数，调整后的图像效果如图 4.6.16 所示。

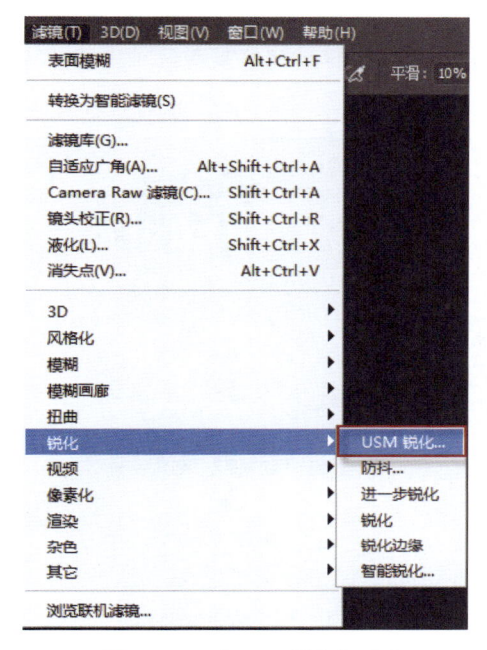

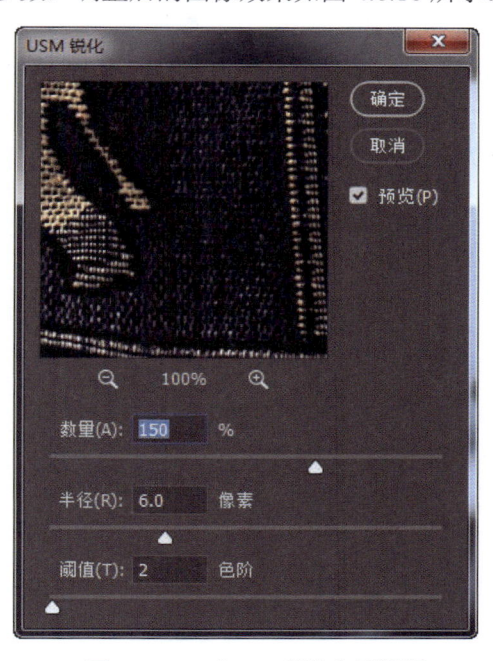

图 4.6.14　"USM 锐化"命令　　　　图 4.6.15　"USM 锐化"对话框

图 4.6.16　调整后的图像效果

四、智能填充修复图像

对于图像局部修复，通常使用内容识别填充。内容识别填充是一种快捷的图像修复方法，

Photoshop 会根据选择区域的周边图像对选区进行智能识别和填充。

操作要领：

(1)在 Photoshop 中打开商品图像，如图 4.6.17 所示。

(2)选择"套索工具"，框选地毯上的咖啡杯，建议可以框选比修复对象稍大些的区域，如图 4.6.18 所示。

图 4.6.17　商品图像

图 4.6.18　框选咖啡杯

(3)选择菜单"编辑"→"填充"命令，弹出"填充"对话框，如图 4.6.19 所示，选择"内容识别"选项，单击"确定"按钮。通过观察发现，地毯上的咖啡杯已经被完全修复。修复后的图像效果如图 4.6.20 所示。

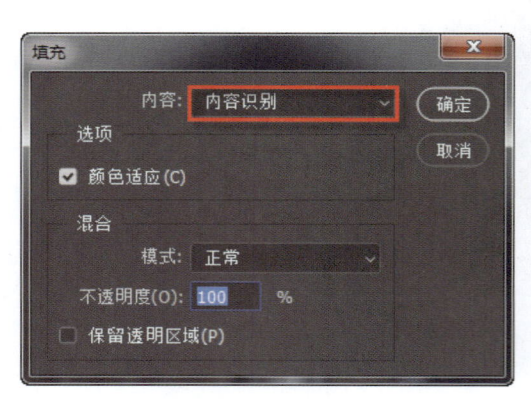

图 4.6.19　"填充"对话框

图 4.6.20　修复后的图像效果

【实践题】利用以上的方法，去除地毯上的其他物品。

五、修补图像缺陷

用天然石材制作的饰品会有随机性的麻点或划痕,然而并不是每件饰品都会有相同的缺陷,带有瑕疵的商品图像如图 4.6.21 所示。为了树立商品的形象,需要对这些瑕疵进行清除。接下来介绍如何将这些瑕疵清除,打造出完美的饰品细节展示图。

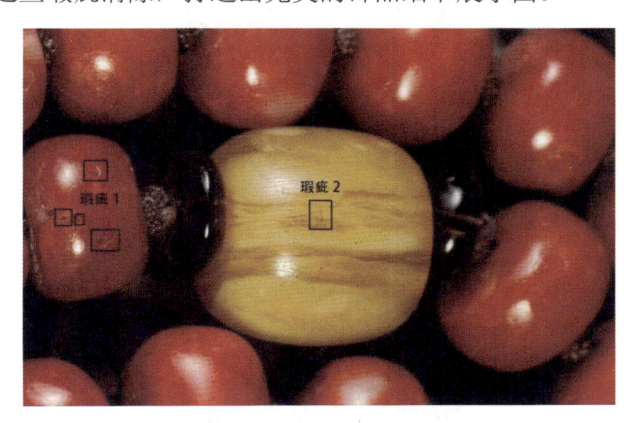

图 4.6.21 带有瑕疵的商品图像

1. 工具选择

对于独立且细小的瑕疵,如图 4.6.21 所示的瑕疵 1,使用工具箱中的"污点修复画笔工具"修复即可得到理想的修复效果,对于周围纹理方向感较为明显的划痕,如瑕疵 2,建议使用"仿制图章工具"来修复。

2. 操作要领

(1)用 Photoshop 打开带有瑕疵的商品图像,如图 4.6.21 所示。

(2)选择工具箱中的"污点修复画笔工具",如图 4.6.22 所示。在"污点修复画笔工具"选项栏中进行设置,调节画笔的大小、硬度、间距,如图 4.6.23 所示。

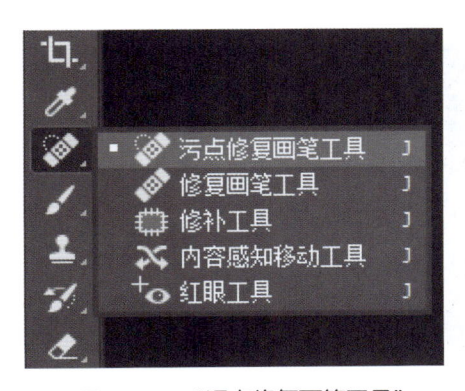

图 4.6.22 "污点修复画笔工具"   图 4.6.23 调整画笔参数

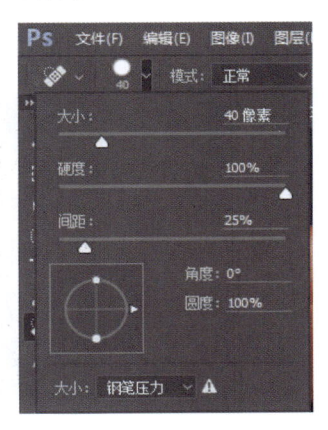

（3）放大图像，在有瑕疵的串珠图像上进行涂抹，涂抹之后 Photoshop 会自动对瑕疵进行修复。有瑕疵的串珠图像如图 4.6.24 所示。重复以上操作，直到得到较为满意的修复效果，修复后的串珠图像如图 4.6.25 所示。

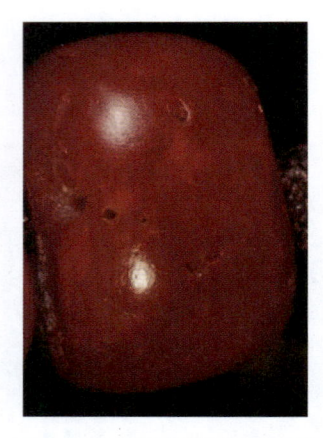

图 4.6.24　有瑕疵的串珠图像

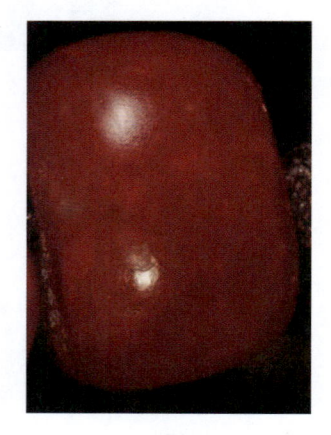

图 4.6.25　修复后的串珠图像

（4）对于瑕疵 2，选择"仿制图章工具"，如图 4.6.26 所示。

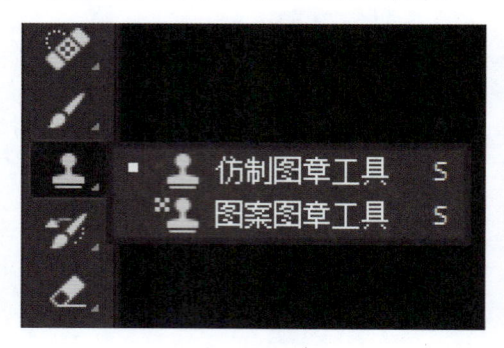

图 4.6.26　"仿制图章工具"

(5)先按住【Alt】键和鼠标左键在瑕疵附近取样，然后按住鼠标左键对划痕进行涂抹修复，经过多次取样修复，使串珠图像纹理清晰、表面光滑，修复后的图像效果如图 4.6.27 所示。

图 4.6.27　修复后的图像效果

【实践题】利用 Photoshop 工具，完成实践题素材商品修复效果。

本　章　习　题

项　目　实　训

实训目标：熟悉 Photoshop 的基本操作方法，掌握 Photoshop 图像抠取的技巧，掌握 Photoshop 文字编排和特效制作的基本方法。

实训要求：参考图 4.7 设计样例，完成一张海报的设计制作。

图 4.7　设计样例

1．选择一款商品。

2．设计并撰写海报英文文案。

3．根据所选的商品图片和海报文案，参照设计样式，设计一张海报。

实训思路：

1．商品和图像素材可以到 1688 网站上寻找，使用 Photoshop 图像抠取方法，将商品图像中的商品抠取出来。

2．海报设计参照速卖通平台 PC 端的标准，海报的图像宽度为 1920 像素，高度为 640～750 像素。

3．将抠取出来的商品图像运用到海报中。

4．合理地运用文字编排工具和文字层级设计要求，设计文案表现样式。

5．运用修饰图形，对海报进行适当的修饰。

6．要求每个不同的元素对象在不同的图层中进行设计和制作。

平 台 篇

- 第五章　速卖通视觉营销
- 第六章　亚马逊视觉营销
- 第七章　其他主流跨境电商平台视觉营销

第五章

速卖通视觉营销

结构导图

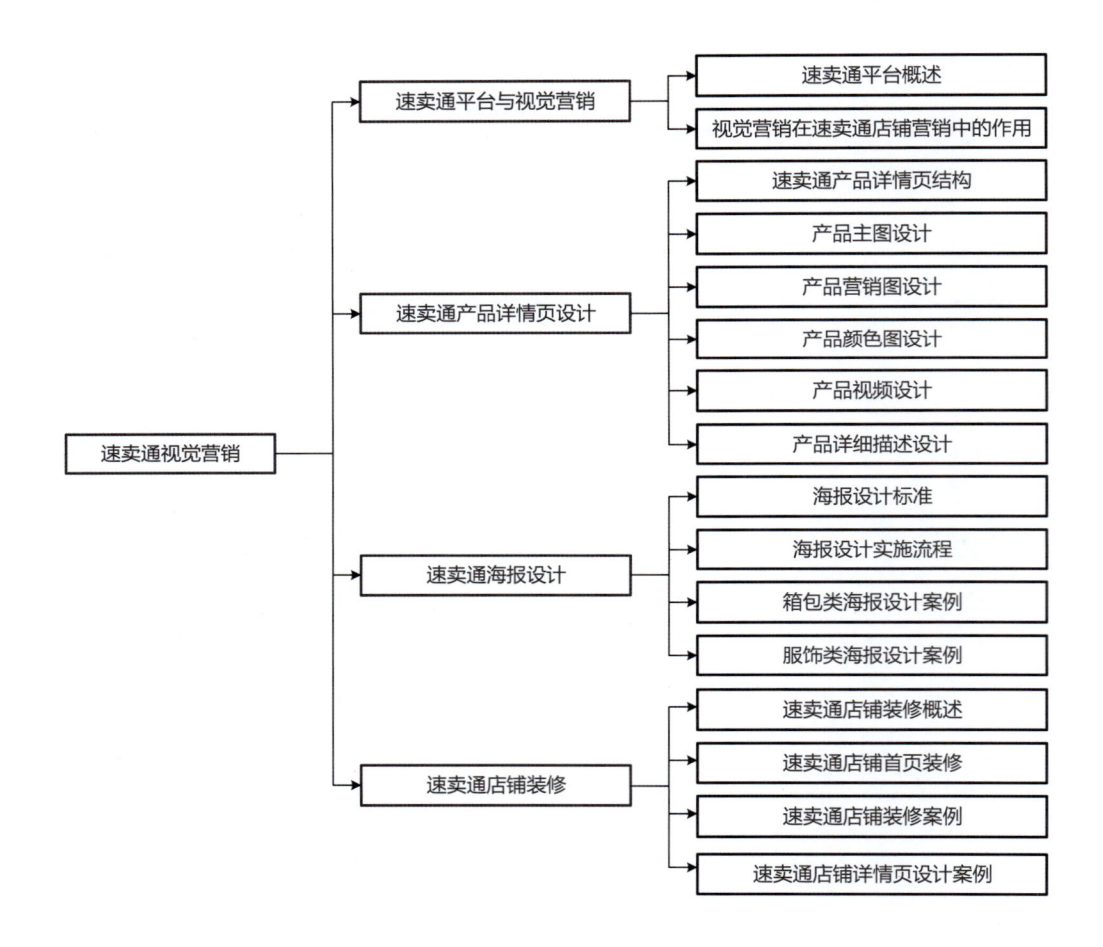

```
速卖通视觉营销
├── 速卖通平台与视觉营销
│   ├── 速卖通平台概述
│   └── 视觉营销在速卖通店铺营销中的作用
├── 速卖通产品详情页设计
│   ├── 速卖通产品详情页结构
│   ├── 产品主图设计
│   ├── 产品营销图设计
│   ├── 产品颜色图设计
│   ├── 产品视频设计
│   └── 产品详细描述设计
├── 速卖通海报设计
│   ├── 海报设计标准
│   ├── 海报设计实施流程
│   ├── 箱包类海报设计案例
│   └── 服饰类海报设计案例
└── 速卖通店铺装修
    ├── 速卖通店铺装修概述
    ├── 速卖通店铺首页装修
    ├── 速卖通店铺装修案例
    └── 速卖通店铺详情页设计案例
```

学习目标

1. 知识目标

● 了解视觉营销对速卖通店铺的影响。

- 了解速卖通店铺的基本结构。
- 掌握速卖通平台视觉设计的基本要求。

2. 能力目标
- 掌握速卖通店铺首页设计能力。
- 掌握速卖通海报设计方法。
- 掌握速卖通店铺装修基本方法。

3. 价值目标
- 具备速卖通店铺视觉营销的职业素养。
- 具备团队合作精神。

案例导入

王朋（化名）起初是在国内电商平台上作为销售家居类产品的电商卖家起家的，他为最近一年来不断下滑的销售业绩忧心忡忡，看到身边很多电商卖家开始转型做跨境电商，他决定到速卖通平台上尝试一下。

王朋认为自己有国内电商的运营经验，也有现成的产品和图片，加上速卖通平台和国内电商平台比较相似，只需要稍微调整一下价格就可以上架销售了。于是，王朋很快就在速卖通平台上注册好店铺，接着就把原先在国内电商平台上的产品信息及图片搬运到了速卖通平台上，为了获得更多流量，王朋每天都发布十个以上的产品，但随着时间的流逝，王朋发现自己速卖通店铺的销售情况并不理想，每天只有少数的产品有出单，其他大部分产品的访客数和浏览量都非常少。无奈之下，王朋只能向擅长速卖通店铺运营的朋友请教，朋友打开王朋的速卖通店铺后直摇头，朋友发现其速卖通店铺首页没有进行店铺装修，很多产品图片直接照搬了国内电商平台，甚至有些产品主图还有中文的推广信息……

在朋友的指点下，王朋结合速卖通平台对产品图片的要求将已经发布的产品进行了优化，并对店铺进行了装修。经过优化后，店铺的浏览量和访客数明显上升，订单数也有了大幅度提升。那么，速卖通平台和视觉营销有什么关系呢？速卖通平台对产品主图和店铺装修有哪些要求呢？这将是本章重点探讨的内容。

第一节　速卖通平台与视觉营销

一、速卖通平台概述

全球速卖通（简称速卖通）是阿里巴巴集团旗下面向全球市场打造的跨境零售平台，如图 5.1.1 所示。现在该平台已经成长为中国最大的出口 B2C 电商平台，速卖通致力于帮助中国制造实现"品牌出海"，截至 2022 年 4 月，速卖通的海外买家数量突破 1.5 亿个，有望在未来 5～10 年服务全球 10 亿名消费者。

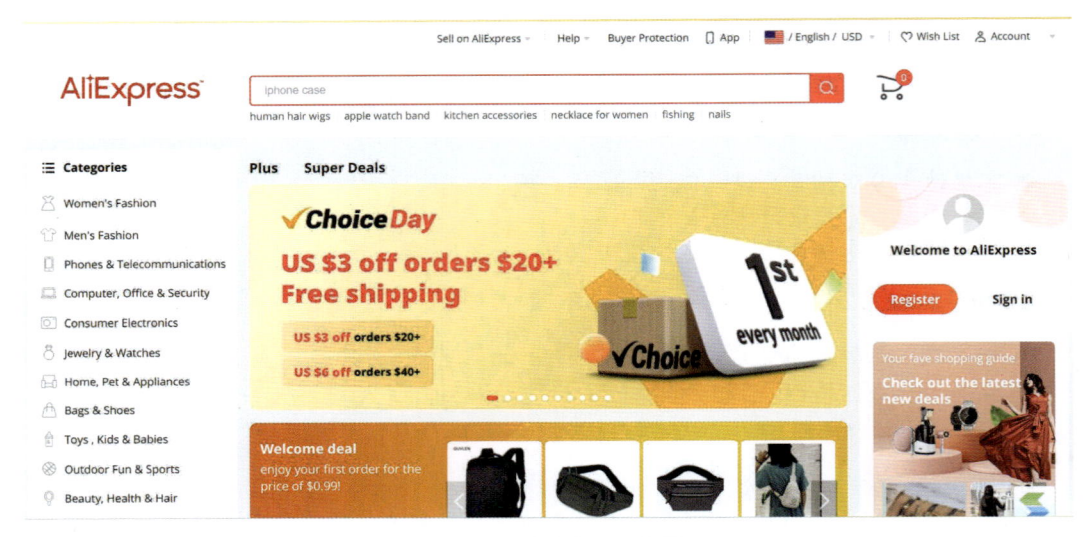

图 5.1.1　全球速卖通平台首页

速卖通创建于 2009 年，从 2010 年 4 月开始正式运营上线，目前速卖通已经开通 18 个语种的站点，客户覆盖全球 220 个国家和地区，是中国唯一一个覆盖"一带一路"全部国家和地区的跨境出口零售平台，平台销售的产品囊括了 22 个行业的日常消费类目，流量瞩目，备受海外客户欢迎。在 10 多年的发展历程中，速卖通见证了中国零售跨境出口贸易格局的演变，除了俄罗斯、美国、西班牙、巴西和法国等主要交易市场，受惠于国家"一带一路"政策，东欧和中东等"一带一路"新兴市场发展势头良好、增长强劲。

二、视觉营销在速卖通店铺营销中的作用

视觉营销的主要目的是吸引买家关注店铺和产品，从而提升店铺的流量，刺激买家产生购买欲望，进而使目标流量转变为有效流量。在速卖通品牌化的进程中，视觉展示作为重要的一部分，也被不断加强。

速卖通是一个比较注重店铺概念的跨境电商平台，由于一个店铺可以销售某个经营大类下的多种产品，产品同质化现象非常严重，当买家输入某个关键词检索产品时，就会跳出非常多的同类产品。对于速卖通卖家来说，面对日趋激烈的竞争和产品的同质化现象，产品的优势和差异逐渐减少，如何吸引买家到店铺购买产品，专业的视觉表达显得尤为重要。

第二节　速卖通产品详情页设计

一、速卖通产品详情页结构

速卖通产品详情页是详细描述产品信息的页面，其结构简洁明了，主要可分为详情页头部信息、产品基本信息和产品详细描述信息三个部分。

（一）详情页头部信息

每个产品的详情页都有一个头部信息，包括平台菜单、店招和导航栏三块内容，如图 5.2.1 所示。速卖通是一个比较注重店铺概念的平台，买家点击店铺名称就可以查看店铺基本信息，点击主菜单相关模块可以查看店铺正在销售的产品。

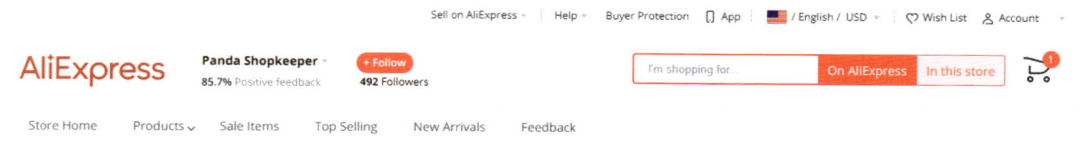

图 5.2.1 详情页头部信息

（二）产品基本信息

产品基本信息包括主图、产品视频、标题、优惠券、颜色图、价格、物流服务、售后和服务信息，如图 5.2.2 所示，同时也包含快捷支付（Buy Now）和产品加购（Add to Cart）链接。另外右侧还会有平台同类产品的推荐信息。

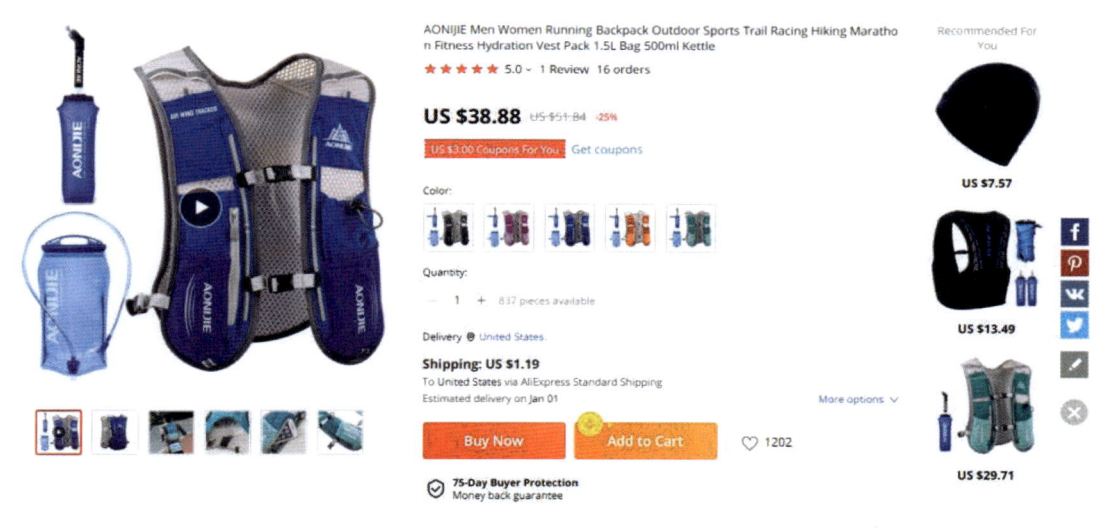

图 5.2.2 产品基本信息

（三）产品详细描述信息

产品详细描述信息由店铺导航、店铺产品分类导航和产品概况、产品评价、产品说明组合而成，如图 5.2.3 所示。产品概况中包括卖家在后台发布产品时所涉及的产品详情及相关产品推荐，这部分信息是买家了解产品详细信息的主要来源。

1. 产品概况

产品概况（OVERVIEW）全方位描述了产品的基本属性、产品详情图片等信息，如图 5.2.4 所示，为了能让买家看到更多信息，也有卖家会把客户评价、物流和售后服务等信息以图片的形式放在该模块中。

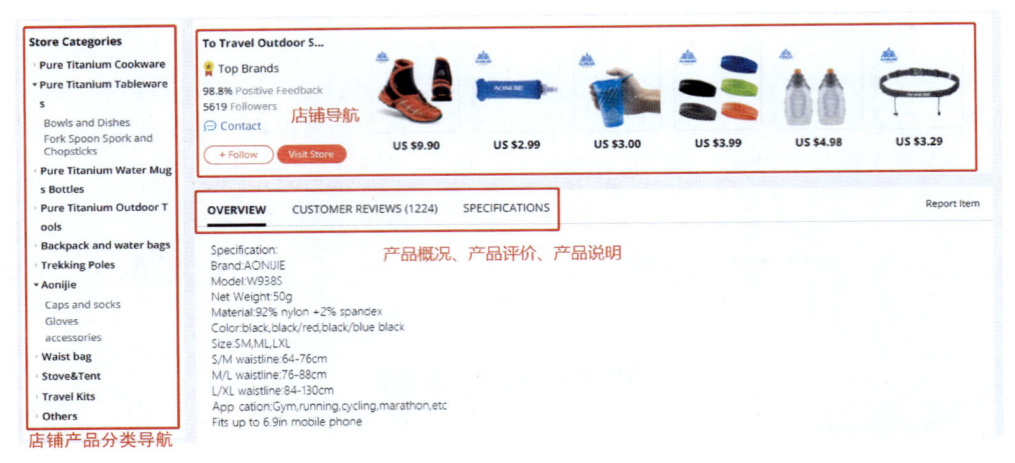

图 5.2.3　产品详细描述信息

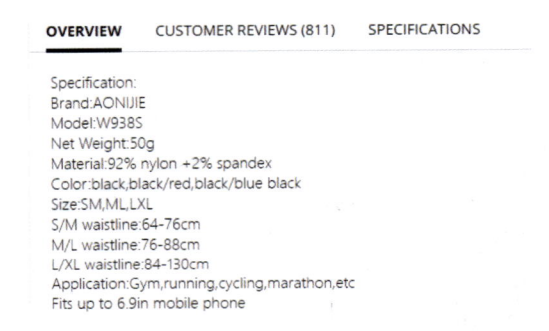

图 5.2.4　产品概况

2. 产品评价

产品评价（CUSTOMER REVIEWS）展示了总体评分、评分人次和每个星级的评价占比，以及评价内容和买家秀照片，如图 5.2.5 所示。卖家可以直接点击各星级占比，查看具体评价情况，包括评价人数、评价内容，卖家可以通过仔细阅读买家的所有差评留言、买家秀照片，找出买家的关注点和产品痛点。

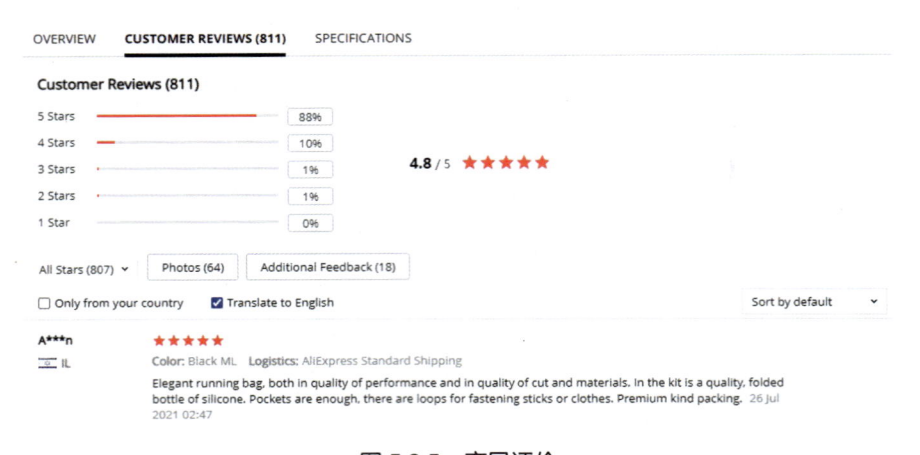

图 5.2.5　产品评价

3. 产品说明

产品说明（SPECIFICATIONS）是卖家后台添加的产品属性信息，这部分信息与产品类目相关，如图 5.2.6 所示，通过该部分信息，卖家可以更好地选择产品，减少差评概率。

```
OVERVIEW    CUSTOMER REVIEWS (811)    SPECIFICATIONS

Brand Name: AONIJIE                          Application Position: Waist
Origin: CN(Origin)                           Material: Nylon
Size: L                                      Gender: Unisex
Model Number: W938S                          Color: Black/Red/Blue
Weight: 50g(waist bag)                       Size: SM/ML/XL
Material: 92% nylon +2% spandex              Option: 1 pcs 250ml Water Soft Flask
S/M waistline: 64-76cm                       M/L waistline: 76-88cm
L/XL waistline: 84-130cm
```

图 5.2.6　产品说明

二、产品主图设计

产品主图是展示产品的主要图片，是买家对产品的第一直观印象，主图显示在产品标题左侧，卖家可以对产品进行全部和细节的展现，最多可以上传 6 张。平台建议描述图片的横纵比例为 1:1（像素大于等于 800 像素×800 像素）或 3:4（像素大于等于 750 像素×1000 像素），并且要求上传的主图比例一致，图片文件大小在 5M 以内的 jpg、jpeg、png 格式均可；建议不要在产品主图上添加水印或促销等信息。

如果卖家上传的图片属于原创并且在速卖通首发，可以通过阿里巴巴原创保护平台申请图片保护，该平台为商家首发的图片、短视频、创意设计提供权威、专业的一站式备案、维权和授权全链路解决方案，防止图片被恶意盗用。

接下来我们结合几个主要经营大类介绍产品图片的基本要求。

（一）女装行业产品图片要求

女装行业产品的背景最好是白色或者浅色的；英文 Logo 统一放在左上角，不允许放置任何尺码、促销、水印和文本等信息；产品主体要求占据整个图片 70%以上，禁止出现任何形式的拼图；主图建议准备 6 张图片，顺序依次为模特或实物正面图、背面、侧面和细节图，如图 5.2.7 所示。

（二）男装行业产品图片要求

男装的主图尺寸必须大于或等于 800 像素×800 像素，主图形状必须为正方形，不允许拼图，建议上传 5~6 张主图，包括正面图和背面图，同时也要有侧面图、细节图和男装的实拍图；品牌 Logo 放置于主图左上角，大小为主图的 1/10，图片上不允许出现中文字体、水印、促销等信息，如图 5.2.8 所示。

图 5.2.7　女装主图示例　　　　　　　　图 5.2.8　男装主图示例

(三)童装行业产品图片要求

童装行业产品的图片背景要求是白色或纯色的，不允许有杂乱背景展示，实物或模特居中展示并占主体 70%以上，不允许加边框和中文水印，Logo 统一放在左上角；童装允许两张拼图，左图为模特，右图为实物图，但不允许三张以上的拼图；主图尺寸建议为 800 像素×800 像素及以上，建议上传 6 张图片，顺序依次为模特(或实物)的正面图、背面、侧面和细节图，如图 5.2.9 所示。

(四)婚纱礼服行业产品图片要求

婚纱礼服行业产品的主图背景建议为浅色、纯色或白色的；主图尺寸必须大于或等于 800 像素×800 像素；主图必须达到 6 张，第一张为正面全身图，第二张为背面全身图，且不得少于 3 张细节图；主图中的真人模特必须露出头和脸，禁止将头剪裁掉或是在脸部出现马赛克；主图不允许拼接，不能添加边框和促销文字说明；品牌 Logo 放置于主图左上角；产品大小占图片 80%以上，多色产品主图禁止出现九宫格，如图 5.2.10 所示。

图 5.2.9　童装主图示例　　　　　　　　图 5.2.10　婚纱主图示例

(五)鞋类产品图片要求

鞋子的图片背景建议采用白色或者简单的自然场景，图片重点展示单只或者一双鞋子，产品大小占据图片 60%以上；图片尺寸要求在 800 像素×800 像素及以上，图片长宽比例保持

1:1，图片数量必须 5 张以上；不能使用拼接图片，不能在一张图片上展示多种颜色的产品，如图 5.2.11 所示。

（六）箱包类产品图片要求

箱包类的产品图片背景建议是白色或纯色的，主图主体大小占整体图片的 2/4~3/4，居中摆放，正面为佳，必须完整出现单一产品主体；主图尺寸大于或等于 800 像素×800 像素，正方形等比例为佳，不能出现多图拼接和促销文字；图片数量建议 5 张以上，可包括箱包的各面图(六面最佳，至少正反面)、包身细节图和包内部细节图等；第一张主图不建议选择模特图片或背带图片，尤其不建议放置无法展示产品整体的模特图，如图 5.2.12 所示。

图 5.2.11　男鞋主图示例　　　　　图 5.2.12　箱包主图示例

（七）其他行业产品图片要求

配饰类产品的主图尺寸必须大于 800 像素×800 像素，建议为正方形；允许在一张图片中出现多个产品，但不允许出现拼图；产品主图不得少于 5 张，建议第一张为产品正面图，第二张为侧面图。

速卖通 3C 数码配件行业发布产品时，产品的正面、侧面、背面和电源接头等图片要求清晰可识别，同时要求产品基本信息(包含产品品牌信息、认证信息和参数信息)与属性信息一致，主图中标识了符合 GS 认证或 UL 认证等非强制性指标的产品需要提交相关证明文件。例如，发布 3D 打印机产品时，产品属性 CE 认证勾选"是"的卖家，要求在主图或产品详情页中至少上传一张真实的且带有清晰认证标志的产品图片、产品包装图片或标签图片。图片中需有明确的 CE 认证标识。

三、产品营销图设计

（一）产品营销图概述

产品营销图是速卖通平台新增加的功能，又称第 7 张主图，主要展示搜索、推荐、频道、平台活动会场等产品导购场景，如图 5.2.13 所示。上传符合规范营销图的产品有优先展示机会，目前主要支持 App 端展示，如果卖家没有上传则默认展示产品图片的第一张主图。根据平台数据实验发现，在营销导购场景，优质的产品图片且具有行业特性的场景图和产品主图对导购转化有明显的正向提升效果。

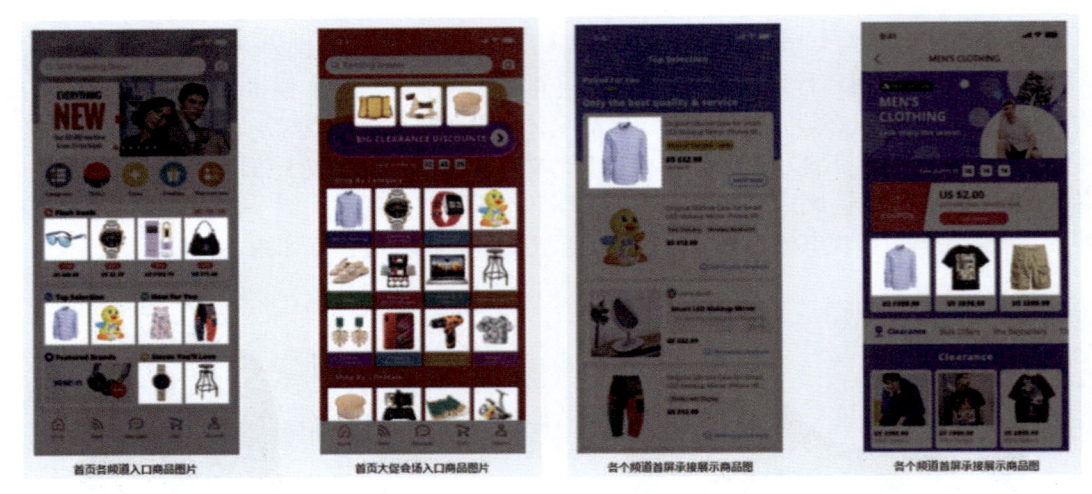

图 5.2.13　产品营销图

(二) 基本设计规范

产品营销图的背景必须为纯白色或全透明的；尺寸大于或等于 800 像素×800 像素；图片宽高比为 1:1；文件大小不超过 5MB；支持 jpg、jpeg 和 png 格式。产品主体需居中正面展示，与四边保持一定间距，建议不小于 50 像素；允许表达多 SKU、套装、配件等产品属性信息，需保证产品主体清晰可识别。

产品营销图中不允许出现品牌 Logo、水印、任何形式的边框等信息；不允许出现敏感类目、违禁产品、政治敏感产品、宗教敏感产品等产品信息，如图 5.2.14 所示。

图 5.2.14　产品营销图正确白底图示范

如果系统检测图片不符合规范，如图 5.2.15 所示，此类图片将不会被前台导购场景调用展示。如果想要提升店铺产品的成交转化，建议卖家参考优质图片，对自己的产品营销图进行优化。

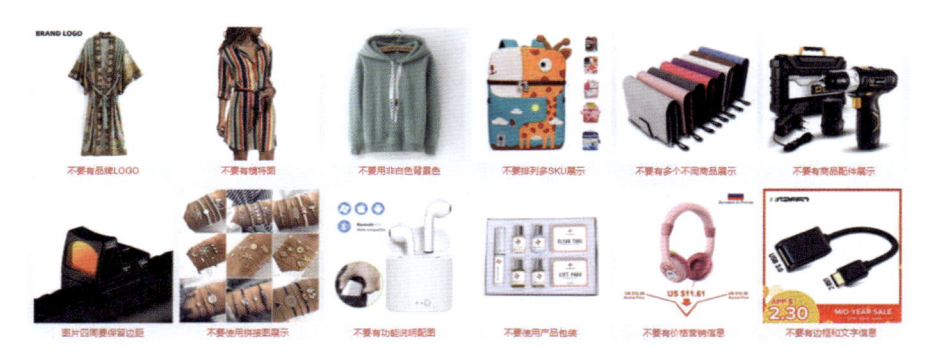

图 5.2.15　产品营销图错误白底图案例

(三) 后台上传入口

产品营销图可以在发布产品时同步上传,在发布产品界面的产品主图下方,如图 5.2.16 所示。

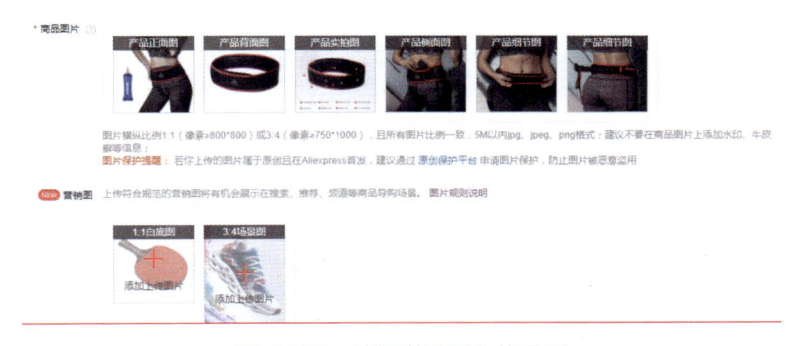

图 5.2.16　产品营销图上传界面

四、产品颜色图设计

产品颜色图是描述产品颜色和属性的有效方式。产品颜色图展示在产品主图的右边、标题的下方,买家购买产品时必须选择一个产品颜色图,如图 5.2.17 所示。

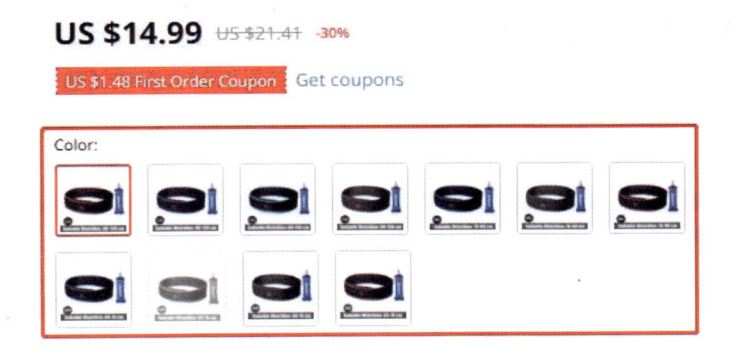

图 5.2.17　产品详情页上的产品颜色图

121

产品颜色图中属性值最多可以上传 1 张图片，如图 5.2.18 所示，要求宽高比例为 1:1，像素为 800 像素×800 像素，图片大小不超过 5MB，格式为 jpg、jpeg、png；上传颜色图时支持自定义输入属性值名称，要求输入内容为字母、数字。

图 5.2.18　产品颜色图上传界面[2]

五、产品视频设计

随着速卖通的不断发展，速卖通卖家在发布产品时可以设置产品视频，在发布过程中，产品视频不是必须上传的，但如果有合适的产品视频，能让买家增进对产品的了解。在买家前端产品详情页界面，没有点击视频前，展示的主图为卖家上传的第一张主图，如图 5.2.19 所示，点击视频播放按钮后，展示产品视频，如图 5.2.20 所示。

图 5.2.19　详情页产品视频静态展示 　　　图 5.2.20　详情页产品视频播放展示

如果要上传产品视频，平台建议产品视频比例为 1:1、3:4 或者 9:16，时长在 30 秒内，大小在 2GB 内，要求视频内容包含产品主体和细节等信息，不能使用 PPT 效果，不能出现水印和中文信息等，上传或修改产品视频界面如图 5.2.21 所示。

---

[2]：为保持截图真实性，本书不对截图内容进行修改，下同。

图 5.2.21　上传或修改产品视频界面

六、产品详细描述设计

优秀的产品详细描述不仅可以提升产品的转化，也有助于提高店铺内其他产品的引流。在发布产品页面，卖家可以分别编辑 PC 详细描述（简称 PC 详描）和无线详细描述（简称无线详描）。

（一）PC 详描编辑

PC 详描编辑内容用于所有非 App 端浏览速卖通产品时的详描展示，是必填内容。在编辑器中，既可以插入关联营销产品模块和产品图片，也可以添加文案，还可以插入视频，如图 5.2.22 所示。

图 5.2.22　PC 详描编辑界面

1. 添加产品描述

为了更好地描述产品的基本信息，添加适当的产品描述是非常必要的，系统还会自动识别买家所在国家并将描述的文案翻译成当地语言。产品描述要尽量简洁，字数控制在 100～300 个单词，如图 5.2.23 所示。

图 5.2.23　添加产品描述界面

2. 添加产品图片

在详细描述中，图片是展示产品的最有效方式，单击编辑器中的插图按钮，如图 5.2.24～图 5.2.26 所示，卖家可以直接上传图片，也可以选择已经发布或者存放在图片银行中的图片。平台对产品详细描述的图片仅支持 png、jpg、jpeg 或 gif 格式，大小必须小于 5MB，支持图片批量上传，最多支持 200 张图片，建议不少于 8 张，尽量从多角度展现产品的外观和特性，单张图片的高度尺寸没有具体要求，宽度尺寸为 960 像素，如果详细描述里并排放置的两张图的像素分别超过了 480 像素，那么可能出现两张图片上下叠加的情况。

图 5.2.24　PC 详描编辑——插入图片

图 5.2.25　PC 详描编辑——上传图片

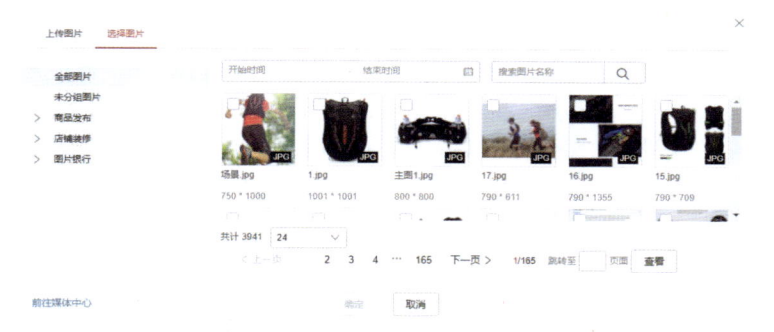

图 5.2.26　PC 详描编辑——选择图片

无论是模特图还是模板图，都要把产品的亮点标注出来，这不仅可以让买家一目了然，一定程度上还能提高订单的转化率。除此之外，详细描述中还应附加售后说明、买家购物流程、产品保养说明、洗涤说明等信息的图片。

3. 添加产品信息模块

速卖通的产品信息模块是一种新的管理产品信息的方式，卖家可以为产品信息中的公共信息单独创建一个关联产品信息模块，如图 5.2.27 所示，并在产品中引用。如果需要修改关联产品信息，只需要修改相应的模块即可。模块除了可以放置公共信息，还可以放置公告、促销信息和详细描述中的物流政策等。

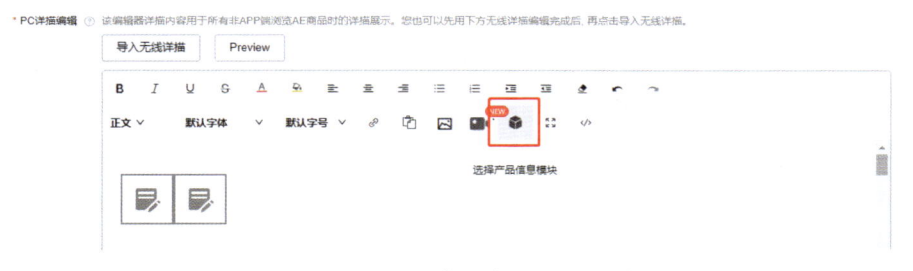

图 5.2.27　"选择产品信息模块"按钮

产品信息模块需要在速卖通卖家中心的"产品"模块下的"模板"管理中提前创建好，如图 5.2.28 所示，需要添加时直接选择相应的模块即可。

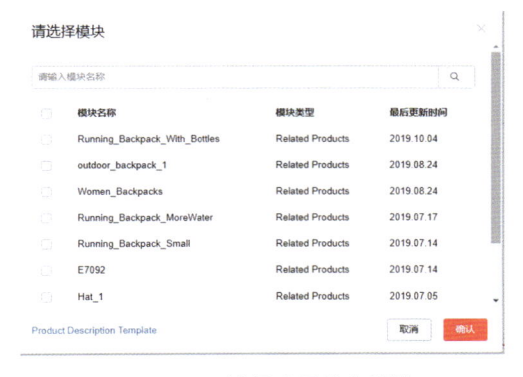

图 5.2.28　选择产品信息模块

4. 添加产品视频

速卖通平台为让卖家的优质产品信息拥有更多维度的展示形式，配合卖家产品优化，产品发布时支持上传视频来展示内容，如图 5.2.29 所示，平台建议产品视频比例为 1:1、3:4 或者 9:16，时长在 30 秒内，大小在 2GB 内，要求视频内容包含产品主体和细节，不能使用 PPT 效果，不能出现黑边、水印和中文信息等。单击"上传视频"按钮，添加相应视频确认后即可。

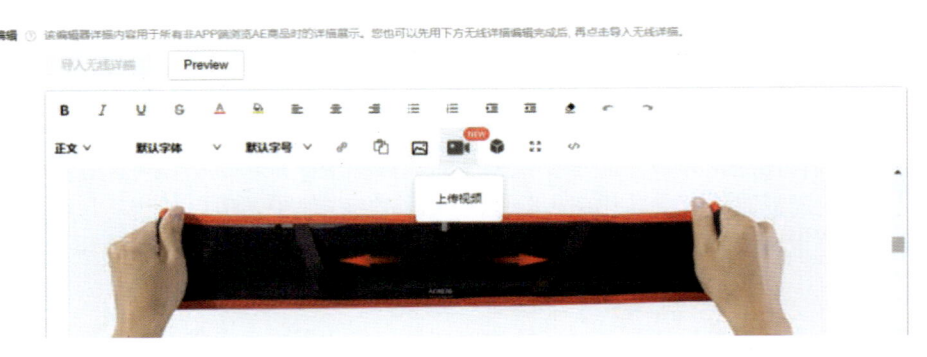

图 5.2.29　添加产品视频

（二）无线详描编辑

1. 导入 PC 详描

无线详描编辑内容用于 App 端浏览产品时的详描展示，如图 5.2.30 所示，它不是必需的，卖家可以单独编辑，也可以在完成 PC 详描编辑后，单击"导入 PC 详描"按钮，将 PC 详描导入无线详描编辑。

图 5.2.30　无线详描编辑界面

2. 自主编辑模板

如果想要自主编辑模板，单击"自主编辑模板"模块，系统自动进入自主编辑模板界面，如图 5.2.31 所示，在该界面可以通过拖曳模块的方式插入文字、图片、视频和图文，每个模块的位置都可以上下自由调整或删除。编辑完成后单击"保存"按钮，然后再单击"返回产品发布页"按钮回到产品发布编辑页面。

将"文字"模块拖曳到"产品详描"界面，可以在界面右侧编辑标题和正文内容。在文本框中输入要显示的标题和文字内容即可，如图 5.2.32 所示。注意：此处只允许编辑纯文本，不含任何字体、字号、颜色、链接等所有文字样式。

图 5.2.31　自主编辑模板界面

图 5.2.32　添加"文字"模块

拖曳"图片"模块可以上传产品图片，如图 5.2.33 所示，上传的图片宽度与高度不能小于 260 像素，支持 jpg、png 格式，单张图片不超过 2MB，每个图片模块最多上传 10 张图片，最多可以放置 30 个图片模块。

图 5.2.33　添加"图片"模块

添加"视频"模块,如图 5.2.34 所示,可以上传一个视频,视频时长不超过 4 分钟,画面长宽比为 16:9,文件大小不超过 1GB。视频需审核通过后才能展示。

图 5.2.34 添加"视频"模块

此外,也可以添加"图文"模块,如图 5.2.35 所示,一个图文模块包含标题、正文和图片等信息,上传的图片宽度与高度不能小于 260 像素,支持 jpg、png 格式,单张图片不超过 2MB,最多上传 10 张图片。一个产品详细描述最多可以添加 15 个图文模块。

图 5.2.35 添加图文模块

编辑完成后单击"保存"按钮,然后再单击"返回产品发布页"按钮回到产品发布编辑页面。

第三节 速卖通海报设计

当海外客户被速卖通全网的海报和促销信息包围时,海报将如何设计才能脱颖而出,获取更多的点击呢?本节主要介绍速卖通海报的设计标准、实施流程与具体的设计案例。

一、海报设计标准

优秀的海报设计都有其内在规律和共性,虽然行业不同、产品不同、文案内容不同,但点击率高的海报往往遵循以下几个共性:主题清晰、目标人群定位准确、形式美观。

(一)主题清晰

优秀的电商海报必然会有一个清晰的主题,所有的元素都围绕着这个主题展开,而且主题信息往往被放在视觉焦点上。

例如,促销海报的主题一般围绕着产品的价格、折扣、活动等展开。图 5.3.1 所示的促销海报,"UP TO 40% OFF"是海报的主题,它处在海报的视觉焦点位置,并且字体被放大处理,使得折扣信息非常凸显。

图 5.3.1 促销海报设计

(二)目标人群定位准确

不同的产品所面向的购物人群不同,不同目标人群的审美标准和兴趣爱好也不尽相同,优秀的海报设计人员能清楚地认识到自己的产品所针对的购买人群是哪一类,会根据人群的审美和喜好来确定海报设计风格。

图 5.3.2 所示的海报对象是男士,整体采用经典黑,构图简约,字体设计庄重大方,符合成熟男性的审美需求。

图 5.3.2 男士手表海报设计

图 5.3.3 是为女性设计的手表海报,采用红色、蓝色与黄色的撞色设计,能打动时尚女性这一目标人群。

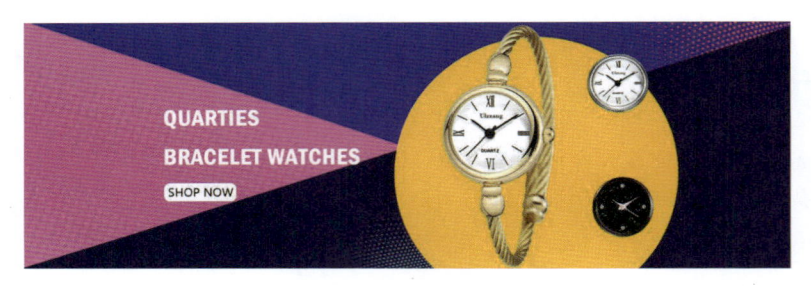

图 5.3.3　女士手表海报设计

(三) 形式美观

形式美观主要体现在色彩、版式和字体等方面。

1. 色彩

在色彩选择与搭配时，用色尽量不超过三种，三种颜色的面积按照 6∶3∶1 的比例进行分配。在极简设计时，使用更少的颜色，甚至只用黑白灰的变化进行设计，如图 5.3.4 所示。

图 5.3.4　海报设计时的色彩选择

2. 版式

在电商海报设计中，版式是其中的重点，它对于画面构成起着非常重要的作用。版式好比一个生物的骨骼。电商海报的主流版式包括左右结构、上下结构、左中右结构等。

左右结构版式是最常用的一种，占电商产品海报设计的 80% 以上。这里的左右是相对于文案排版和产品而言的，图 5.3.5 所示的案例，采用左边产品右边文案的版式。

图 5.3.5　海报设计中的左右结构版式

3. 字体

字体选择要与产品、海报定位相匹配，同时利用亲密性、对齐、对比等原则进行文案排版，便于买家阅读和抓取重点。图 5.3.6 所示的海报，使买家一下子就读到了"8.28 Activity"等信息，凸显海报主题。

图 5.3.6　海报设计中的字体选择

二、海报设计实施流程

(一)前期分析

1. 受众分析

受众分析是海报策划与设计过程中至关重要的一步，旨在深入了解目标消费市场的具体构成，以便制定出更加贴合潜在客户群体的设计方案。这一过程不仅关乎了解海报投放区域的基本人口统计特征，如年龄、性别、收入水平等，还深入到他们的心理状态、价值观、生活习惯及媒体偏好等多个层面。

2. 产品分析

一张海报大多数情况下都会放上产品图片，因此在设计时需要分析产品的价值点和属性差异。有些产品在品质上(如用料、做工)有明显的优势，有些产品的价格非常实惠，有些产品的外观很有创意。通过差异分析，可以展示出产品的优势特征。

如果产品款式非常新颖，那就应该选择最具代表性的款式或最能抓住买家眼球的颜色进行展示，并注意呈现的角度和风格，以引起买家关注。

3. 海报设计目标的确定

在设计海报时，要确定海报的设计目标是促销、活动宣传还是品牌形象宣传。促销广告往往以满多少减多少、降价打折、包邮等手段来刺激买家购买；活动广告一般是将活动给买家带来的诱惑表达出来，让买家关注或收藏。品牌形象广告则主要告诉买家"我"是谁，"我"有什么独特之处，让买家了解并加深品牌印象，图 5.3.7 所示的 iPhone 海报，它不传递价格和折扣信息，只传递品牌信息。

图 5.3.7　iPhone 海报

(二) 素材准备与沟通讨论

在前期分析的基础上，还要进行素材准备与沟通讨论。充足的素材和充分的沟通是做好海报设计的前提。

1. 素材准备

设计犹如建造房子，需要各种材料，如背景素材、标签、字体等。可以通过网络去搜索、收集素材，也可以借鉴其他网站的广告设计。充足优质的素材可以为设计奠定基础，同时也会提高设计的效率。

常用的素材站点和设计类站点可以参考昵图网、千图网、全景网、致设计和站酷等网站。

2. 草案讨论

准备好素材后，接下来要讨论在海报中到底出现哪些内容，如人物模特、折扣信息、产品图片、活动时间、品牌，甚至按钮等，将所需的内容进行梳理，绘制海报的设计草案。

同时，由于海报尺寸有限，海报的文字内容不宜过多，与买家利益相关的信息应该以简短的文字来表达，以引起买家的兴趣和注意。

3. 风格确定

海报的风格很多，如商务风、科技风、小清新风等，要根据产品受众和设计的定位，确定海报风格。

(三) 设计制作

设计是营销策略的外延，是视觉的表达形式。不进行前期分析，不理解策划意图，不进行充分的沟通和准备，很难做好设计，所以要耐心地体验产品，读懂策划，充分沟通，然后进行海报的设计。

三、箱包类海报设计案例

(一) 设计分析

用 Photoshop 为图 5.3.8 所示的男包设计一款全屏海报（1920 像素×800 像素），要求简洁大方，产品与文案突出。

主文案内容：
GENUINE LEATHER
CONTRAST COLOR
副文案内容：
2022 HOT SALE
BEST CHOICE FOR MEN

图 5.3.8　男包素材图

(1) 难易程度：★★★★
(2) 产品分析：本案例中的男包采用牛皮材质，英伦撞色设计，非常适合商务男士。
(3) 设计思路：本案例从海报背景、构图设计、文案设计等方面进行分析。

海报背景：整个海报采用简约风格，选取灰白渐变作为背景色调，使产品与文案非常凸显。

构图设计：采用左文案右产品的对称布局方式，使整个画面构图平稳。

文案设计：采用左对齐方式，使文案内容整洁易读，层次清晰。

(4) 最终效果如图 5.3.9 所示。

图 5.3.9　男包海报设计效果图

(二) 步骤详解

步骤一：新建文件。按【Ctrl+N】快捷键执行"新建"命令，在打开的"新建"对话框中设置文件名为"男包海报"，宽度为 1920 像素，高度为 800 像素，分辨率为 72 像素/英寸，如图 5.3.10 所示。

步骤二：置入男包。选择菜单"文件"→"置入嵌入对象"命令置入素材"男包.png"。

步骤三：调整素材大小与位置。按【Ctrl+T】快捷键执行"自由变换"命令，调整男包大小，并利用九宫格构图形式将男包放在参考线"井"字右边交叉点的位置，使产品处于整个海报的视觉中心，如图 5.3.11 所示。

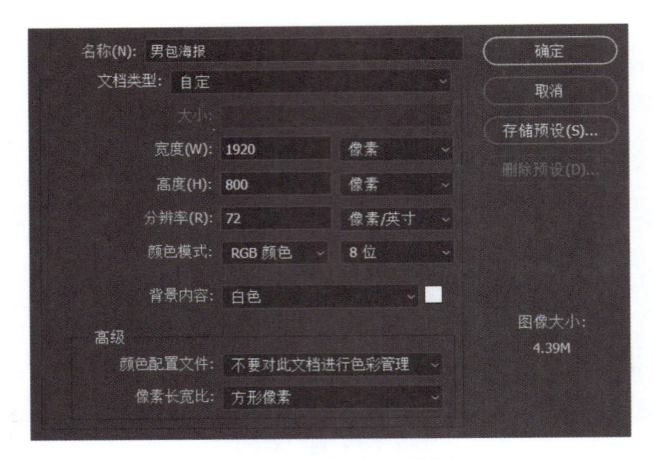

图 5.3.10 "新建"对话框

图 5.3.11 调整素材大小与位置

步骤四：背景处理。新建图层，并将图层重命名为"背景"。设置前景色为灰色"#d3d6db"，背景色为白色"#ffffff"，选择"渐变"工具，设置为线性渐变，从上至下绘制海报背景，如图 5.3.12 所示。如果想表达简约纯净的版式效果，也可以将海报背景设置为纯白色。

图 5.3.12 背景处理

步骤五：绘制男包阴影。在男包图层下新建一个图层，命名为"男包阴影"，选用"柔角画笔工具"，大小设置为 25，不透明度为 64%，流量为 60%，如图 5.3.13 所示。

图 5.3.13　调整画笔参数

在男包底部用黑色画笔进行绘制，接着选择菜单"滤镜"→"模糊"→"高斯模糊"命令，设置半径为 3.2 像素，如图 5.3.14 所示，男包阴影绘制效果如图 5.3.15 所示。

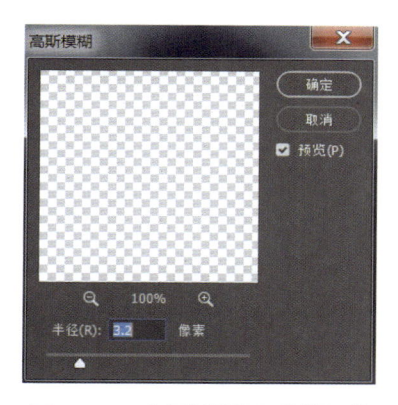

图 5.3.14　"高斯模糊"参数调整

图 5.3.15　男包阴影绘制效果

至此，完成了海报的产品与背景处理，接下来进行文案处理。

步骤六：文案处理。选择"横排文字工具"，主文案颜色取自男包(#273852)，输入主标题"GENUINE LEATHER　CONTRAST COLOR"，设置字体为"Arial"（无衬线体），大小为 50，并设置浑厚效果。输入副标题"2022 HOT SALE"，字号调小，并降低其不透明度。主、副标题采用左对齐方式。

接着，绘制线段，起到装饰和分割的作用。

文案中的"BEST CHOICE FOR MEN"，设计时用亮色凸显出来，选择"矩形工具"，设置前景色为红色(#d70003)，该颜色同样取自于男包，绘制矩形框。该文案的字体设置为白色，同样取自于男包，整个文案处理效果如图 5.3.16 所示。

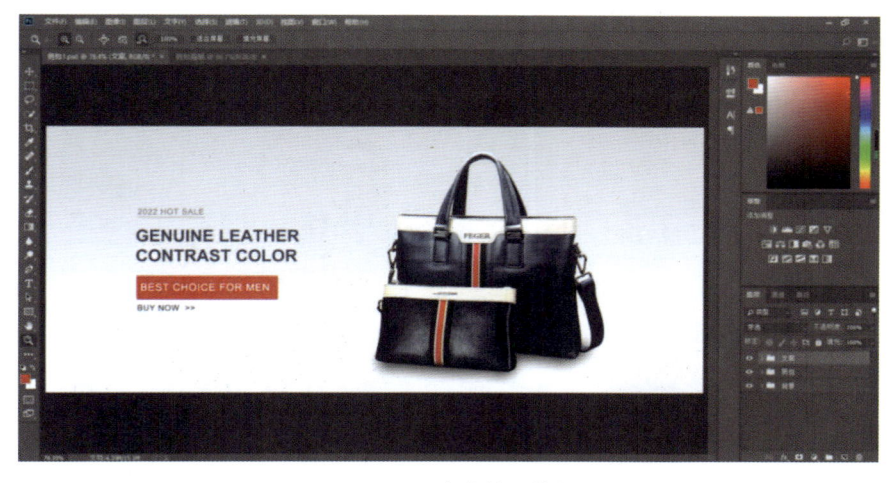

图 5.3.16　文案处理效果

至此，就完成了男包海报案例的设计与制作。
【实践题】完成箱包海报的设计与制作。

四、服饰类海报设计案例

(一)设计分析

用 Photoshop 为图 5.3.17 所示的冲锋衣设计一款全屏海报(1920 像素×800 像素)，要求海报构建出冲锋衣户外运动的场景。

主文案内容：
2022 EXPLORER FUTURE
FASHION·DEFENSE
副文案内容：
EXPLORE THE FUTRUE
FOREST SERISE PIZEX

图 5.3.17　冲锋衣

(1)难易程度：★★★★★
(2)产品分析：冲锋衣是户外运动的必备装备，具有防风、防雨、保暖等良好性能，因此备受喜欢户外运动的人士、驴友的青睐。
(3)设计思路：整个海报采用高山探险作为主基调，因此选取高山、树林、岩石作为背景素材，使整个海报产品与背景基调相一致。
(4)最终海报效果如图 5.3.18 所示。

图 5.3.18　冲锋衣海报效果图

(5)技术难点：场景元素的抠取和复杂场景的搭建。

(二)步骤详解

步骤一：新建文件。按【Ctrl+N】快捷键执行"新建"命令，在打开的"新建"对话框中设置文件名为"服装海报"，宽度为 1920 像素，高度为 800 像素，分辨率为 72 像素/英寸，如图 5.3.19 所示。

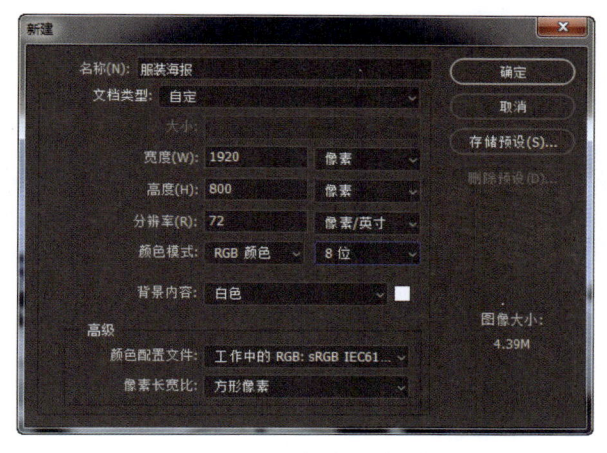

图 5.3.19 "新建"对话框

步骤二：置入背景。

(1)置入背景素材"天空.jpg"，使用"自由变换"命令，按【Shift】键调整背景图像大小，使其充满整个画布，如图 5.3.20 所示。置入背景素材"山脉.jpg"并将其放置于"天空"图层的上方，使用相同方法，将其充满整个画布，如图 5.3.21 所示。

图 5.3.20 置入"天空.jpg"素材后的效果

图 5.3.21 置入"山脉.jpg"素材后的效果

(2)单击图层面板下方的"图层蒙版"按钮，为"山脉"图层创建图层蒙版，如图 5.3.22 所示。选择"画笔工具"，设置画笔大小为 250 像素，不透明度为 30%，流量为 40%，如图 5.3.23 所示。选择"山脉"图层蒙版，设置前景色为黑色，在天空部分进行绘制，使得"天空"图层中的蓝天逐渐得以显示，如图 5.3.24 所示。

图 5.3.22 为"山脉"图层创建图层蒙版

图 5.3.23 设置"画笔工具"参数

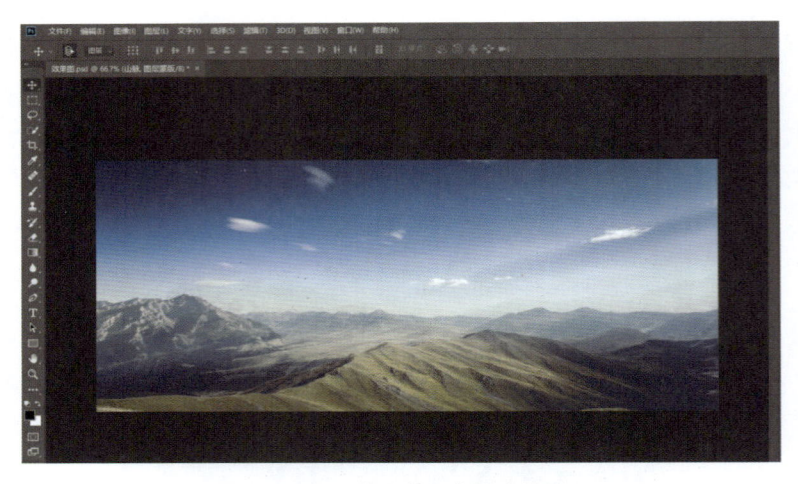

图 5.3.24　山脉与天空融合效果

步骤三：采用通道抠图法抠取树林素材。

（1）在 Photoshop 中打开素材"树林.jpg"，发现树林背景比较复杂，采用钢笔等工具抠取存在一定的难度，因此本例采用通道抠图法。选择通道面板，分别查看红、绿、蓝三色通道，发现"蓝通道"颜色对比最明显，如图 5.3.25 所示。复制"蓝通道"，创建蓝通道副本，如图 5.3.26 所示。

图 5.3.25　选择"蓝通道" 　　　　　图 5.3.26　"蓝通道"效果

（2）选择菜单"图像"→"调整"→"色阶"命令，弹出"色阶"对话框，分别调整黑色和白色色块位置，使得白色区域与黑色区域更加明显，如图 5.3.27 所示。接着用黑色画笔涂抹树林，用白色画笔涂抹树林以外的区域，调整后的效果如图 5.3.28 所示。

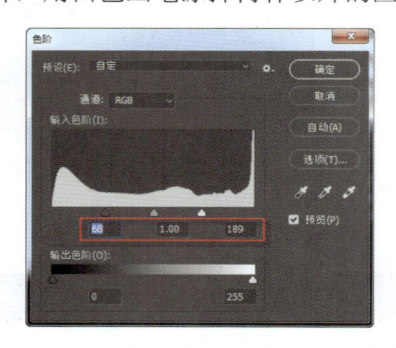

图 5.3.27　调整"色阶"对话框中的参数 　　　　　图 5.3.28　调整后的树林效果

(3)按【Ctrl】键的同时单击"蓝通道"缩略图,创建"蓝通道"选区,按【Ctrl+Shift+I】快捷键反向选区,在通道面板中重新选择"RGB"通道,选区效果如图 5.3.29 所示,接着复制选中的图像。

图 5.3.29　抠取树林选区效果

(4)在"服装海报"文件中粘贴树林图像,并将图层命名为"树林"。在该图层中粘贴树林图像,按【Ctrl+T】快捷键执行"自由变换"操作,并进行大小和位置调整。右击,在弹出的快捷菜单中选择"水平翻转"命令,将树林图像水平翻转,如图 5.3.30 所示。粘贴树林图像后的效果如图 5.3.31 所示。

图 5.3.30　进行水平翻转　　　　　　图 5.3.31　粘贴树林图像后的效果

(5)目前,树林和山峰的过渡非常生硬,本例采用图层蒙版的方式进行调整。在"树林"图层中添加"蒙版",选择"画笔工具",设置画笔大小为 125,不透明度为 100%,流量为 60%,如图 5.3.32 所示。

设置前景色为黑色,在树林和山脉交界处进行绘制,实现树林到山脉自然过渡的效果,如图 5.3.33 所示。

图 5.3.32　设置"画笔工具"参数

图 5.3.33 树林到山脉自然过渡的效果

步骤四：置入模特素材。置入模特素材"模特.png"，使用"自由变换"工具，调整模特的大小和位置，并适当旋转，如图 5.3.34 所示。

图 5.3.34 置入模特素材并调整

步骤五：置入岩石素材。

（1）在 Photoshop 中打开素材"岩石.jpg"，选择"钢笔工具"，勾选出岩石部分图像，如图 5.3.35 所示。

图 5.3.35 用"钢笔工具"绘制岩石选区

(2)将路径转换为选区,将选中的图像复制。选择"服装海报"文件,将岩石图像粘贴进来,并将图层命名为"岩石",使用"自由变换"工具,调整岩石的大小和位置,如图 5.3.36 所示。

图 5.3.36　复制岩石图像到海报

(3)在"岩石"图层中添加"蒙版",选择"画笔工具",设置画笔大小为 60,画笔类型为"Kyle 的终极粉彩派对",不透明度为 60%,流量为 60%。设置前景色为黑色,绘制草地自然过渡的效果,如图 5.3.37 和图 5.3.38 所示。

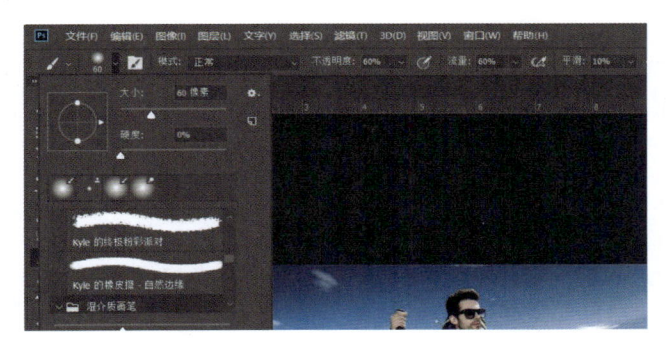

图 5.3.37　设置"画笔工具"参数

图 5.3.38　草地自然过渡的效果

步骤六:添加文字素材。

(1)选择"横排文字工具",选择文字大小为 68,字体为"Futura-Heavy",文字颜色取自冲锋衣(#2d3b7a),输入文字内容"FASHION•DEFENSE",设置字体属性为浑厚,如图 5.3.39 所示。

图 5.3.39　输入主文案 1

（2）目前的主文案，颜色比较单一，接下来，复制"天空"图层，将该图层移动到"FASHION·DEFENSE"图层的上方。按【Alt】键，在"天空"图层和"文字"图层之间单击，创建剪切蒙版效果，使得文字颜色产生背景图片的效果，同时在文字图层样式中，设置外发光效果，如图 5.3.40 所示。

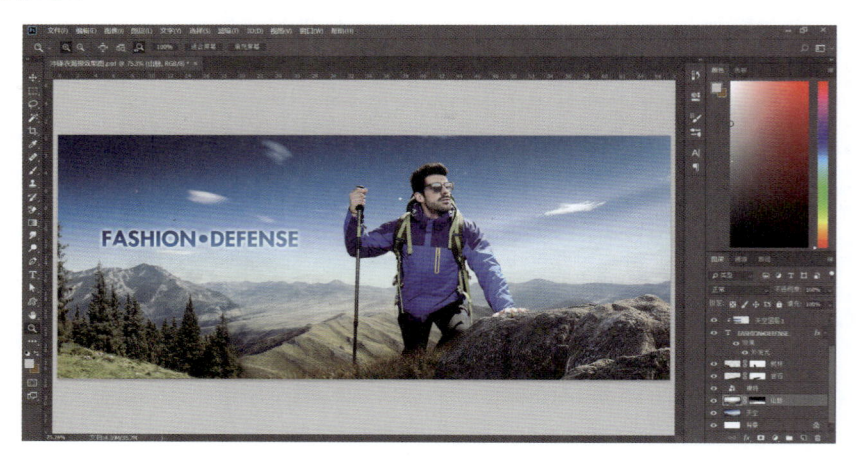

图 5.3.40　设置主文案 1 效果

（3）选择"横排文字工具"，设置文字大小为 120 点，字体为"DIN"，颜色为白色，输入"2022 EXPLORER FUTURE"，设置字体属性为浑厚，文字图层的不透明度为 50%。为体现层次感，将该文字图层置于"模特"图层下面，如图 5.3.41 所示。

图 5.3.41　输入主文案 2 效果

(4)继续输入文字内容"Explore the future Forest series Pizex",设置文字大小为 15 点,字体为"Arial",颜色为黑色。同时连续设置"-",起到分割作用,如图 5.3.42 所示。

图 5.3.42 全部文案效果

步骤七:添加辅助效果。置入老鹰等素材,并设置高斯模糊,体现动感效果。至此,就完成了服装海报案例的设计与制作。

【实践题】完成服饰海报的设计与制作。

第四节 速卖通店铺装修

一、速卖通店铺装修概述

(一)店铺装修功能

速卖通是一个非常注重店铺概念的跨境电商平台,具有独特装饰风格的店铺更能吸引买家停留。店铺装修是商家进行商品宣传展示、促销、获得客户转化的关键途径,更换不同的装修样式可以实现不同的商品销售策略及店铺营销策略。没有进行过装修的店铺,只能平铺展示商品,缺少吸引买家停留的要素。新卖家上架商品后,需要在店铺中进行装修设置,才能更好地展示商品,并协助买家进行商品挑选、复购等行为。装修过的店铺可以对商品进行明确分类,方便买家根据购物分类进行跳转,主推商品也可以进行精致展示。总体来说,合理的店铺装修不仅可以促进店内商品的购买转化,提高店内商品曝光,还可以提高进店买家的客单价,优质的店铺装修不仅可以提高买家对店铺的认可度,促进粉丝数量增长,还能展现店铺品牌实力,促进粉丝购买转化,提升店铺的客户忠诚度。

速卖通平台对店铺装修功能进行过多次升级,升级后店铺装修界面交互方式更简单,在编辑页面时可以根据展示需求增减对应的功能模块;同时支持 PC 端和 App 端页面同步装修并发布,解决 PC 端和 App 端装修两次的问题;支持多语言文案,支持官方热区模块,降低做热区的成本;同时,店铺装修形成更直观的页面结构,便于操作与管理。

（二）店铺装修入口

登录速卖通账号，进入跨境卖家中心（卖家后台），选择"店铺"下拉列表中的"店铺装修"选项就可以进入编辑环境。如图 5.4.1 所示，速卖通店铺装修主要分为首页、新品页面、自定义页和商品分组 4 个模块，每个模块都有各自的版本管理，版本管理分为"新建版本"和"历史版本"。单击右侧的"新建版本"按钮就可选择模板进行装修或进行系统一键智能装修，单击"历史版本"按钮可以查找到以往编辑过的版本。

商家店铺创建后默认为全球店铺（向全球买家展示相同装修），为满足商家精细化运营的需求，商家可在店铺装修主界面，如图 5.4.1 所示，单击界面右上角的"新增国家装修"按钮开启对部分国家的单独装修。

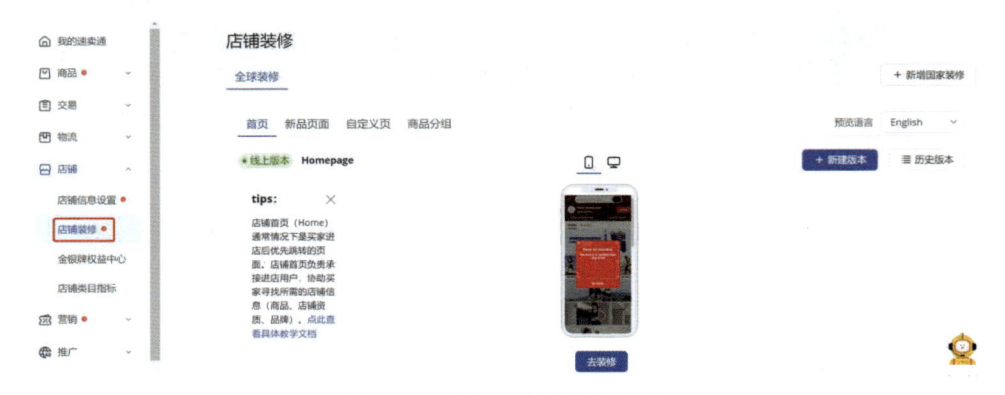

图 5.4.1　进入"店铺装修"界面

（三）一键智能装修

对于不太熟悉店铺装修的新手卖家来说，可以单击店铺装修界面右侧的"+新建版本"按钮，进入"请选择模板"界面，如图 5.4.2 所示，首先选择模板应用范围："应用于 PC"或"应用于 App"，然后选择模板类型："免费模板"（Free Template）或"第三方模板"（Isv Template），选定模板应用范围和模板类型后，单击"选择"按钮。形成装修界面后单击右上角的"发布"按钮即可完成一键智能装修，如图 5.4.3 所示。装修生成后，卖家仍可以单击"去装修"按钮或选择"历史版本"→"去装修"选项对店铺装修进行更改。

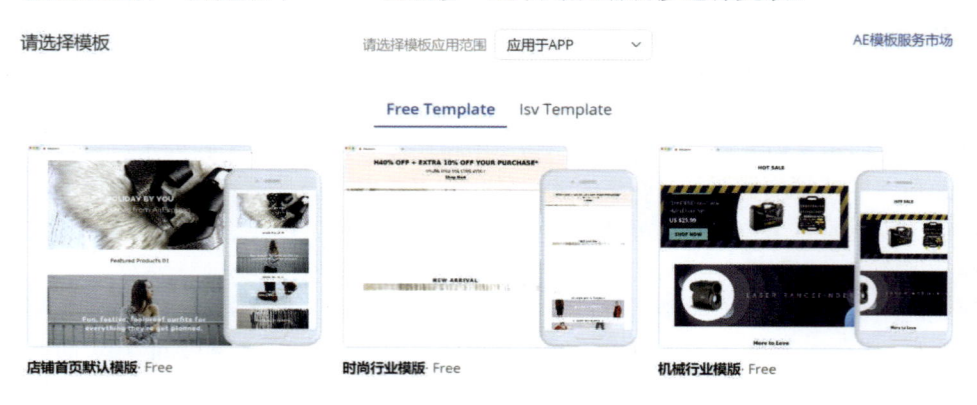

图 5.4.2　"选择模板"界面

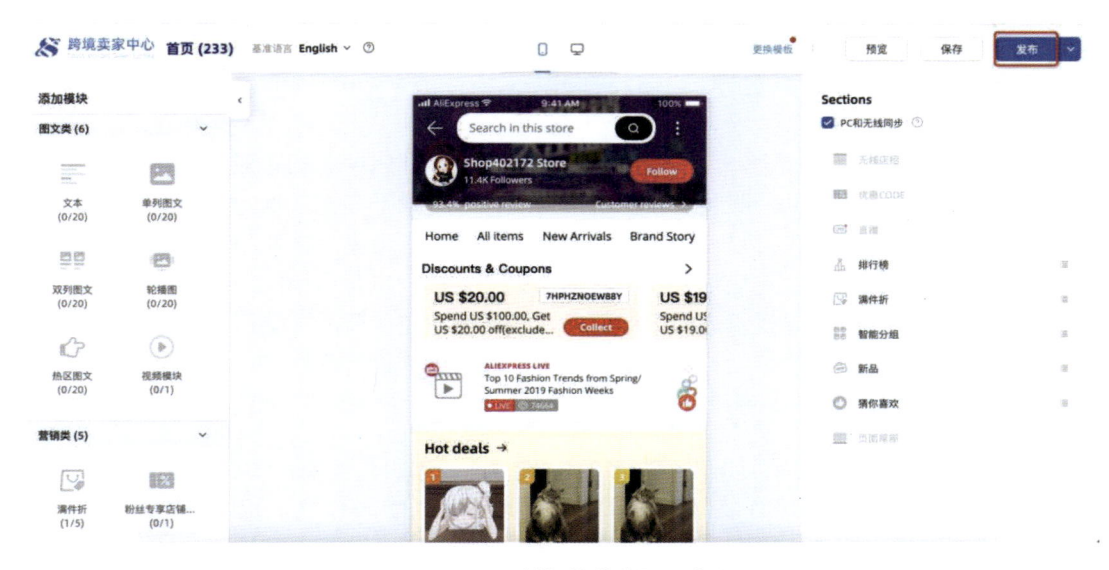

图 5.4.3　一键智能装修页面生成

(四) 店铺装修模板的主要模块

速卖通店铺装修主要由"图文类""营销类""商品类"三大模块构成，如图 5.4.4 所示，左侧为待添加模块，拖曳至预览区域可直接进行装修。其中，图文类模块包含文本、轮播图、热区图文、双列图文、单列图文等内容；营销类模块目前包含满件折、粉丝专享优惠券、粉丝专享折扣、邀请活动和店铺签到有礼等内容；商品类模块包含商品列表、排行榜、猜你喜欢、智能分组和新品等内容。模块可以通过拖曳进行调整，所有模块均增加了翻译工具及在线制图工具。

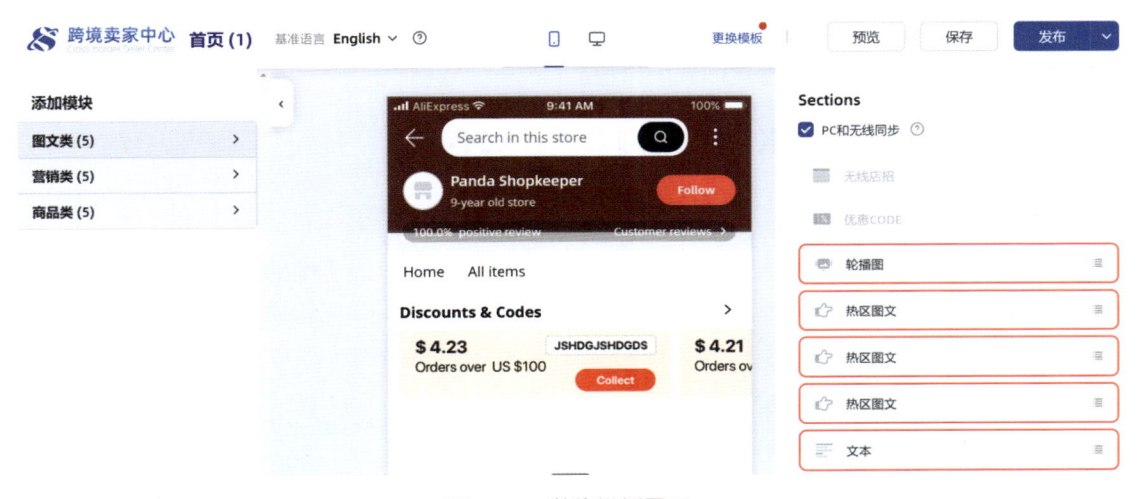

图 5.4.4　装修模板界面

装修过程中可更换模板，单击图 5.4.4 所示的"更换模板"按钮，系统会再次跳出图 5.4.2 所示的界面，卖家可以根据需要重新选择模板。

二、速卖通店铺首页装修

速卖通非常注重店铺概念,因此,店铺的风格要尽量和店铺名相匹配,同时选择合适的主题色系。以服装行业为例,服装背景色通常为纯色,背景干净无杂物,且店铺各个商品的背景统一,这样的呈现效果可以在很大程度上让买家的注意力集中在商品上。

速卖通店铺首页是买家进店后优先跳转的第一个页面,也是店铺的门面。店铺首页负责承接进店用户,协助买家寻找所需的店铺信息。新卖家在完成商品上架后,应当着手进行首页装修,拓宽买家选择途径,延长买家停留时长,提高店铺销售额。

(一)店铺首页装修基础流程

进入店铺装修主界面后,如图5.4.1所示,先单击"首页"模块,然后单击右侧的"新建版本"按钮可选择模板进行装修。卖家既可以选择"免费模板",也可以选择"第三方模板",还可以进入图5.4.2所示右上角的"AE模板服务市场"选择相应的模块进行装修。装修过程中卖家可以从左侧拖曳以添加所需模块,如图5.4.4所示,在右侧单击相应模块,对模块信息进行编辑,当右侧模块显示红框时表示内容未填写完整,需要补充信息。

(二)添加店铺首页模块

速卖通首页通常包含店招和导航、店铺优惠券、海报、店铺类目入口、商品列表、热卖商品和新品推荐等模块。

1. 店招和导航

在店铺首页结构中处于最上方的就是店招,店招是一个店铺的招牌。从几个主流跨境电商平台的店招来看,简约化是一种趋势,大部分店招选择纯白色背景,店招内容只显示品牌和搜索框,店铺Logo在字体选择上比较倾向更加现代感的无衬线字体,如图5.4.5所示。通过店招的打造,可以让买家感受品牌的价值。

SEKUSA OFFICAL STORE

图5.4.5 店招:品牌+搜索框

也有很多专卖店或专营店,主要销售品牌授权的商品,这类店铺的店招也通常显示店铺名称和搜索框。还有一些店铺放置了二维码,主要的目的是引导买家通过扫描二维码进入该品牌的其他店铺,"品牌+二维码+搜索框"的店招如图5.4.6所示。

图5.4.6 店招:品牌+二维码+搜索框

店招的内容不是一成不变的,卖家可以根据需要进行修改,图5.4.7所示的店招就添加了优惠券的信息。

图 5.4.7　品牌+大促活动+搜索框

在店铺装修中，店招属于默认模块，在页面编辑器的顶端进行预设，完成设置，店招和导航的信息会在该店铺的任何页面中置顶显示。为保证阅读效果，建议用深色背景图片，不带文字类信息更佳。其中，App 端店招的展示方式可以选择默认背景图片或者自定义背景图片，自定义背景图片的尺寸为 750 像素×300 像素，支持 jpg、png 图片格式，大小不得超过 2 MB；卖家可以通过自定义背景图片添加促销、品牌理念等信息，如图 5.4.8 所示。

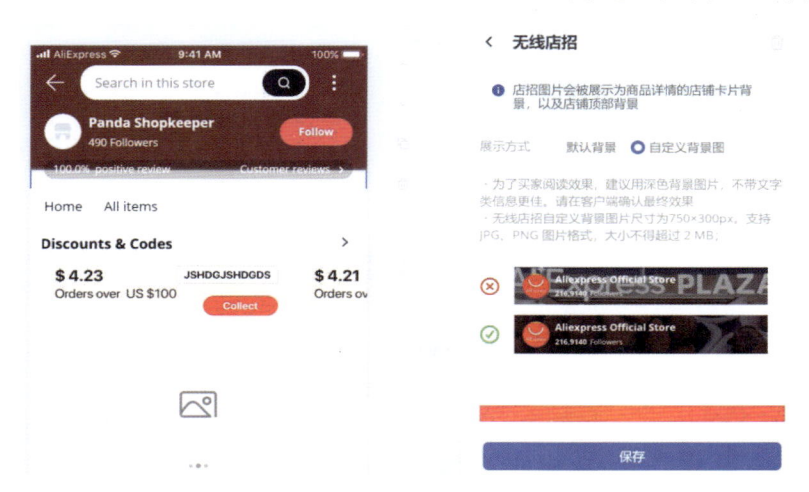

图 5.4.8　店招设置

速卖通店铺的分类导航是指引买家更快找到自己购买商品位置的指向灯，根据买家消费偏好优化分类导航，对提升店铺的商品流量至关重要。店铺装修中的导航也属于默认模块，设置非常便捷，通过"添加自定义导航"模块进行导航内容的设定即可，如图 5.4.9 所示。需要说明的是，该模块只有在 PC 端的店铺装修模板中才可以设置。

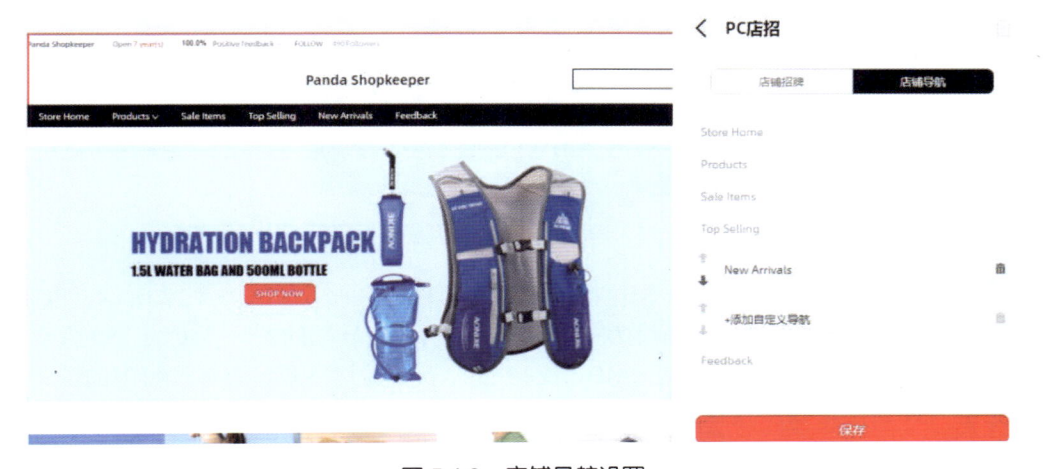

图 5.4.9　店铺导航设置

2. 店铺优惠券

对于设置了优惠券的店铺，系统将自动展示生效中的店铺优惠券（CODE），一般按照面额、使用门槛、结束时间排列。待生效的优惠券将于生效时间内展示，设置界面如图 5.4.10 所示。

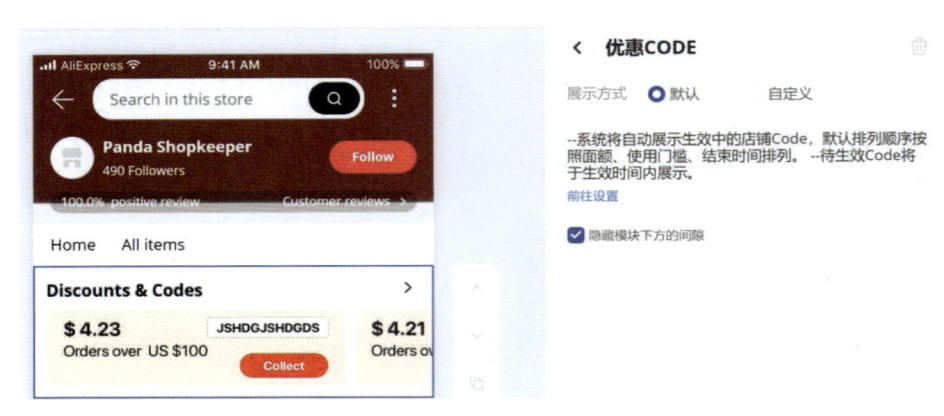

图 5.4.10　店铺优惠券设置界面

3. 海报

海报在速卖通店铺首页中的呈现越来越被卖家重视，海报形式日趋多样化，主要有商品海报、商品轮播图、类目海报等形式。通过海报可以传递重要信息，如店铺主营商品、主推活动、店铺新品，同时通过设计购买按钮引导买家快速下单。主推海报对店铺转化率的提升非常重要。图 5.4.11 是一张风格鲜明的家居类海报，凸显了该店铺的整体风格。

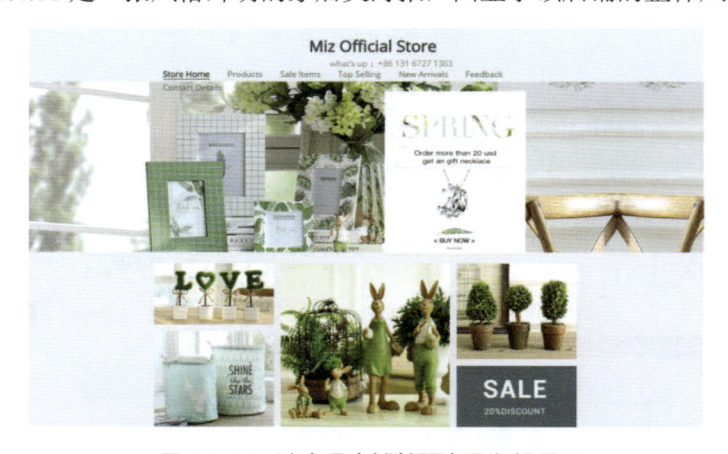

图 5.4.11　速卖通店铺首页商品海报展示

每个店铺首页可以放置 1～5 张轮播图，建议不超过 3 张，如图 5.4.12 所示，PC 端轮播图的图片宽度为 1920 像素，高度为 640～750 像素。App 端的图片宽度为 750 像素，高度不超过 960 像素，大小不得超过 2MB，支持 jpg、png 图片格式，要求一组内的图片高度必须完全一致。在轮播图设置过程中，可以通过模块右侧的工具进行图片填充及图片顺序的调整。

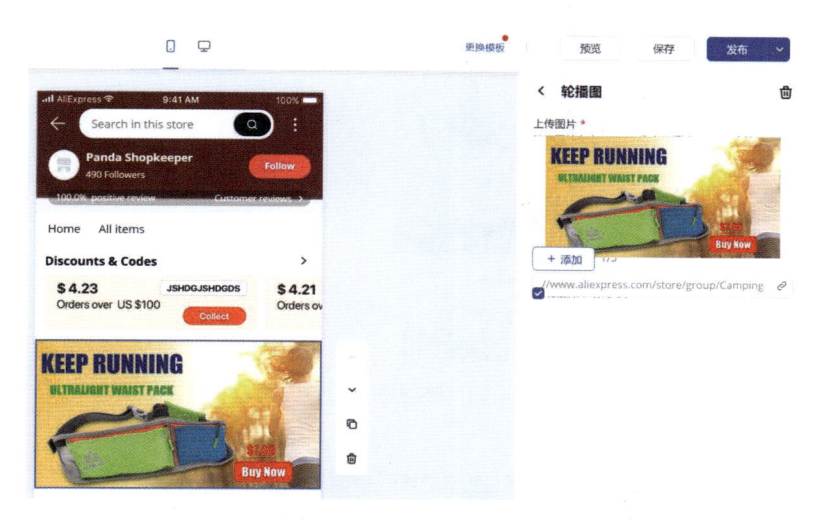

图 5.4.12　轮播图设置界面

4. 店铺类目入口

店铺类目主要是指跨境电商平台为买家有针对性地选购商品而对商品进行的归类。恰当的店铺类目入口设计能引导买家快速挑选到理想的商品，有利于提升店铺的人气和形象。图 5.4.13 是一个女装店铺类目入口的展示。选择的商品图片要具有代表性，同时在色彩、款式上要清晰明了，主推商品直接用大图展示。

热区设置主要用于图像地图，通过该标记可以在图像地图中设定作用区域（又称热点），这样当用户的鼠标单击指定区域时，会自动链接到预先设定好的页面。店铺类目入口可以通过速卖通店铺装修的热区图文进行设置。

图 5.4.13　店铺类目入口展示

以 App 端为例，建议先把店铺类目入口设计成一张宽度为 750 像素，高度不超过 960 像素的图片，支持 jpg、png 图片格式，大小不得超过 2MB，如图 5.4.14 所示，然后单击"编辑热区"选区下方的"添加热区"按钮进行热区图文设置，其界面如图 5.4.14 所示，通过热区工具可一次性配置多个热区，然后为选定的区域添加链接，设置完成后单击"完成"按钮即可，如图 5.4.15 所示。

图 5.4.14　热区图文设置界面

图 5.4.15　热区工具设置界面

5. 商品列表

商品列表模块一般用来展示店铺中销量较好或较新的商品。每个商品列表模块的顶部可以设置主标题和副标题，所选商品可以自动选择，按照指定的商品分组和排序方式展示，也可以完全手动选择。每个商品列表模块可以选择展示 2～24 个商品，PC 端可以每行放置 2～4 个商品（一般放置 4 个商品）。App 端由于屏幕的局限，每行固定展示 2 个商品，如图 5.4.16 所示。

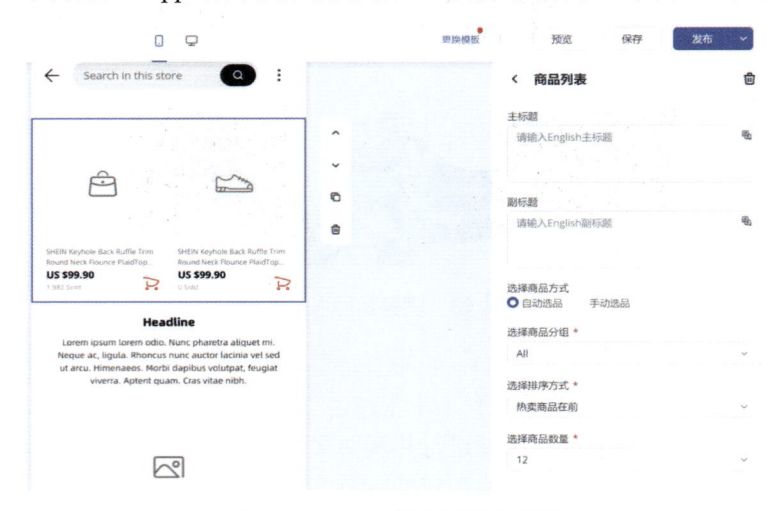

图 5.4.16　App 端商品列表设置

6. 热卖商品和新品推荐

热卖商品和新品推荐也是平台推荐设置的模块。通过热卖商品模块告知买家店铺最热销的商品，新品推荐模块主要向买家推荐店铺新上的商品信息。经常上传新商品有助于提高店铺权重，提升店铺竞争力。该模块可以由文本+热区图文+商品列表的模块组合进行设置，然后通过添加热区进行链接，如图 5.4.17 所示。

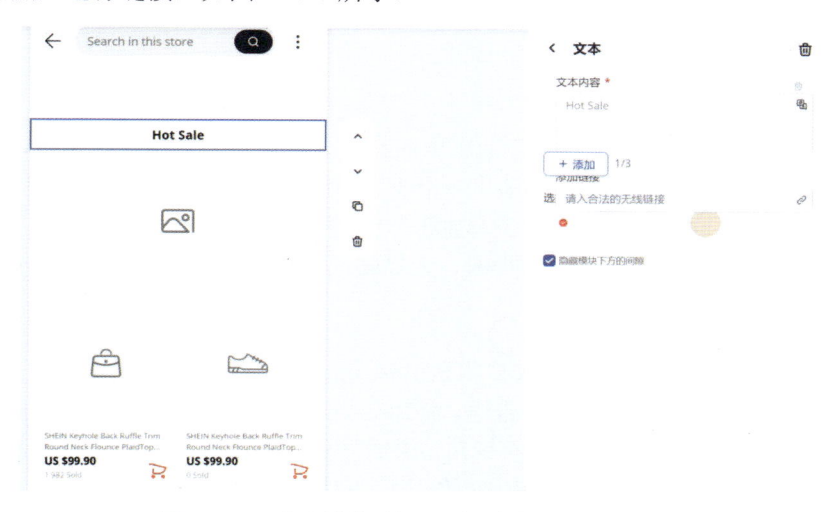

图 5.4.17　文本模块+热区图文+商品列表设置界面

为了达到较好的视觉效果，热卖商品、新品推荐和商品列表等模块也可以采用一张主推商品图加上瀑布流的方式呈现，如图 5.4.18 所示。

图 5.4.18　新品推荐呈现

7. 页面预览及发布

完成店铺首页装修的相关设置后,单击"保存"按钮保存设置信息。如果在发布前想预览店铺装修效果,可以单击店铺装修页面右上角的"预览"按钮,预览前需要选定一种语言,选定好语言后,系统自动跳出预览界面。确认店铺装修效果无误后,即可单击"发布"按钮进行发布。

三、速卖通店铺装修案例

3C 数码配件品类是跨境电商出口的重要品类之一,速卖通平台也是如此,尤其近几年 3C 数码配件销售呈火爆增长趋势。本节将一个 3C 数码配件品牌的官方店作为案例进行分析。

倍思是深圳市时商创展科技有限公司旗下一个集研发、设计、生产、销售为一体的 3C 数码配件品牌,2016 年由阿里巴巴速卖通、天猫联合招商入驻跨境电商线上零售平台。

(一)店招设计

倍思商标"Baseus"由倍思的品牌广告语 Base on user(基于用户)简化而来。店招简洁大方,使用了店铺 Logo,包含品牌和广告语,倍思店招和轮播图设计如图 5.4.19 所示,仔细浏览,可以发现品牌中的每个字母都留着锐角,并且在原有经典美观的黑体上做了美化,体现出倍思品牌迎刃而解和"一切美的产品本应实用"的品牌核心理念。

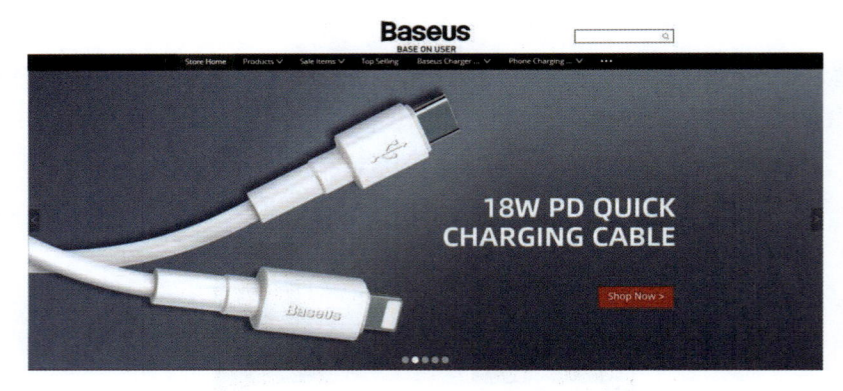

图 5.4.19 倍思店招和轮播图设计

(二)首页轮播图设计

首页轮播图对于一个店铺的购买和转化非常重要,倍思官方店导航下面的轮播图采用了 5 张图片,分别展示 5 种主推商品。每张海报上除了清晰的商品图片和简洁的标题,还添加了"Shop Now"红色按钮引导买家点击并进入商品的详情页。

(三)店铺优惠券

由于目前默认的优惠券模块仅在 App 端显示,因此倍思官方店 PC 端首页使用热区图文模块制作了一个店铺优惠券模块,显示在轮播图下方。该店铺优惠券模块背景选择了首页主要的背景色,设置了 4 种不同面额的优惠券,如图 5.4.20 所示,买家点击任何一张优惠券就会进入优惠券的详情页,进而可以查看店铺优惠信息。

图 5.4.20　店铺优惠券

（四）类目入口

3C 数码配件行业的商品类目众多，设置商品类目入口非常有必要，能帮助买家快速找到想要购买的商品。该店铺采用了"图标+文字"的方式标识了商品类目，如图 5.4.21 所示，买家点击相应的标识就可以进入对应类目的商品列表。

（五）热卖商品

眼动追踪研究显示，大多数进行网购的消费者的视线习惯倾向于沿水平方向移动，尤其是在浏览商品图片时，他们往往会遵循一种类似于"S"或"Z"形的路径模式来进行信息捕捉。该店铺使用热区图文模块来设置热卖商品，而没有直接使用商品列表模块，既保留了符合买家浏览习惯的商品布局，又避免了店铺首页布局单调乏味，贴合买家的浏览习惯，如图 5.4.22 所示。

图 5.4.21　类目入口

图 5.4.22　热卖商品

(六)新品推荐

与热卖商品一样，新品推荐模块也使用了热区图文模块来设置，但其布局与热卖商品不同，确保店铺首页布局的多样性。一共展示了 5 种新品，每种新品下方都显示了商品的名称及购买按钮，如图 5.4.23 所示。

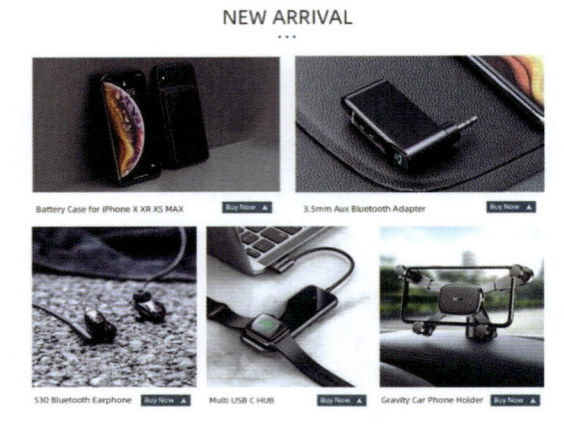

图 5.4.23　新品推荐

(七) 商品列表

3C 数码配件行业的商品属于科技类商品，科技类商品一般都具有很强的现代感。该店铺的商品图片统一采用纯色或单一背景，突出商品本身，简洁大方。商品列表同样没有直接使用商品列表模块，而是用热区图文模块来设置，可以减少所显示的文字。商品分类展示如图 5.4.24 所示，每类商品都以爆款商品海报开始，然后再展示其他同类商品。分类展示有助于买家快速找到需要的商品，每个商品的分类入口通过海报的形式来传递能达到的最佳效果。

图 5.4.24　商品分类展示列表

另外，也可以按使用场景展示，如图 5.4.25 所示，由于 3C 数码配件有一定的使用成本和认知成本，因此把一个商品分组打包并在同一个使用场景下进行营销，可增强买家的代入感。

图 5.4.25　通过使用场景展示商品列表

四、速卖通店铺详情页设计案例

本 章 习 题

项 目 实 训

实训目标：熟悉速卖通平台店铺装修和产品图片设计的基本要求，掌握速卖通店铺装修的基本方法，掌握店铺海报和产品图片设计的基本思路和方法。

实训要求：

1．选定一个经营大类，选择 1 个准备上架销售的产品，根据速卖通平台对产品图片的基本要求，为每个产品设计一整套图片（包含主图、颜色图和详情页图）；

2．为店铺设计一个店招；

3．根据所选的产品和设计的图片，为店铺首页设计一张海报。

实训思路：

1．产品和图片素材可以到 1688 网站上寻找，每个产品要求准备 6 张主图和至少 8 张详情页图，颜色图根据实际产品准备；要求产品图片清晰，设计后的主图无文字和水印，所有图片中无中文；产品主图像素最佳为 800 像素×800 像素；颜色图像素至少为 400 像素×400 像素；产品详情页图宽度为 790 像素，高度不限。

2．店招背景可以是纯白色的，也可以自定义背景图，支持 jpeg、jpg、png 图片格式，大小为 740 像素×250 像素，不得超过 2MB，可以通过自定义背景图添加促销、品牌理念等信息。

3．海报设计参照速卖通平台 App 端的标准，海报的图片宽度为 750 像素，高度不超过 960 像素，支持 jpg、png 图片格式，大小不得超过 2MB。

第六章 亚马逊视觉营销

结构导图

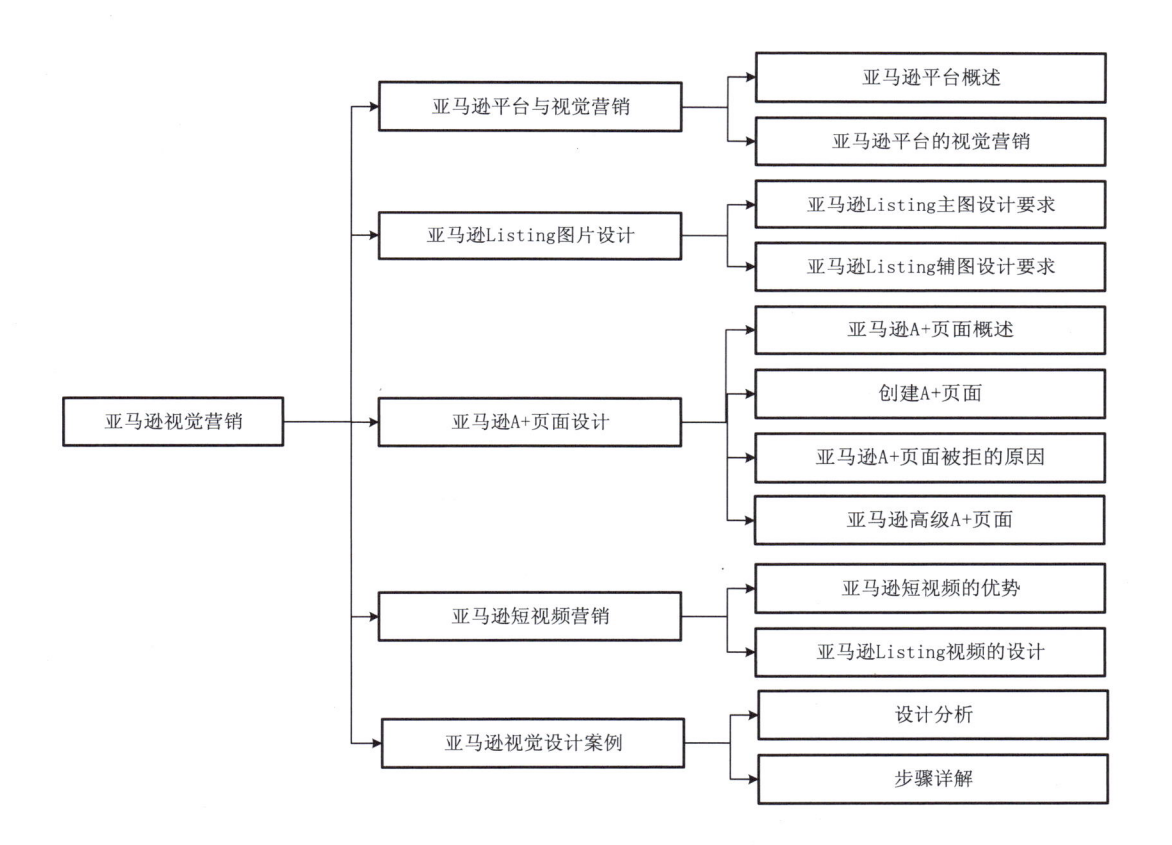

```
                               ┌─ 亚马逊平台与视觉营销 ──┬─ 亚马逊平台概述
                               │                        └─ 亚马逊平台的视觉营销
                               │
                               ├─ 亚马逊Listing图片设计 ─┬─ 亚马逊Listing主图设计要求
                               │                        └─ 亚马逊Listing辅图设计要求
                               │
                               │                        ┌─ 亚马逊A+页面概述
亚马逊视觉营销 ─────────────────┼─ 亚马逊A+页面设计 ─────┼─ 创建A+页面
                               │                        ├─ 亚马逊A+页面被拒的原因
                               │                        └─ 亚马逊高级A+页面
                               │
                               ├─ 亚马逊短视频营销 ──────┬─ 亚马逊短视频的优势
                               │                        └─ 亚马逊Listing视频的设计
                               │
                               └─ 亚马逊视觉设计案例 ────┬─ 设计分析
                                                        └─ 步骤详解
```

学习目标

1. 知识目标

- 了解亚马逊平台的发展现状。
- 理解视觉营销对亚马逊 Listing 展示的重要性。
- 掌握亚马逊 Listing 图片设计要求。

2. 能力目标
- 掌握亚马逊 Listing 图片设计的方法。
- 掌握亚马逊 A+页面的设计方法。
- 掌握亚马逊短视频的制作方法。

3. 价值目标
- 具备亚马逊视觉营销的职业素养。
- 具备团队合作精神。

案例导入

每年的下半年是跨境电商的销售旺季期，Prime day 大促在即，亚马逊卖家该如何在这一阶段做好店铺运营使其利润翻滚数倍？Listing 图片设计难上加难，又有何招数才能让新品快速成为爆款呢？

Astore 设计网创始人王发辉认为，对于如何设计 Listing 图片，相信不少卖家都尝试找过无数家摄影公司，阅读过成百上千的文章，但却拍不出一张好图，这是许多卖家的心声，而一张好的图片势必是经过市场分析和不断总结得来的，不是缺乏作图前的分析，而是缺乏分析前的调研。

王发辉提到，对于图片的价格和价值问题，大部分中小卖家往往更关注图片的价格，而不是图片的价值，即使图片的制作成本相对较低，他们仍然会在广告上花费相当数量的资金。因此，如果在图片上增加一些投入，就可以减少在广告上的花费。

在王发辉看来，对竞品图片调研分析是非常有用的，可以快速找到卖点加以放大，找到竞品缺点，并进行差异化设计。

（文/雨果网 陈林）节选

第一节 亚马逊平台与视觉营销

一、亚马逊平台概述

亚马逊公司成立于 1995 年 7 月，总部位于美国西雅图，是美国最早也是规模最大的一家网络电子商务公司。最开始公司只经营网络的书籍销售业务，2000 年亚马逊在美国开通了第三方平台业务，2012 年年初亚马逊开始面向中国卖家启动了"全球开店"项目，中国卖家可以在亚马逊平台通过电商模式与他国企业、机构和消费者接触。数据显示，已有数十万个中国卖家加入了该项目。

亚马逊一直以来都是重产品轻店铺，平台上的每件产品只有一个 Listing 链接，搜索时每个产品只会出现一次，搜索结果清晰明了。如果多个卖家销售同一款产品，不同卖家的报价会在同一个 Listing 上显示，这样买家就不需要在大量重复的产品列表里大海捞针。

亚马逊物流(Fulfillment by Amazon，FBA)是"亚马逊全球开店"的一项重要服务，卖家只需将产品发送到指定仓库，亚马逊就会提供产品的拣货、包装、配送、客服及退换货等服务。加入 FBA 的卖家能够提高产品的曝光率，直接接触到亚马逊的 Prime 用户，由亚马逊提供快捷方便的物流服务。数据显示，亚马逊在全球拥有 175 个运营中心和 40 多个分拣中心，能将产品配送至 185 个国家和地区。以亚马逊物流欧洲整合服务(Pan-EU)为例，卖家只需将产品发往欧洲五国(英、法、德、意、西)中任一个国家或地区的亚马逊运营中心，亚马逊便可根据预期需求智能地将其库存分配到欧洲各地的运营中心。

二、亚马逊平台的视觉营销

不管是在哪个电商平台上销售产品，视觉营销都是卖家关注的焦点，人类大脑对视觉信息产生情感反应的速度比其他信息快得多。Google 统计的数据表明，53%的在线买家表示图像更容易刺激他们产生购买欲；虽然评论、评级和内容对买家的决策过程很重要，但将它们与产品联系起来的就是产品图片。

亚马逊平台也不例外，图片是卖家给买家展示产品最直接有效的方式，产品图片对销量的影响达 70%以上，因此很多大卖家非常重视打造优质的产品图片，若图片质量和标准没有达到亚马逊平台的要求，则可能会影响产品的发布和推广。

(一)亚马逊 Listing 的基本元素

亚马逊 Listing 主要由产品图片、产品内容、评论和评分等模块构成。产品图片可以展示产品的价值主张；产品内容用于告知买家关于产品的信息，优质的产品信息还可以获得额外 Listing 曝光；评论和评分可以向买家展示品牌的声誉。

(二)亚马逊产品视频

近几年短视频行业崛起，在亚马逊详情推广页面上传高品质产品视频，能加速消费者的购买决定，并提高产品销量。视频营销是亚马逊推广的重要组成部分，其中包括主图视频、关联视频、QA 视频、视频 review、站外视频推广等，提交的视频必须遵循亚马逊准则才能获得批准。卖家精心制作的一个视频，往往可以让产品或品牌脱颖而出，一个优秀的视频营销作品可以让消费者对品牌产生强烈的信赖感，也更容易得到消费者的信赖与支持。此外，通过视频营销，可以将产品的使用场景、效果、使用方法、注意事项等内容予以直观展示和说明，避免以往冗长的 Listing，可减少消费者对于产品的认识误区，减少差评与售后问题的产生。

第二节　亚马逊 Listing 图片设计

亚马逊 Listing 图片分为主图和辅图，1 个 Listing 只能有 1 张主图，辅图(也叫附图)最多 8 张，标准 Listing 应该有 7 张图片。图 6.2.1 是亚马逊平台上销售的一款运动鞋，最左边纵向显示了 7 张小图，其中第 1 张是主图，后面 6 张是辅图。

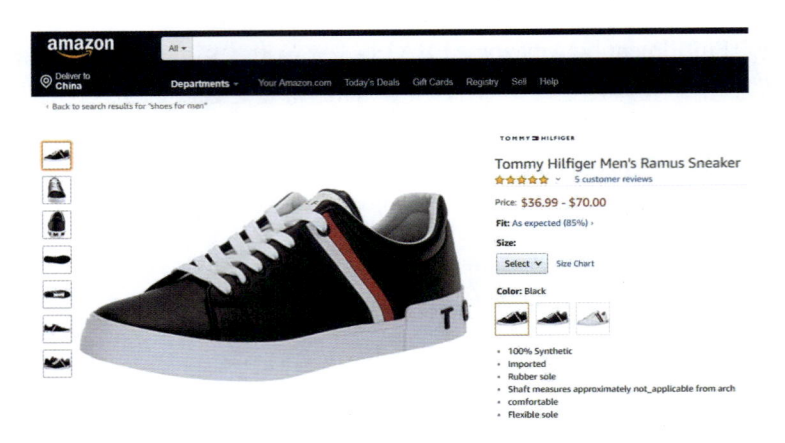

图 6.2.1　亚马逊 Listing 展示

一、亚马逊 Listing 主图设计要求

买家进入亚马逊网站进行搜索后，展现在买家面前的第一张图片就是 Listing 主图，如图 6.2.2 所示。在 Listing 详情页中，平台对高度或宽度超过 1000 像素的图片提供了放大功能，这样买家能通过放大图片查看局部产品细节，这个功能起到增加销售量的作用。建议卖家尽量选用 1000 像素以上尺寸的图片。另外，当产品图片的横向和纵向比例是 1∶1.3 时，在亚马逊的网站达到最佳的视觉效果。同时考虑到美观因素，建议主图与辅图尺寸一致。亚马逊平台支持 jpeg、tiff、gif 等格式的图片，建议使用 jpeg 格式的图片。

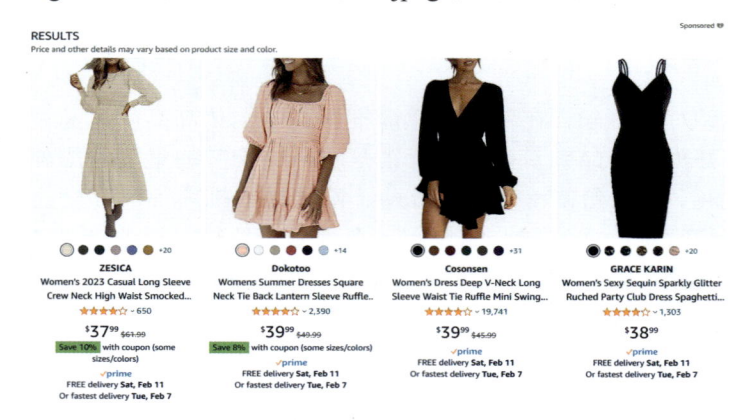

图 6.2.2　搜索结果页主图展示

亚马逊平台要求产品主图的背景必须是纯白色的，而且主图必须是产品的实物图，不能带 Logo 和水印。另外，主图中的产品最好占据图片大约 85%的空间；产品必须在图片中清晰可见，需要显示整个产品，不能只有部分或多角度组合图。

有些类目（如服装、内衣、袜子等产品）允许有模特，但只能使用真人模特。以女装为例，拍摄主图过程中模特必须是正面站立，不能是侧面、背面、坐姿或多角度组合图等。如图 6.2.3 所示，左边是主图，右边是局部放大后的效果，主图模特身上不能有非售物品。

图 6.2.3　Listing 图片放大效果展示

箱包、珠宝、鞋子等产品的主图则不允许使用模特。鞋子的主图必须是单只鞋子的照片，最好是左脚朝左。穿在模特脚上的图片只能出现在辅图，不能出现在主图上。耳环主图要成对出现，如图 6.2.4 所示。

此外，部分家居装饰用品主图不强制纯白背景，如窗帘、沙发、床上四件套、蚊帐、灯具等产品。如图 6.2.5 所示，这套沙发主图采用真实场景，没有使用纯白背景。

图 6.2.4　饰品类 Listing 主图展示 　　　图 6.2.5　沙发 Listing 主图展示

二、亚马逊 Listing 辅图设计要求

亚马逊 Listing 辅图可以展示细节、不同视角或使用场景等。如图 6.2.6 所示，辅图可以对产品做不同角度的展示，也可以展示产品的使用场景，或者对在主图中没凸显的产品特性做补充，亚马逊 Listing 中最多可以添加 8 张辅图。

辅图最好也和主图一样用纯白背景，但不做强制要求。产品必须在辅图中清晰可见，凸显产品的特性，可以展示细节。如果有模特，辅图中的模特同样必须是站立的真人模特，不能出现模型模特。另外，辅图不能带 Logo 和水印（产品本身的 Logo 除外）。

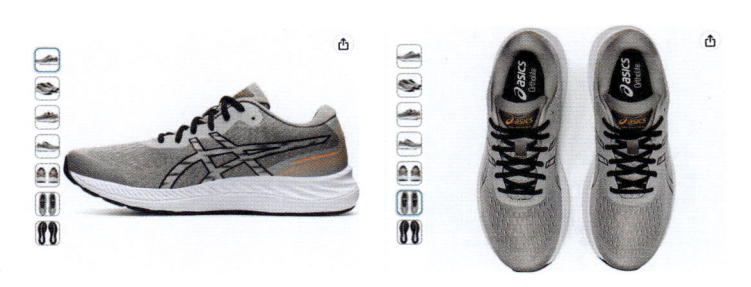

图 6.2.6　亚马逊 Listing 辅图

第三节 亚马逊 A+页面设计

一、亚马逊 A+页面概述

亚马逊 A+页面是指图文版商品详情页面。最初，亚马逊平台的普通详情页仅支持纯文本描述，而随着功能的演进，平台开放了 A+页面的创建权限，尤其针对已完成亚马逊品牌注册的卖家，使得他们能够设计更具吸引力和信息量的展示页面，通过它可以使用额外的图片和文本进一步完善商品描述部分。图 6.3.1 所展示的是宠物狗背带商品的 A+页面局部效果，美轮美奂的图片设计充分展示了宠物狗背带的使用场景，一下子把买家带入到氛围中，产生了强烈的代入感。

图 6.3.1　A+页面局部效果展示

而普通详情页只能显示文字，效果如图 6.3.2 所示。

图 6.3.2　普通详情页展示

A+页面将对亚马逊"页面转化率"产生非常深远的影响。通过 A+页面，把亚马逊商品页面上以往不太重视的商品描述（Product Description）变成展示品牌和商品优势的黄金位置，通过图文结合的展示，可以充分体现商品的品牌、细节、公司理念，有数据表明，优质 A+页面的商品转化率比普通商品高出 40%以上。

二、创建 A+页面

（一）创建 A+页面前的准备

如果想要创建 A+页面，必须先在亚马逊平台完成亚马逊品牌保护的注册。需要卖家提交在美国或者其他国家商标（R 标）的回执或证书（目前 TM 标也能进行品牌备案，但无法进行品牌保护，如果最后未获取 R 标，品牌备案将被取消）。同时还要求商品及包装上印有 Logo，卖家的官网也要看到商品的 Logo 和联系方式，并要求联系方式和亚马逊后台联系方式一样，最后在亚马逊卖家中心提交注册信息。

（二）创建 A+页面的基本步骤

步骤一：进入亚马逊卖家后台，如图 6.3.3 所示，选择"广告"下拉列表中的"A+页面"选项（A+ Content Manager）。

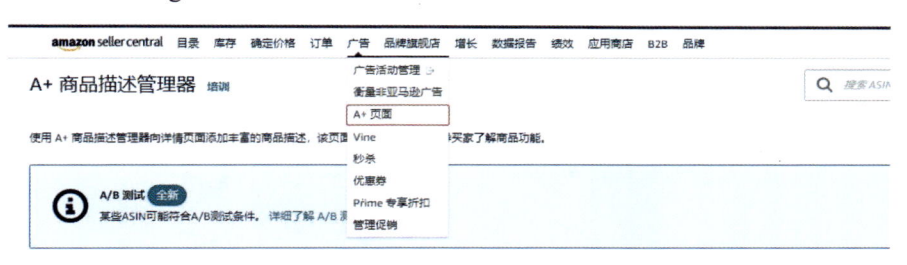

图 6.3.3　A+商品描述管理器

步骤二：单击右上方的"开始创建 A+描述"按钮，出现两个选项，如图 6.3.4 所示，一个是创建增强型商品描述（普通 A+商品描述页面），另一个是其他内容类型，可以创建品牌故事详情，但无法详细描述商品个体。

图 6.3.4　选择要创建的 A+内容类型

步骤三：单击"创建基础"按钮，将会出现一个添加模板选项，如图 6.3.5～图 6.3.9 所示。卖家根据所选的模板，并结合自身商品卖点，展现出商品优势。

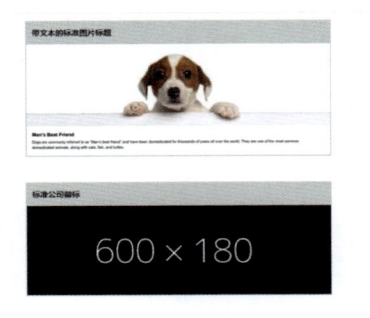

图 6.3.5　A+模板 1

图 6.3.6　A+模板 2

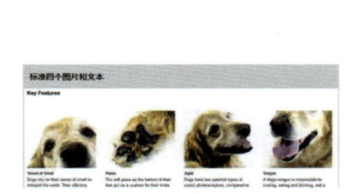

图 6.3.7　A+模板 3

图 6.3.8　A+模板 4

图 6.3.9　A+模板 5

步骤四：添加商品内容。卖家根据想要的效果添加图片和文字，如图 6.3.10 所示，建议文字与图片搭配起来使用，以达到最佳效果。

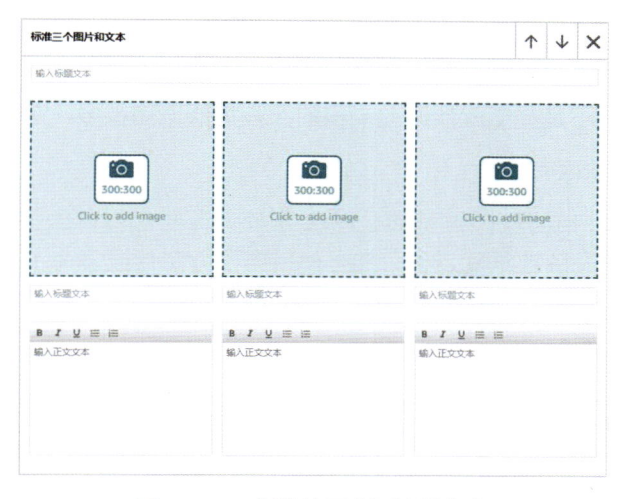

图 6.3.10　标准的三个图片和文本

步骤五：完成编辑后，预览 A+页面，如图 6.3.11 所示。

步骤六：等待审核通过，如图 6.3.12 所示。一般来说，审核最多需要 7 个工作日，卖家可以通过 A+商品描述主页查看状态，如果 A+状态为"未获得批准"，可以单击 A+商品描述对应的"编辑"按钮，来查看拒绝原因并进行修改。A+商品描述在获得批准后，才会发布到已应用 ASIN（亚马逊商品一个特殊的编码标识，商品编号的别称）的详情页上。

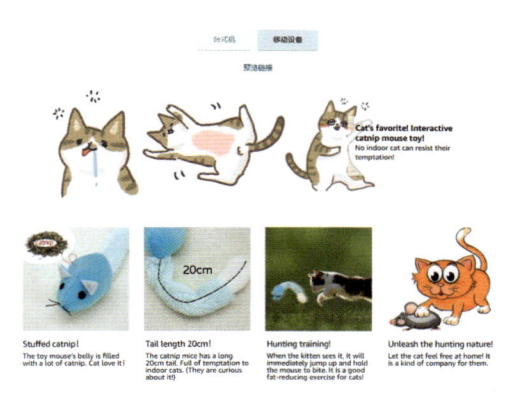

图 6.3.11　预览 A+页面

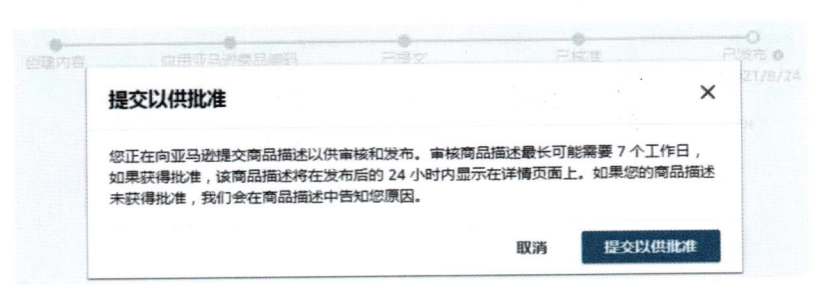

图 6.3.12　等待审核通过

三、亚马逊 A+ 页面被拒的原因

亚马逊 A+页面并不是提交就能通过审核的，被拒的原因很多，简要总结如下。

（一）图片方面的原因

亚马逊 A+页面被拒的原因很可能是图像分辨率太低，也可能是图片中没有显示公司 Logo 或产品，或者是有图片重复，也可能是使用第三方图片或公司 Logo，或者是在图片中显示公司联系方式或网址，如果出现有水印的图片或者裸露暴力图片也可能被拒。

（二）文字表述方面的原因

亚马逊 A+页面中的文字表达也会影响审核是否能通过，如果在文字描述中介绍自己是卖家或分销商并给出公司的联系方式，或者在亚马逊 A+页面中出现排他性文字或者有煽动性的促销语，又或者在文字描述中写入客户评价、其他广告、产品保质期或返修条款等信息都可能导致被拒。

四、亚马逊高级 A+ 页面

2022 年下半年亚马逊推出了加强版的高级 A+页面（Amazon Premium A+，又称为 Amazon A++），这是亚马逊为了帮助卖家提升产品转化率和品牌形象而推出的一种升级版的 A+页面。相比基础 A+页面，高级 A+页面具有更多的模块和功能，如视频模块、热点模块、导航轮播模块和问答模块等。两者对比如表 6.3.1 所示。

表 6.3.1　亚马逊基础 A+页面和高级 A+页面对比

A+页面类型	文本和图片	尺寸/像素	对比表模块	模块数（详情页）	可选模块总数	视频模块	热点模块	导航轮播模块	问答模块
基础 A+	√	970 像素×300 像素	√	5	14				
高级 A+	√	1464 像素×600 像素	√	7	19	√	√	√	√

在视频模块中，卖家可以用全视频模块、带文字的视频模块及带轮播图的视频模块来展现产品或品牌；导航轮播模块支持买家滚动来浏览不同图片或产品详细信息；在热点模块，

卖家可以在图片的不同区域添加描述性文字，每张图片最多可添加 6 个热点；问答模块则以交互式菜单下拉列表的形式回答 5 个（最多）有关产品的问题。图 6.3.13 就是采用高级 A+页面的设计效果。

亚马逊高级 A+页面通过增大内容宽度、增加滚动图片、嵌入高清视频，呈现更强的视觉效果，方便买家了解产品，提高买家的留存时间，给买家更好的体验，从而提升产品的转化率，帮助卖家提升品牌形象。亚马逊称，与基本 A+页面相比，高级 A+页面可以带来高达 20%的销售额提升。卖家如果要使用高级 A+功能，必须满足以下条件：首先，卖家店铺必须做好品牌备案；其次，卖家必须在 A+页面上展示品牌故事，而不仅仅介绍单个产品的图文详细信息；最后，要求在过去一年内，提交 15 个以上 A+页面并获得核准。

图 6.3.13　亚马逊高级 A+页面

第四节　亚马逊短视频营销

一、亚马逊短视频的优势

随着视频行业的迅速崛起和买家购物时间碎片化及信息的复杂多样性，越来越多的卖家开始引入和产品有关的动态视频。短视频营销成为了亚马逊推广的重要组成部分。一方面，优质的视频可以全方位、多角度地展示产品信息，比图片更能直观立体地展示实际产品的功能和卖点，能够让买家详细了解产品性能，避免因为误判而产生差评；另一方面，视频的传播途径更广、更快，卖家还可以通过 Amazon VideoShorts、YouTube、Facebook、Instagram 等多种渠道进行产品推广，优质的视频能让产品在众多的竞争者中脱颖而出，从而实现更高的转化。

二、亚马逊 Listing 视频的设计

视频营销一直是亚马逊推广的重要组成部分，包括主图视频、关联视频、QA 视频、视频 review 等。

（一）主图视频

主图视频之前只对品牌备案的卖家开放，目前亚马逊放开了品牌备案门槛的限制，没有品牌备案的卖家也被允许上传主图视频。主图视频既可以是关于产品使用方式的介绍型视频，也可以从品牌入手，设计一个足够吸引人的品牌故事，还可以是宣传视频。如果卖家缺乏专业的视频制作团队，也可以将一组产品图片的展示编辑成视频，视频中还可以用文字突出关键内容，文字是对产品详情的有益补充。一款越野摄像机的主图视频展示，如图 6.4.1 和图 6.4.2 所示。

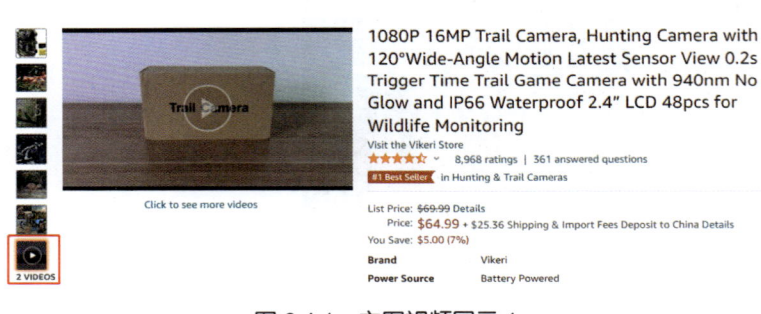

图 6.4.1　主图视频展示 1

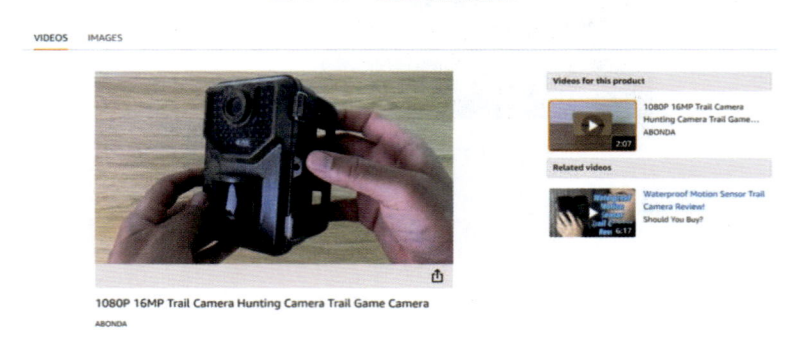

图 6.4.2　主图视频展示 2

卖家为这款产品拍摄了两个视频，第一个视频主要对产品的外观包装、配件、安装步骤及拍摄效果等进行了全面细致的展示，第二个视频通过人像出镜介绍，更加全面地介绍从产品开箱到安装使用的相关步骤，是产品信息描述的有益补充。

(二)关联视频

亚马逊平台的关联视频一般位于亚马逊产品页面产品细节描述的下方，通过 App 端设备浏览页面时会先看到视频再看到评论。关联视频主要由买家上传，内容包含开箱视频、产品细节讲解、使用场景展示等，每个 Listing 最多展示 10 个视频。

如图 6.4.3 所示，图片中展示就是买家购买了前面介绍的那款越野摄像机后拍摄并上传的视频。关联视频基于买家视角，不仅全方位展示了产品特性和细节，加深了买家对产品的了解，提升了产品的转化率；还能更直观地展示产品细节、颜色和功能，有效减少买家后期因产品色差、操作方法带来的一系列退换货及差评问题。此外视频还可通过站内和社交媒体等多渠道引流，扩大传播范围，增加产品曝光量。

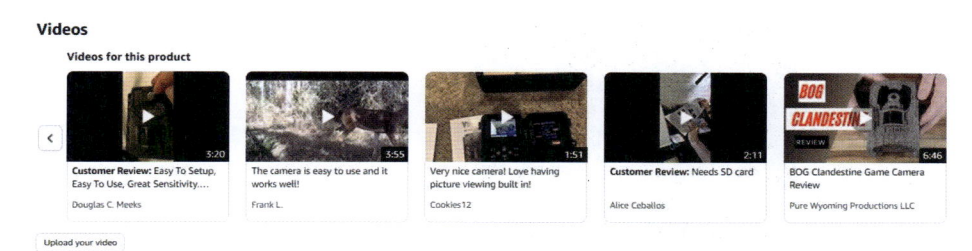

图 6.4.3　关联视频展示

(三)QA 视频

QA 视频主要是针对产品某项功能或特点进行说明、补充或解答的视频，它展示在"Customer questions & answers"（买家问题和答案）下方。QA 视频既可以是和售后相关的视频，也可以是从主图视频截取一部分能解答买家疑问的内容单独剪辑而成的视频，虽然 QA 视频展示并没有像主图视频和视频广告那样对转化率产生明显的影响，但还是有一定的辅助作用，至少能够更加生动形象地解答买家对于产品的疑问，间接促使买家快速完成购买决策。

针对功能性强的产品，尤其是电子类产品，在使用过程中用户常常遇到操作问题。通过制作专业的 QA 视频来解答疑惑，能够有效帮助消费者理解产品，提升用户体验。如图 6.4.4 所示，这是一个关于越野摄像头的安装和使用视频，通过视频很好地解答了买家提出的问题。此外，亚马逊 QA 视频搭配前面的主图视频和关联视频，使得整个 Listing 都有了视频的影子，在很大程度上提升了产品转化率。

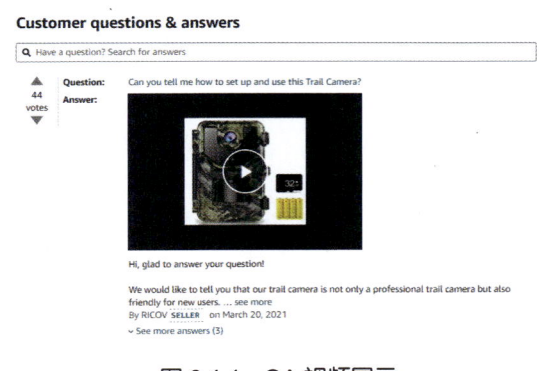

图 6.4.4　QA 视频展示

(四)视频 review

通常情况下,买家的反馈以文字评论为主,然而实际上,视频评论对提升产品销量和转化率的影响力远超传统的文字评论,能展现出更强的说服力。一条 5 星评价的视频好评,可以帮助卖家从亚马逊视频频道引入巨大的流量,对页面的转化率也会有显著的提升,更重要的是,视频好评还能极大程度地稀释差评。

如图 6.4.5 所示,视频 review 通过买家上传的视频,从买家视角生动形象地展示了这款越野摄像机的摄像效果,对产品的转化起到了非常重要的作用。

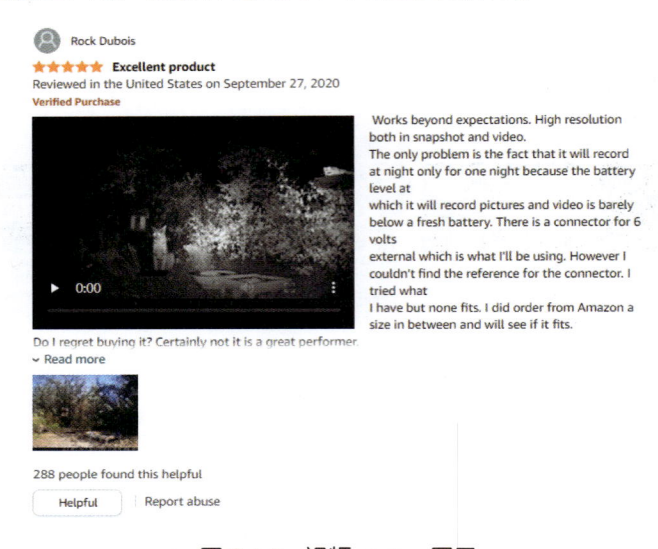

图 6.4.5　视频 review 展示

第五节　亚马逊视觉设计案例

一、设计分析

(一)产品图片设计基本流程

当设计师拿到一个产品图设计需求时,往往需要遵循一定的设计流程,具体如下。

(1)用户画像分析:设计师首先要明确产品的目标消费者群体特征,如年龄、性别、兴趣爱好等。这一步骤有助于设计师更好地理解目标消费者的需求和期望,从而进行更符合消费者口味的设计。

(2)购买关注点分析:研究消费者在购买产品时通常会关注哪些内容,比如,价格、品质、功能、品牌还是服务。了解这些关注点可以帮助设计师更好地突出产品的优势,并在图片中展示这些优势,从而吸引消费者的注意力。

(3)核心竞争力分析:分析产品的核心竞争力,也就是了解本产品与竞品相比较的优势及该产品的核心卖点。这有助于在设计中更好地突出产品的独特性和优势。

(4) 确认图片风格：在完成以上三个步骤后，根据产品的特性和目标消费者的喜好，确定最终的图片风格。

(5) 设计制作：最后，设计师根据上述所有分析结果进行设计制作。

这样的设计流程有助于确保在设计过程中充分考虑消费者需求、产品特性和市场竞争情况，从而使设计出的产品图更能吸引消费者的注意力，并提升产品的销售效果。

(二) 案例分析

本案例以图 6.5.1 中的宠物狗背带为例，经过分析得出以下结论。

(1) 用户画像分析：该产品主要面向年轻群体，喜爱与宠物狗一起进行户外运动，并且愿意为宠物狗消费的人群。

(2) 购买关注点分析：在购买宠物狗背带时，该消费者群体主要关注产品的穿戴舒适度、产品质量、安全问题及产品的耐用性。这些关注点在设计过程时需充分考虑，以确保产品图能够吸引消费者的注意力，并提升他们的购买意愿。

(3) 核心竞争力分析：产品的核心竞争力主要体现在精细的做工和优质的材料。在设计时在产品图中展现这些优势，使得消费者能够一目了然地了解到产品的核心卖点，从而更容易产生购买行为。

(4) 确定图片风格：鉴于上述分析，本案例选择时尚与炫酷作为设计定位，主色调取自于产品颜色，使得图片的整体风格和产品颜色保持一致，达到视觉统一。黑色基调展现出炫酷与个性魅力，体现出独特的质感。这种设计风格符合年轻人的审美，能够有效地吸引他们的注意力。在元素选择上，较多采用矩形、圆角矩形和圆形等，给人规则、舒适的感觉，符合产品的特点。同时，采用硬朗的线条和文字，使得产品主图与辅图更加时尚潮流，符合年轻人的审美。

图 6.5.1 宠物狗背带

下面将详细介绍主图与辅图设计的具体步骤。

二、步骤详解

(一) 主图设计

亚马逊规定主图须采用白底图，主图设计制作步骤如下。

步骤一：新建文件。

按【Ctrl+N】快捷键执行"新建"命令，在打开的"新建"对话框中设置文件名为"主图"，宽度为 1600 像素，高度为 1600 像素，分辨率为 72 像素/英寸，如图 6.5.2 所示，并单击"确定"创建。

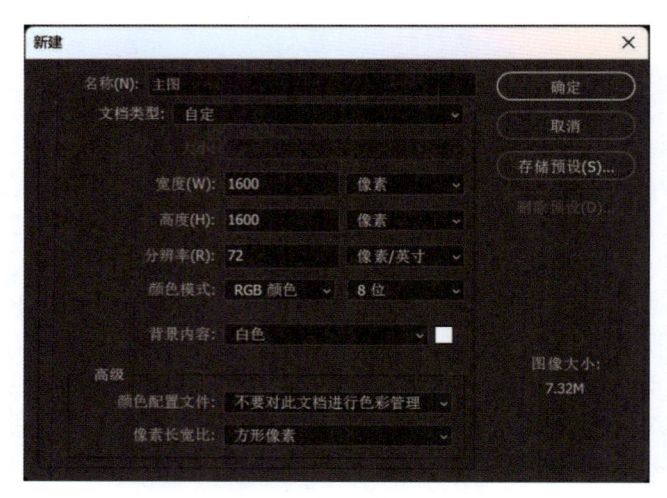

图 6.5.2 "新建"对话框

步骤二：抠取主体。

(1) 选择菜单"文件"→"打开"命令，在弹出的对话框中，选择产品图片"主图素材.jpg"打开文件；

(2) 鉴于主图背景较为杂乱，接下来进行抠图处理，选择菜单"选择"→"主体"命令，同时，配合快速选择工具对选区进行调整，调整后的选区如图 6.5.3 所示，接着按【Ctrl+C】快捷键进行复制。

备注：在抠取图像主体时，也可以使用钢笔工具(操作方法详见"Photoshop 图像美化"章节)。

步骤三：将主体拷贝至"主图"中并调整大小。

切换至主图文件，按【Ctrl+V】快捷键粘贴，产生新的图层，将图层命名为"主体"，按住【Ctrl+T】快捷键调整图像大小，使其在画布中占比恰当；如果要适当增强产品的对比度，可使用"色阶"命令。

至此，就完成了主图的制作，最终效果如图 6.5.4 所示。主图用镂空的形式展现，传递出产品的主要信息，体现产品的功能及卖点。

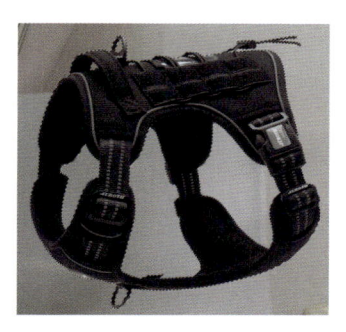

图 6.5.3　抠取主体　　　　　　　图 6.5.4　主图效果图

(二)辅图设计

辅图主要从使用场景、产品细节、产品尺码、产品功能等方面展示背带的性能与功能，下面重点讲解辅图 1 与辅图 2 的设计过程。

1. 辅图 1——场景图设计

步骤一：新建文件。

新建一个宽度、高度均为 1600 像素，分辨率为 72 像素/英寸，文件名为"辅图 1"的文件。

步骤二：置入素材。

选择菜单"文件"→"置入嵌入对象"命令(见图 6.5.5)，在弹出的对话框中，选择产品图片"辅图 1 素材 1.jpg"置入，适当调整图像大小，将其置于图像左边，同理，将"辅图 1 素材 2.jpg"置于图像右边，如图 6.5.6 所示。

图 6.5.5　"置入嵌入对象"命令　　　　图 6.5.6　置入图片之后的效果

步骤三：利用图层蒙版使两者融合。

(1)鉴于两个素材均带有白色背景，致使右边图片将左边狗的一部分遮住，因此需借助图层蒙版进行处理。选择"素材 2"作为当前图层，单击图层面板下方的"添加图层蒙版"按钮，为"素材 2"图层添加图层蒙版，如图 6.5.7 所示。

(2)选择"画笔工具"，在工具选项栏中，设置画笔的大小，设置前景色为黑色。在图层蒙版中用黑色画笔进行绘制，绘制的部分将显示出左边的图像，至此完成了辅图 1 的设计，最终效果如图 6.5.8 所示。

图 6.5.7　添加图层蒙版　　　　　　　　图 6.5.8　辅图 1 最终效果

该场景图从正面与背面两个角度较好地展示了背带穿在狗身上的效果，狗愉悦的表情能使买家感受到产品的舒适性。

2．辅图 2——细节图的设计

步骤一：新建文件。

新建一个宽度、高度均为 1600 像素，分辨率为 72 像素/英寸，文件名为"辅图 2"的文件。

步骤二：绘制矩形。

使用矩形工具，颜色为#363636，在图像窗口绘制 4 个矩形，从上至下，将图层分别命名为"矩形一""矩形二""矩形三""矩形四"，如图 6.5.9 所示。

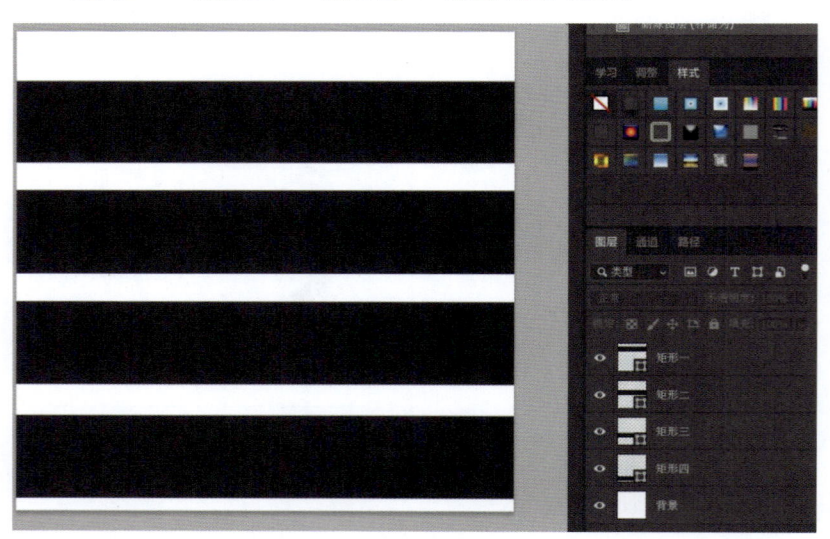

图 6.5.9　绘制 4 个矩形

步骤三：抠取细节图一并做融合处理。

（1）打开"辅图 2 素材 1.jpg"图像，用钢笔工具抠取需展现的细节部分，如图 6.5.10 所示，按【Ctrl+Enter】快捷键转换为选区，将其复制到"辅图 2"中，并将其置于"矩形一"图层上方，调整图像大小与方向，效果如图 6.5.11 所示，将图层命名为"细节图一"。

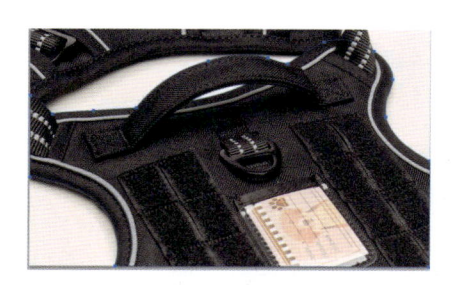

图 6.5.10　用钢笔工具抠取细节 　　　　图 6.5.11　细节图置于矩形一上方的效果

（2）给"细节图一"图层创建图层蒙版，用钢笔工具框选矩形框以外的两个选区（见图 6.5.12），在图层蒙版中填充黑色，这样使得整个细节图置于矩形框中，同时呈现出框效果，消除了呆板感，如图 6.5.13 所示。

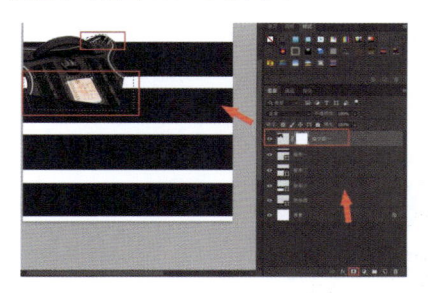

图 6.5.12　创建图层蒙版并设置选区 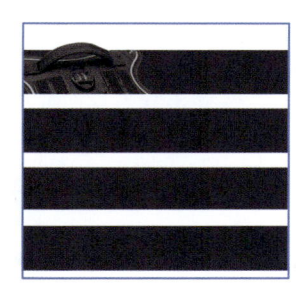　　　　图 6.5.13　细节图一效果图

步骤四：创建发光效果。

为了突出细节，先用钢笔工具将"细节图一"中的卡扣抠取出来，复制到新的图层中，命名为"细节图一重点"。接着设置其图层样式，勾选"外发光"复选框，调整相应参数，在"结构"选区，设置"混合模式"为"正常"，"不透明度"为"99%"，"杂色"为"5%"，颜色为黄色（#eec830），在"图素"选区，设置"扩展"为"11%"，"大小"为"16"像素，使其产生黄色外发光效果，如图 6.5.14 所示。

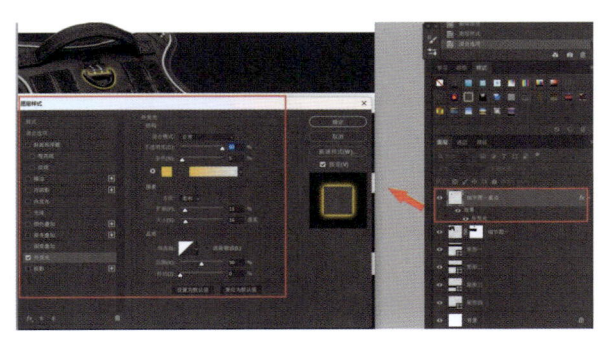

图 6.5.14　对细节图的突出内容添加外发光效果

步骤五：输入相应文案并设置效果。

选择"横排文字工具"，设置文字大小为 60，字体为"Impact"，文字颜色为白色，在矩形框右边输入文案"DURABLE HANDLE"；接着，设置"图层样式"为"描边"，"大小"

为"5"像素,"位置"为"外部",颜色为深灰色(#454545),如图6.5.15所示,同理,完成其他文案输入。

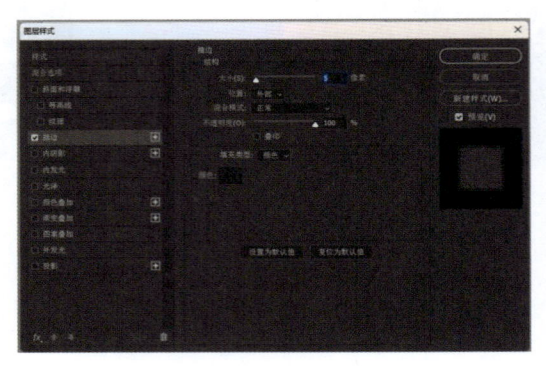

图6.5.15　设置文字描边样式

接下来,重复步骤三~步骤五,完成整体设计制作,辅图2最终效果如图6.5.16所示。

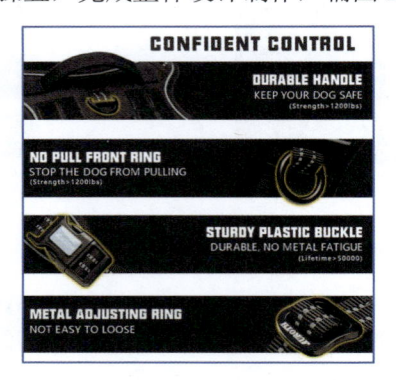

图6.5.16　辅图2最终效果

辅图2通过4个矩形展现背带的4个细节,利用出框及外发光效果,使得整体设计充满立体感与质感,通过图文结合的方式,充分展示了背带的安全性与耐用性等性能。

亚马逊产品主图与辅图的设计并不是千篇一律的,优秀的Listing图片设计需要在满足平台规范的基础上,通过多角度、多维度地展示产品特性和优点,吸引买家的注意力,从而提高转化率。

【实践题】根据上述设计步骤,完成本案例产品主图与辅图的设计与制作。

本章习题

项目实训

实训目标：熟悉亚马逊 Listing 主图和辅图设计的基本要求，熟练掌握亚马逊 Listing 图片设计的基本思路和方法。

实训要求：

1．选定一个即将在亚马逊平台销售的产品，为该 Listing 设计主图和辅图；

2．为该 Listing 设计一个 A+页面。

实训思路：

1．产品和图片素材可以到 1688 网站上寻找，选定 1 张图片作为主图，辅图不少于 6 张，尽量选用 1000 像素以上尺寸的图片；设计后的图片中不能出现中文，也不能出现 Logo、文字和水印。

2．Listing 的 A+页面需要写清楚创意和设计思路，然后设计出效果图。

第七章 其他主流跨境电商平台视觉营销

结构导图

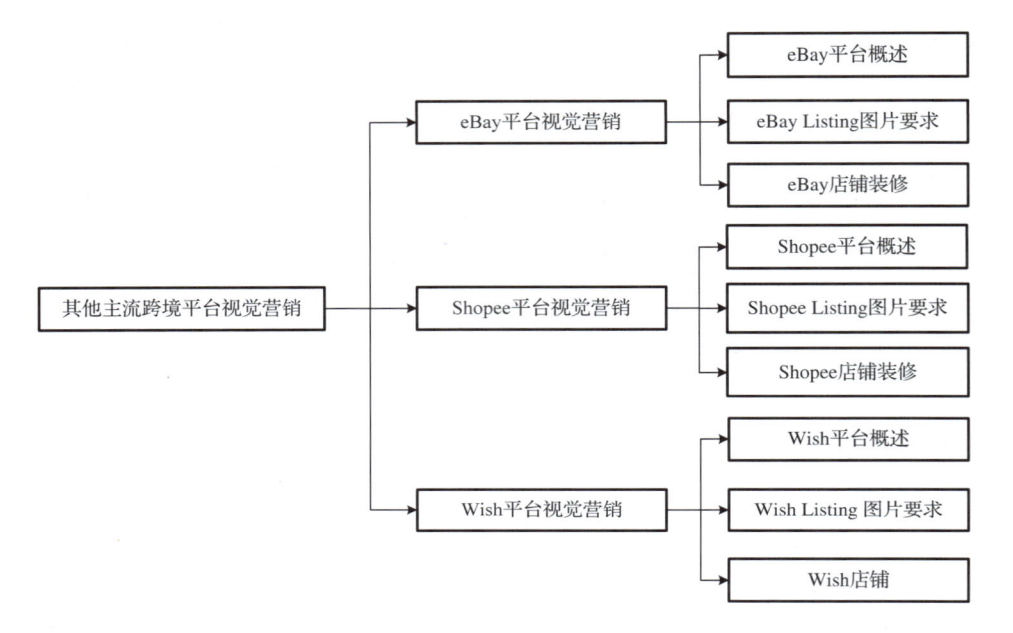

```
                                    ┌─ eBay平台概述
                   ┌─ eBay平台视觉营销 ─┼─ eBay Listing图片要求
                   │                 └─ eBay店铺装修
                   │
                   │                 ┌─ Shopee平台概述
其他主流跨境平台视觉营销 ─┼─ Shopee平台视觉营销 ┼─ Shopee Listing图片要求
                   │                 └─ Shopee店铺装修
                   │
                   │                 ┌─ Wish平台概述
                   └─ Wish平台视觉营销 ─┼─ Wish Listing 图片要求
                                    └─ Wish店铺
```

学习目标

1. 知识目标

- 了解 eBay、Shopee 和 Wish 平台的发展现状。
- 理解视觉营销对跨境店铺的影响。
- 掌握不同跨境电商平台视觉营销的基本要求。

2. 能力目标

- 掌握 eBay Listing 视觉营销设计思路和方法。
- 掌握 Shopee Listing 视觉营销设计思路和方法。
- 掌握 Wish Listing 视觉营销设计思路和方法。
- 掌握 eBay 店铺装修的思路和方法。
- 掌握 Shopee 店铺装修的思路和方法。

3. 价值目标
- 具备多平台视觉美工的职业素养。
- 具备团队合作精神。

案例导入

张峰（化名）是杭州 SY 电子商务公司创始人，他从大一时就选择了做跨境电商工作，创业初期从 Wish 平台起步，后来在速卖通平台开店。在校期间，母校为他提供的培训、场地支持及专业的指导对他的创业帮助很大。经过努力，公司慢慢有了起色，公司规模也从一开始的 4 个人发展到了现在的几十名员工，运营办公楼也从学校搬到了 300 多平方米的商业楼，销售品类涉及服装、户外、鞋包等大类，销售业绩从每个月的几万元增长到一百多万元。创业的成功，极大地增强了张峰的信心。很快他们就确定了多平台发展的思路，在做好速卖通和 Wish 店铺的同时，进军 eBay 平台及面向东南亚市场的 Shopee 平台。

尽管接触跨境电商时间不长，但张峰非常善于观察和分析，所以在短短时间里，他就对如何做好跨境电商有了清晰的认识。"首先，做跨境电商卖东西得讲究产品丰富、款式要多，还需同时注重'视觉营销'，消费者看到精美的产品图片自然会被吸引。"张峰总结道，"仅有好产品还不够，还要通过高质量的图片甚至视频展示出来。其次，要加强与顾客的交流，弄清楚他们需要什么。"

第一节　eBay 平台视觉营销

一、eBay 平台概述

eBay 是全球最早开始经营电子商务的公司之一，于 1995 年 9 月成立于美国加州硅谷，是在线交易平台的全球领先者，eBay 平台主页如图 7.1.1 所示。eBay 平台拥有 27 个独立站点，利用其强大的平台优势为全球商家提供网上零售服务，截至 2021 年 5 月，全球活跃卖家总数达 2000 万个，全球活跃买家总数达 1.87 亿个，客户遍及全球 190 个国家和地区，真正实现了全球销售。

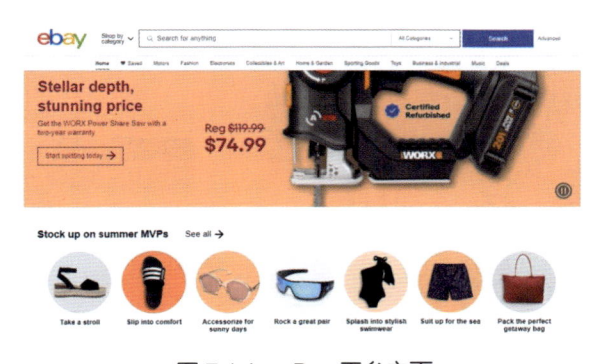

图 7.1.1　eBay 平台主页

eBay 平台主要以销售消费品为主,产品类目以鞋服及配饰、家居园艺、eBay Motors、收藏品及健康与美容(Health & Beauty)品类为主,如图 7.1.2 所示,产品更新快而且种类数量大,eBay 平台全球卖家共刊登了 17.41 亿个 Listing。

图 7.1.2 eBay 平台热门类目

eBay 卖家可通过两种方式在该网站上销售产品,一种是拍卖(见图 7.1.3),另一种是一口价(见图 7.1.4),其中拍卖模式是该平台的最大特色。一般卖家通过设定产品的起拍价及在线时间,对产品进行拍卖,产品下线时竞拍出价金额最高者将获得拍卖物品。

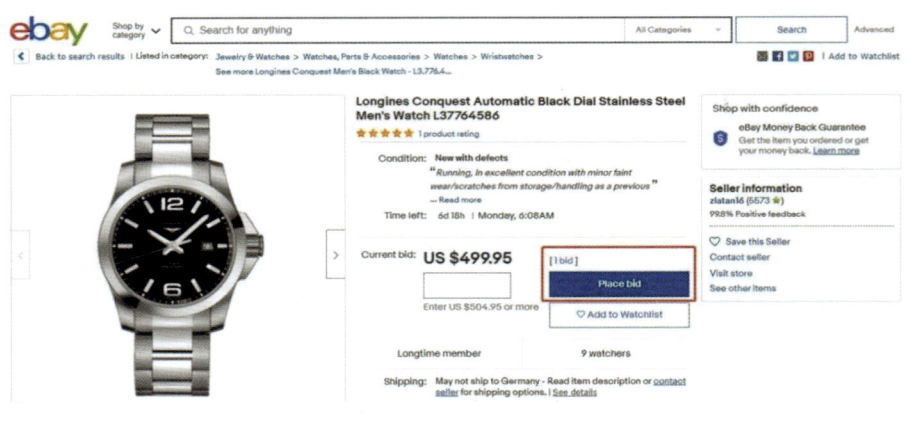

图 7.1.3 拍卖 Listing 页面展示

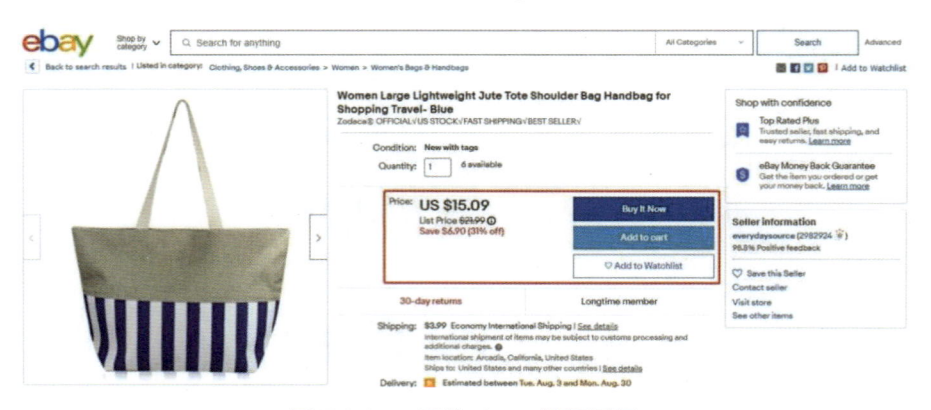

图 7.1.4 一口价 Listing 页面展示

eBay 平台不仅为卖家提供从售前到售后的服务指导，还提供交易过程中的物流、仓储、融资和翻译服务，同时还设有"eBay 培训中心"为卖家解决跨境贸易中遇到的问题，如图 7.1.5 所示。

图 7.1.5 "eBay 培训中心"首页

二、eBay Listing 图片要求

不管是国内电商美工还是跨境电商美工都应该认识到，高品质图片的视觉冲击能给买家提供更好的购物体验，同时也更容易让买家找到卖家发布的物品，从而使物品更容易售出。

eBay 平台对 Listing 图片的质量和数量没有严格要求，只要在 Listing 中上传 1 张及以上的图片就可以发布，但平台建议卖家多上传一些高质量、高精度图片，这样可以增加成功销售的机会。

平台建议每个 Listing 图片尺寸在 500～1600 像素之间，如图 7.1.6 所示，最长边大于 800 像素的图像将会启用放大功能。图片大小不超过 7MB；二手、翻新或损坏的产品不得使用新品图；不能出现店铺 Logo、宣传和促销等信息；Listing 图片不能有边框、文本（如"Free shipping"）等内容，插图或图标首图只能放产品本身，不能放置配件；可以使用水印来标明图片所有权和归属权，但不能用于营销；鼓励卖家自行拍摄图片，切勿盗图。

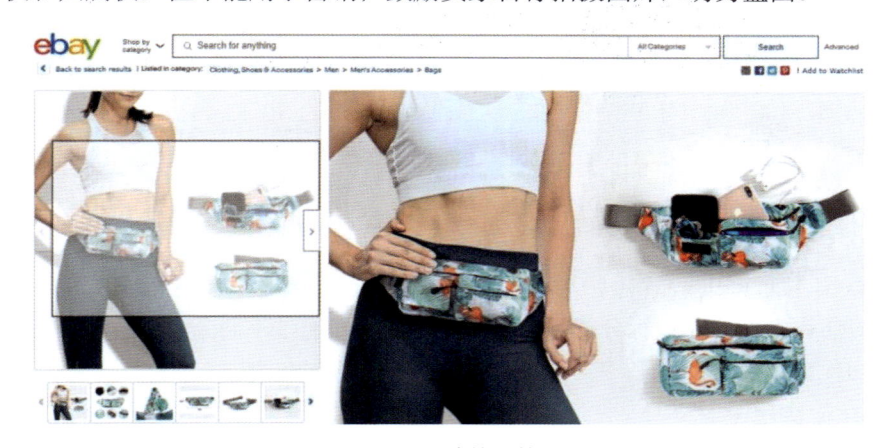

图 7.1.6 图片放大效果

如果违反图片政策，那么 Listing 可能面临下架，或 eBay 平台采取其他措施进行惩罚。如不返还成交费，售卖的额度将受到限制。

三、eBay 店铺装修

eBay 卖家主要有两种类型：非店铺卖家和店铺卖家，其中店铺卖家分 5 个档次，分别是初级店铺（Starter）、基础店铺（Basic）、高级店铺（Premium）、超级店铺（Anchor）和企业店铺（Enterprise）。卖家开通店铺需要向 eBay 平台缴纳店铺订阅费，视不同等级而定，年度订阅最低收费标准为每月 4.95 美元，绝大多数店铺等级都有年度订阅和月度订阅两种方式，同一个店铺等级，年度订阅的收费会比月度订阅优惠，但不管是以年度订阅还是以月度订阅方式订阅店铺，卖家都是以月为单位支付费用。具体收费标准如表 7.1.1 所示。

表 7.1.1　eBay 平台不同店铺等级订阅费

类型	初级店铺（Starter）	基础店铺（Basic）	高级店铺（Premium）	超级店铺（Anchor）	企业店铺（Enterprise）
年度订阅	$4.95/月	$21.95/月	$59.95/月	$299.95/月	$2999.95/月
月度订阅	$7.95/月	$27.95/月	$74.95/月	$349.95/月	暂无

（一）ebay 店铺主要结构

一个井然有序的店铺结构，能让客户清晰、快速、准确地了解店铺，给客户一种极其舒适的感觉。eBay 店铺主要由 7 大版块构成，处于店铺最上方的是店招（Billboard），这个区域可以突出店铺的主打概念、产品或针对性的促销优惠活动。店招下方是店铺标志（Logo）和店铺名称（Store Name），如果店铺销售的产品有品牌商标，尽量用商标作为店铺 Logo。再往下可以设置店铺介绍（Store Description），在这里可以发布店铺的服务、产品或活动等信息。图 7.1.7 就是一个销售骑行产品的 eBay 店铺头部展示界面。

图 7.1.7　eBay 店铺头部展示界面

店铺介绍下面可以放置账户中的明星热卖产品。此外，还可以设置店铺分类（Store Category）对店铺中的产品进行分类，使得买家更方便地通过不同分类快速找到所需产品，如图 7.1.8 所示。

（二）eBay 店铺设置

进入 eBay 卖家后台，选择"Account"→"Manage My Store"→"Store Design"选项，找到店铺装修工具，如图 7.1.9 所示。

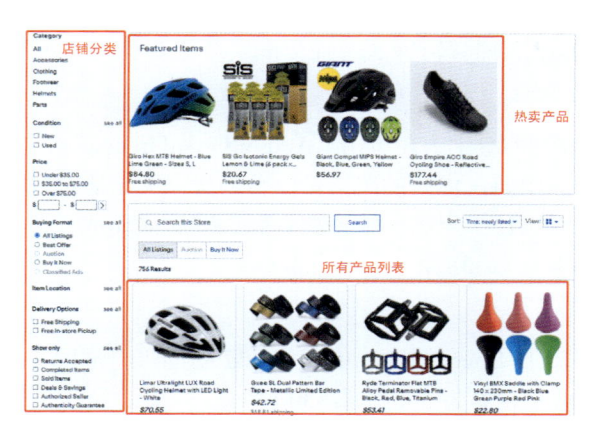

第七章　其他主流跨境电商平台视觉营销

图 7.1.8　eBay 店铺中下方展示界面

图 7.1.9　进入 eBay 店铺装修界面

选择"Edit Store"选项进入店铺编辑界面，如图 7.1.10 所示。

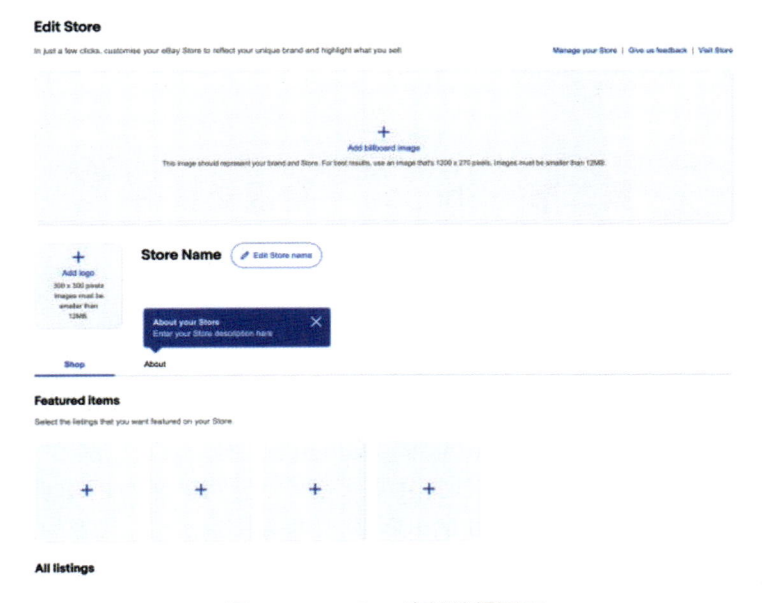

图 7.1.10　eBay 店铺编辑界面

183

接下来详细介绍 eBay 店铺编辑界面的各个模块及主要功能。

1. 店招

在 eBay 店铺编辑界面的最上方，单击"Add billboard image"上的"+"按钮为店铺添加店招图片。店招为店铺的门面，优秀的店招可以帮助卖家突出店铺的主打产品和买家群体，明确消费定位，同时也可以让买家第一眼就能看到店铺的活动或者优惠等信息。店招图片大小不能超过 12MB，宽高为 1200 像素×270 像素。

2. 店铺标志

店招的左下方可以添加 Logo 图片，单击"Add Logo"上的"+"按钮添加图片。Logo 图片大小不能超过 12MB，宽高为 300 像素×300 像素。

3. 店铺名称

店招的正下方可以编辑店铺名称，单击"Edit Store name"按钮即可进行编辑。店铺名称可以和 eBay ID 一致，不能以常用的域名作为结尾，如.decom、.net 等，建议店铺名称使用简洁清晰的字母或单词，不要选择太生僻或不可读的英文名字。

4. 店铺介绍

通过店铺名称下方的"About"模块，可以对店铺做一些概要性的描述，字数控制在 1000 字符以内。

5. 主打产品

店铺名称下方，可以对店铺的主打产品（Featured items）进行设置，单击"+"按钮就可以选择卖家需要推荐的产品。平台规定卖家最多可同时选择店铺中的 4 个产品作为 Feature Listing 进行展示，如果卖家发布的产品少于 30 个，那么该功能不会展现。

6. 所有产品

在店铺设置页面的最后一项可以设置所有产品（All Listings）的显示方式，在展示所有产品模块时，建议卖家尽量用"Gallery"（平铺式）方式来展示所有在线产品，欧美买家比较偏向这种展示方式。

第二节　Shopee 平台视觉营销

一、Shopee 平台概述

Shopee 是东南亚及中国台湾地区的电商平台，也称"虾皮购物"。Shopee 隶属于母公司 Sea Group，2015 年于新加坡成立并设立总部，随后拓展至马来西亚、泰国、中国台湾地区、印度尼西亚、越南、菲律宾、巴西和墨西哥共 9 大市场，近几年 Shopee 作为跨境电商中的一匹黑马迅速崛起，目前是东南亚发展最快的电商平台，也是国货出口东南亚的首选平台。Shopee 拥有广泛的产品种类，从消费类电子产品到家居生活、美妆、母婴、时尚与健身器材等。

Shopee 社群媒体粉丝数量超 3000 万人，拥有 700 万个活跃卖家，App Annie 的统计数据显示，2018 年 Shopee 在全球 C2C 购物类 App 中下载量排名第一；2020 年 Shopee 在东南亚及中国台湾地区购物类 App 中的平均月活跃用户数、安卓月用户使用总时长及总下载量第一。

二、Shopee Listing 图片要求

产品主图是影响 Shopee 平台链接权重的重要因素之一，有视觉冲击力的主图对产品的转化率有非常大的帮助。搜索关键词的时候，买家首先看到的是主图、标题及价格。一张好的主图，能让买家产生强烈的点击购买欲望。

相比亚马逊和速卖通等平台，Shopee 平台对 Listing 的产品图片要求并不是特别高，如图 7.2.1 所示，平台要求每个 Listing 要有三个或更多专业拍摄的详情图；对于每张图片，所售产品图片必须清晰；图片不应反映人或其他物体；成人类别的产品必须符合平台要求。

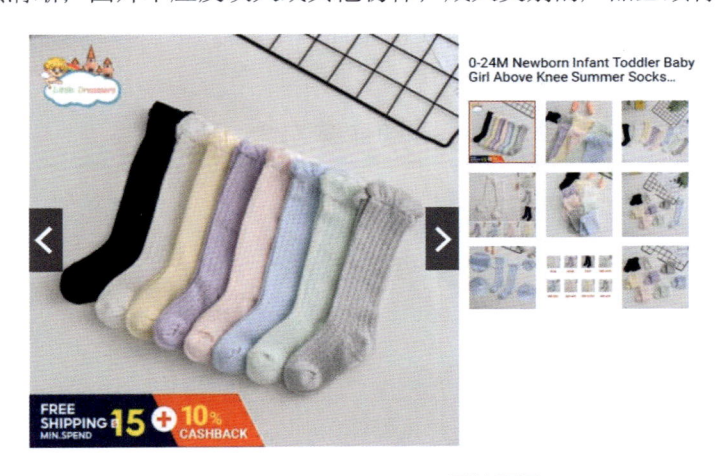

图 7.2.1 Shopee Listing 图片展示

对于其他图片，非封面图片允许使用背景和环境来展示产品的应用场景；每张图片应显示产品的不同角度；产品和道具应填充图片框架的 50%或更多；允许裁剪或特写图像；允许使用模特。

三、Shopee 店铺装修

（一）Shopee 店铺申请

新卖家登录 Shopee 官网并提交入驻申请材料后，在主账号下按照指引填写入驻信息表单。完整提交后即可获得无销售权店铺。系统会根据卖家申请材料，分配中文市场的店铺或英文市场的店铺，这样便于卖家提前熟悉店铺操作。在这期间 Shopee 进行资质审核，审核通过后，店铺的销售权会自动激活，即可正式营业。Shopee 卖家刚开始注册入驻时只能先开一个店铺，一般为马来西亚或者中国台湾站，等到第一个店铺上传达到 200 个产品以上并且开始出单的时候，就可以申请开第二个店铺。

（二）Shopee 店铺装修基本介绍

俗话说"人靠衣装马靠鞍"，好的店铺装修与分类给买家的感觉都是眼前一亮。Shopee 平台都以店铺为单位销售产品，全面且精美的店铺装修会给买家营造良好的第一印象，进而刺激买家进店购物的欲望。对买家来说，设计合理的店铺装修能让买家更容易找到产品，为买家提供更好的用户体验。对卖家来说，好的店铺装修有助于打造独特的店铺品牌，吸引买家增加浏览的次数，提高热销活动的曝光度，最终促进订单销售。Shopee 平台曾将一般店铺和装修过的店铺做过对比，发现装修店铺的转化率比一般店铺要高 3.74%，订单量提高 2.62%，店铺访客 7 日流畅指标提高 2.46%，成交额提高 2.02%。

作为一个崛起不久的电商平台，Shopee 店铺装修还处于起步阶段，目前平台将店铺装修分为活动装修和店铺装修，活动装修只有大促活动的时候才会开放，而店铺装修分为 PC 端店铺装修和 App 端店铺装修，其中 PC 端店铺装修是相对比较完善的，App 端店铺装修是今后的发展趋势，店铺装修分为基础版和进阶版，进阶版的店铺装修组件功能要多于基础版，最终呈现出来的效果也会有所不同，Shopee 不同店铺装修版本功能比较如表 7.2.1 所示。

表 7.2.1　Shopee 不同店铺装修版本功能比较

属　　性		基 础 版	进 阶 版
组件类型	图片	轮播 两张图片 视频	轮播 两张图片 视频 多个可单击区域 单张图片
	产品		产品亮点 产品分类
	类别	图片类别标签	图片类别标签 文件类别标签
必选组件		轮播 产品	—
组件顺序		固定	可以调换顺序
如何添加新组件		单击从组件菜单添加	从组件菜单中拖曳
定制		—	可以隐藏组件标题和下边距

以一个手机店铺为例，如图 7.2.2 所示，左边图片是用基础版店铺装修工具装修的，右边是用进阶版的店铺装修工具装修的，从视觉效果上看，进阶版店铺装修的设计效果对买家更具冲击性，更能激发买家的购买欲望。

（三）Shopee 店铺装修入口

在 Shopee 平台，卖家想要进行店铺装修，应通过访问后台的"卖家中心"，并选择"店铺设置"选项或直接寻找"店铺装修"相关的选项来启动装修流程，从而个性化地设计店面以提升买家的购物体验，如图 7.2.3 所示。

单击"编辑装饰"按钮后进入 PC 端店铺装修界面，在提前准备好图片、视频和文字等素材的情况下，通过拖曳相应的组件就可以完成店铺装修的操作，如图 7.2.4 所示。

第七章 其他主流跨境电商平台视觉营销

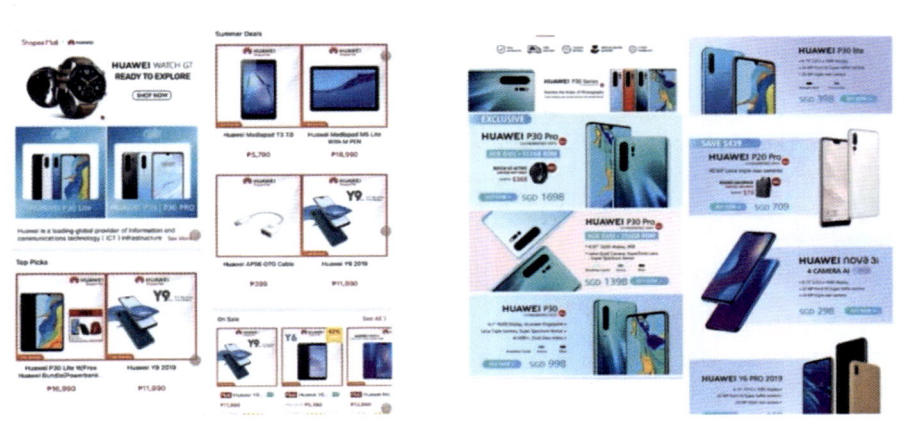

基础版店铺装修　　　　　　　　　　进阶版店铺装修

图 7.2.2　Shopee 不同店铺装修版本效果比较

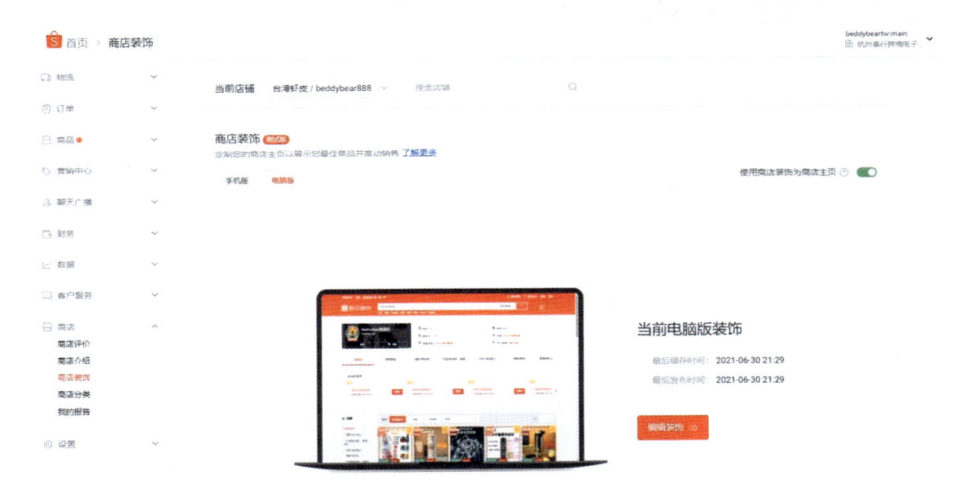

图 7.2.3　Shopee 店铺装修入口

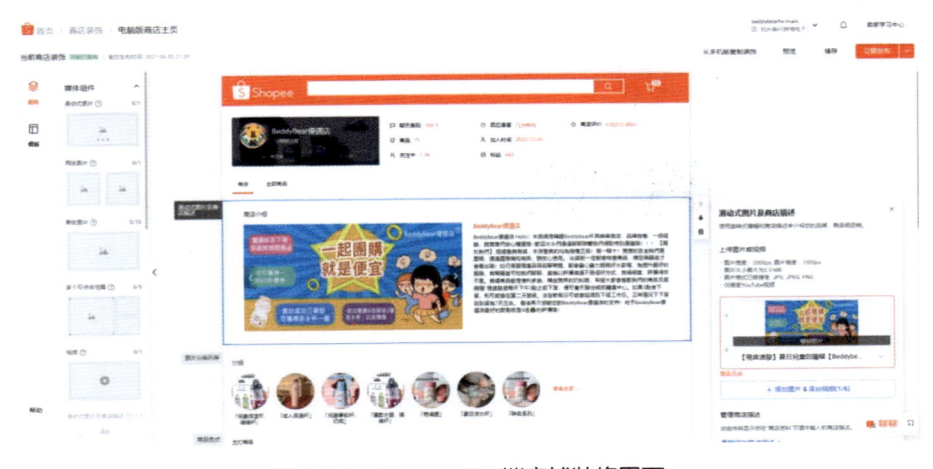

图 7.2.4　Shopee PC 端店铺装修界面

187

(四)Shopee 店铺首页视觉设计

相比国内电商平台，Shopee 店铺结构要简单一些，一般来说，Shopee 店铺首页主要由商店介绍、商店分类、商品亮点等模块构成，接下来将以 Shopee 新加坡站的一个店铺为例，对店铺结构进行介绍。

1. 商店介绍

在店铺首页中，商店介绍是建立第一印象的关键，一个优质的商店介绍可以清楚地传达商家的品牌信息，有助于吸引更多的买家。图 7.2.5 所展示的是 Shopee 新加坡站的一个童装店铺首页的商店介绍，该店铺设置了商店头像、商店封面、商店名称，采用轮播图的形式展现了店铺的核心商品，并对店铺做了简要描述。

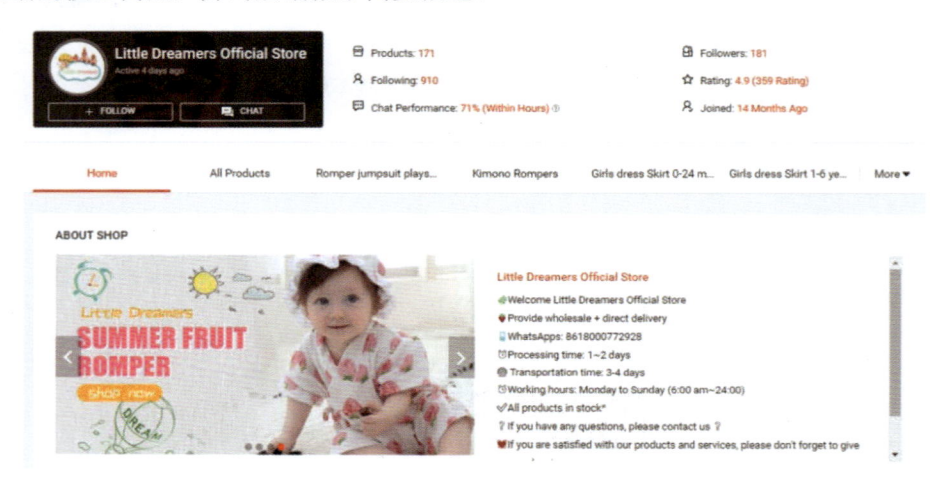

图 7.2.5　Shopee 新加坡站店铺展示

卖家可以在卖家中心"商店"下方的"商店介绍"模块中进行设置。Shopee 中国台湾站商店介绍主界面如图 7.2.6 所示。

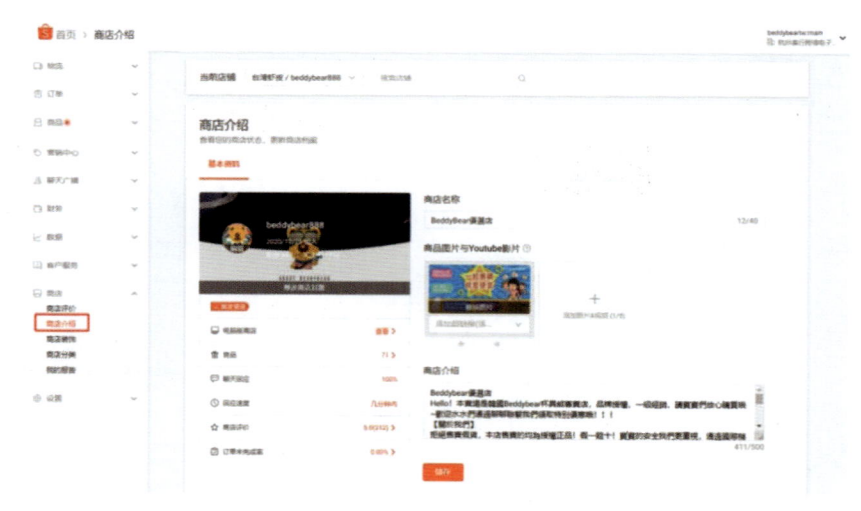

图 7.2.6　Shopee 中国台湾站商店介绍主界面

1)商店头像和商店封面

一家店铺可以设置一个商店头像和商店封面。商店头像一般放置在商店封面的左侧。头像可以选择实体店照片、品牌 Logo、店铺代表性商品图片或图标等形式，要求内容清晰明了，头像图片尺寸建议为 300 像素×300 像素，上传后系统会自动剪切为圆形。

设置商店封面时，尽量使用长宽比为 2:1 的图片，封面图片推荐尺寸为 1200 像素×600 像素，应避免在封面图中包含文字。商店头像和商店封面可以根据需要随时修改。

商店头像和商店封面如图 7.2.7 所示。

图 7.2.7　商店头像和商店封面

2)商店名称

商店名称也就是店铺名称，由于买家按关键词搜索商品时，信息匹配的店铺也会出现在搜索栏下方，因此商店名称会影响店铺的搜索结果，建议使用"品牌名"或"品牌+类目名"的形式命名。专业的商店名称不但可以吸引买家的注意，而且能提升买家对商店的信任度。

商店名称可以使用字母和数字的组合，但不能仅使用数字作为商店名称，不能加入表情符号或特殊字符，商店名称不能超过 40 个字符；商店名称中不能使用 Shopee 品牌和官方等词汇，也不能使用与 Shopee 上现有账户相同的名称，更不能使用低俗、违禁、攻击性或敏感的词语；如果是品牌所有者，可以使用商标或品牌名称，但需要提供证明文件。没有自主品牌或者无品牌授权的店铺尽量避免在商品名称中使用品牌名称或商标，不能在商店名称中加入个人信息(如地址或联系方式)、促销内容(如折扣或免运费)和外部网站或平台的链接。要特别注意的是，商品名称不能频繁修改，修改完成后，需至少等待 30 天才能再次更改。

商店名称设置界面如图 7.2.8 所示。

图 7.2.8　商店名称设置界面

3)商品图片与 YouTube 影片、商店介绍

在"商品图片与 YouTube 影片"设置界面，卖家最多可以上传 5 张轮播图或者以视频的形式进行展示，如图 7.2.9 所示。

商品轮播图推荐尺寸为 1200 像素×600 像素，如图 7.2.10 所示，卖家可以单击"添加图片&视频"按钮，上传图片或者添加 YouTube 视频网址，上传成功的图片或者视频将同时展示在 App 端和 PC 端的商店页面中。

图 7.2.9　商品图片与 YouTube 影片和商店介绍展示

图 7.2.10　"商品图片与 YouTube 影片"设置界面

商店介绍可以结合店铺定位、店铺概况、优惠活动和买家常见问题等方面对店铺做简要宣传，如果是新店铺可以重点突出"新店开张，关注店铺即享大优惠"等内容。

完成以上设置后，单击"保存"按钮即可完成商品介绍的设置。

2. 商店分类

商店介绍下方就是商店分类，卖家可以按商品类别进行分类，试想一下，如果一个店铺上传了很多商品，种类也很多，最后连卖家自己都很难在店铺里找到售卖商品，那是一个多么尴尬的局面。消费心理学指出，买家若无法迅速在店铺中定位心仪商品，买家很可能会立即流失。因此，精心优化商品分类体系，确保高效导航，对于留住买家及提升购物体验至关重要。

进行商店分类时，要尽量凸显店铺风格，如图 7.2.11 所示，可以把新品专区、活动专区、热卖专区等放在最上面，同时标题要醒目，建议多用小图标美化标题。此外，低价格往往是最能吸引买家的，对于有一定基础的老店铺，可以将近期反季清仓的商品拿出来做一个专区，做超低折扣也能吸引更多买家回粉。对于新店铺，一个低价引流的粉丝专区，有助于初步的销售，也能起到快速吸粉的效果。

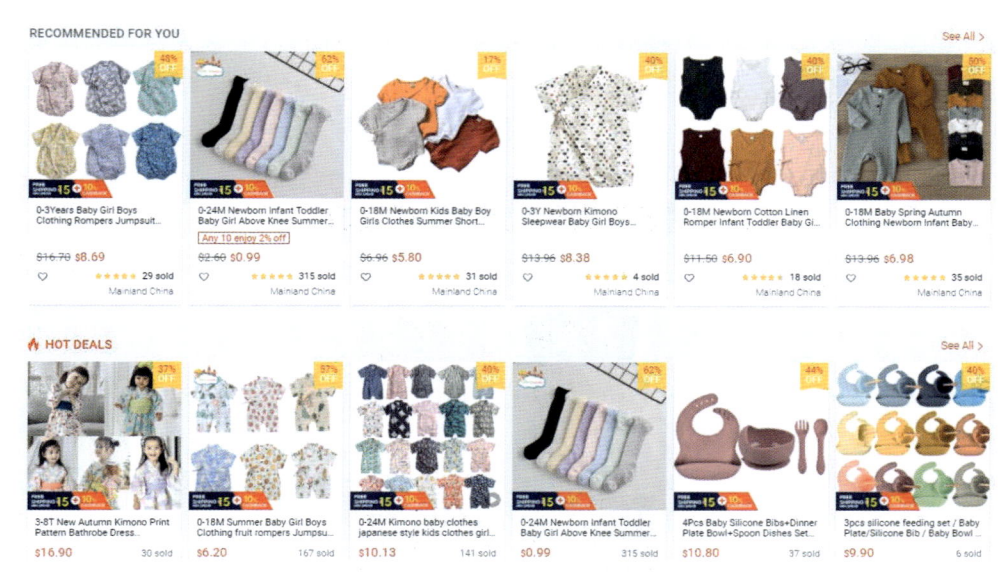

第七章　其他主流跨境电商平台视觉营销

图 7.2.11　商店分类展示

此外，也可以将商品按照类别进行分类，在店铺首页设置一个类目入口，如图 7.2.12 所示，方便买家快速找到感兴趣的类目。

图 7.2.12　类目入口展示

第三节　Wish 平台视觉营销

一、Wish 平台概述

　　Wish 由来自 Google 和雅虎的工程师 Peter Szulczewsk（彼得·舒尔泽斯基）和 Danny Zhang（张晟）于 2011 年在美国创立，Wish 是欧美领先的移动商务平台，致力于为全球数十亿名消费者带来经济有趣的移动购物体验，2013 年 Wish 成功转型跨境电商，旗下除了 Wish，还有 Mama、Home、Geek 和 Cute 等移动购物平台，已成为北美最大的移动电商平台。

　　Wish 平台作为 App 端的代表，近几年有着极其良好的市场表现，截至 2021 年 8 月，Wish 平台有 3 亿多个移动用户，覆盖全球 100 多个国家和地区，日均活跃用户超过 1000 万个，目前有 50 万个注册商户在 Wish 平台上开店。Wish 擅长用户数据的深度挖掘，采用数据算法进行产品推荐，紧密结合用户特征进行精准营销。

在 Wish 平台上，用户在浏览到喜欢的产品图片后，可以直接在站内实现购买，Wish 买家端页面如图 7.3.1 所示。Wish 淡化了品类的浏览和搜索，专注于关联推荐。Wish 会随时跟踪用户的浏览轨迹及使用习惯，以了解用户的偏好，进而再推荐相应的产品给用户。

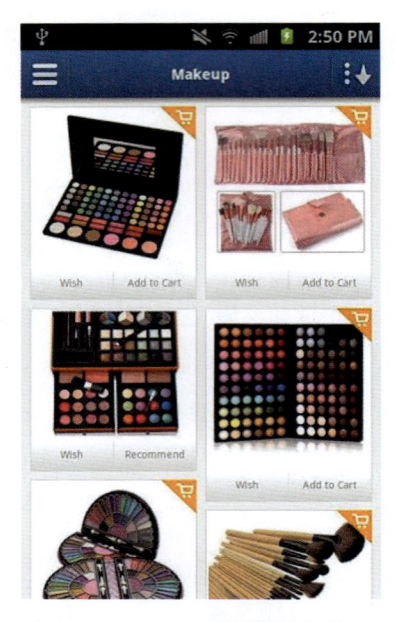

图 7.3.1　Wish 买家端页面展示

二、Wish Listing 图片要求

（一）产品图片的要求

Wish 平台对产品图片的要求和亚马逊基本相同，要求每个产品都必须上传 1 张或者多张清晰直观的产品图片，产品图片也分为主图和辅图，如图 7.3.2 所示，产品图片尺寸建议为 800 像素×800 像素或者更高，推荐图片用 jpeg 格式。

图 7.3.2　Wish 平台上传图片界面

主图的背景最好是纯白色的，主图中的产品建议占据图片大约 85%的空间且产品必须在图片中清晰可见；主图不能是绘图或者插图，不能包含实际不在订单内的配件和道具；不能带 Logo 和水印（产品本身的 Logo 是允许的）；如果有模特，必须是真人模特并且是站立姿势的。

产品辅图应该对产品做一个不同侧面的展示，或对在主图中没凸显的产品特性做补充，Wish Listing 中卖家最多可以添加 8 张辅图；辅图的背景最好也是纯白色的，但不做强制要求，不能带 Logo 和水印（产品本身的 Logo 是允许的）。

(二)产品图片优化

由于 Wish 的主要业务来自 App 端，因此图片的画质就显得极其重要，在很大程度上决定了卖家的流量，接下来介绍几个产品图片优化的建议。

1. 注意首图选择

首图最基本的要求就是要能在 App 端用最佳的比例来展示产品和清晰地表达产品特点，不同类目的产品可以选择不同的呈现方式。对于本身体积较小的产品（如电话手表），如图 7.3.3 所示，可以拍摄单款大图，以便更好地突出产品细节。

图 7.3.3　首图展示

服装类的产品直接用模特图展示实际的穿戴效果，色彩丰富的产品可以采用拼图展示，如图 7.3.4 所示。另外，也可以用"模特+产品"的形式，这样可以很好地展示穿戴效果，又给买家提供了多样的选择。图 7.3.5 销售的是一款蝴蝶翅膀玩具，卖家通过"模特+产品"的形式，通过小孩模特天真无邪的笑，营造了一种"每个戴上蝴蝶翅膀的孩子都是天使"的感觉，这样的图片给了买家一种很强烈的代入感，非常有效地刺激了作为家长的买家为自己的孩子购买一双"翅膀"的欲望。

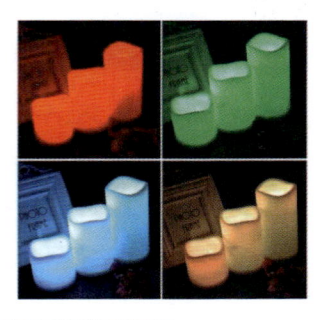

图 7.3.4　模特图展示和拼图展示

图 7.3.5 "模特+产品"形式的效果展示

2. 突出产品功能

通过图片呈现产品时一定要突出产品的功能。以家具产品为例,应致力于展示产品在家装环境中的整体搭配效果,让买家直观感受产品融入居家空间的实际观感,如图 7.3.6 所示。如果这个效果正好满足某些买家的要求,可以直接提升转化率。

图 7.3.6 突出产品(沙发)功能效果展示

美妆类的产品要突出使用效果,配饰类的产品则要突出穿戴效果。图 7.3.7 是一张销售手链配饰的主图,该图片通过突出的手链再搭配模特的表情,不禁让人产生购买的冲动。

图 7.3.7 突出产品(配饰)功能效果展示

三、Wish 店铺

Wish 平台卖家以店铺为单位销售产品,一个 Wish 账号对应一个店铺,没有店铺装修的入口,但 Wish 平台会把排名靠前的店铺分为铂金、黄金、白银和活跃 4 种类型,店铺排名等级是根据产品评分、退款率、物流妥投表现等用户体验和政策合规方面的表现进行定期评估的。

本章习题

项目实训

实训目标：熟悉 eBay Listing 图片设计的基本要求；熟悉 Shopee Listing 图片设计的基本要求；熟悉 Wish Listing 图片设计的基本要求；熟练掌握 eBay Listing、Shopee Listing 和 Wish Listing 图片设计的基本思路和方法。

实训要求：分析不同平台 Listing 视觉营销对销量的影响。

实训思路：以小组为单位，选定一个类目，分别在 eBay、Shopee 或 Wish 平台选定一个 Listing 并进行查看，判断其图片是否符合平台要求，分析其 Listing 图片的优点和不足，然后结合销量分析视觉营销对其 Listing 销售的影响。

拓 展 篇

- 第八章　短视频视觉营销
- 第九章　独立站视觉营销
- 第十章　人工智能与跨境电商视觉营销

第八章 短视频视觉营销

结构导图

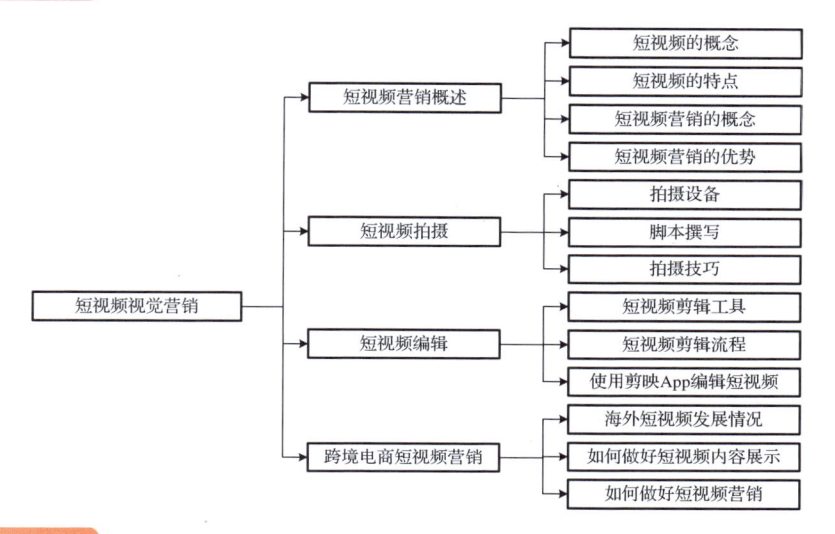

```
                    ┌─ 短视频营销概述 ─┬─ 短视频的概念
                    │                  ├─ 短视频的特点
                    │                  ├─ 短视频营销的概念
                    │                  └─ 短视频营销的优势
                    │
                    ├─ 短视频拍摄 ─────┬─ 拍摄设备
                    │                  ├─ 脚本撰写
短视频视觉营销 ─────┤                  └─ 拍摄技巧
                    │
                    ├─ 短视频编辑 ─────┬─ 短视频剪辑工具
                    │                  ├─ 短视频剪辑流程
                    │                  └─ 使用剪映App编辑短视频
                    │
                    └─ 跨境电商短视频营销 ─┬─ 海外短视频发展情况
                                           ├─ 如何做好短视频内容展示
                                           └─ 如何做好短视频营销
```

学习目标

1. 知识目标

- 理解短视频的概念与特点。
- 理解短视频营销的概念与优势。
- 了解短视频拍摄需要的设备。
- 了解短视频编辑的常用工具与常规剪辑流程。
- 了解海外短视频发展趋势。

2. 能力目标

- 能撰写短视频分镜头脚本。
- 能运用景别、运镜、构图等拍摄短视频。
- 掌握运用常用的剪辑软件编辑短视频。
- 学会使用短视频开展跨境营销。

3. 价值目标

- 培养良好的审美情趣。

- 塑造乐于探索、勇于实践的品格。
- 具备国际视野及团队合作精神。

案例导入

在短视频平台上，人人都是记录者。通过短视频即可领略山川河海、各地美食、各类产品，甚至个人风采……在大数据时代，谁也不知道下一秒火的会是什么。这种未知但又充满希冀的感觉，令人着迷。

短视频变现的广阔机遇犹如磁石，强烈吸引着众多商家纷至沓来，探寻其中蕴藏的无限商机。近期，一款迪斯科风格的旋转灯球在 TikTok 平台上掀起一股怀旧热潮，其火爆现象深刻反映出随着全球疫情缓解，海外居家生活模式下消费者对于不定期释放压力和寻找乐趣的迫切需求。一款无须加热的自动卷发神器通过短视频带货脱颖而出，仅需简便的操作——佩戴卷发器入睡，次日即可轻松拥有迷人的波浪卷发，这样一款简化美容流程的小工具，在短视频平台上收获了惊人的百万乃至千万播放量，彰显了短视频营销的巨大潜力和影响力。

诸如此类，通过短视频平台爆火的产品还有很多，这背后是无数消费者、商家、产品等多方共同作用下的成果。近两年，通过 TikTok 这类短视频平台爆火的产品不胜枚举。

当前，以短视频为载体的社交电商正处于风口上，也是不少跨境电商卖家正在尝试的新赛道，或许也会有不少卖家将借助新赛道实现新的突破。

（文/雨果跨境 呢喃）节选

第一节 短视频营销概述

随着短视频的兴起和火爆，短视频成为了众多商家青睐的营销工具。除了消遣娱乐、知识传播、满足社交需求，短视频还在产品的宣传、推广、营销等方面具有其他载体所不具备的优势。

一、短视频的概念

短视频，顾名思义，就是录制时间比较短的视频，是继文字、图片、传统视频之后兴起的新型互联网内容传播方式。它融合了文字、语音和视频，是更能给人带来直观感受的一种表达形式。通常来说，短视频时长保持在 5 分钟以内，整个视频内容节奏比较快，内容充实而紧凑，比较适用于碎片化消费方式。

与电视视频相比，短视频主要通过网络平台进行传播，其内容格式多种多样，包括 MPG、AVI、RMVB、MP4、WMV、MOV 等，要特别注意的是，GIF 动画不属于短视频，主要原因是它没有声音，而声音是短视频必不可少的元素。

二、短视频的特点

（一）时长短，内容丰富

短视频时长一般控制在 15 秒至 5 分钟，因为时间有限，就需要花费更多的心思创作，尤其注重在前几秒能吸引住用户。

虽然视频短小，但内容涵盖范围广，题材多样，通常包括才艺展示、情景短剧、技术或干货分享、反差式表达、亲子互动、宠物日常等内容，娱乐性较强，能带给用户更好的视听体验。

（二）门槛低，制作简单

在短视频诞生之前，大家普遍认为制作视频需要专业团队，门槛极高。随着短视频的兴起，人们惊奇地发现，可以通过手机自行拍摄、制作、上传和分享短视频，收获流量，获得关注。

目前主流的短视频 App 中，大多具有添加字幕、音乐、滤镜和特效等功能，简单易学，于是创作者大量增加，制作短视频的兴趣被充分调动起来。

（三）有创意，极具个性化

在快节奏的生活方式下，大多数人获取日常信息时习惯追求"短、平、快"的消费方式。短视频传播信息时往往要求观点鲜明、内容集中、言简意赅，这样容易被用户理解与接受。

同时，由于目前短视频创作百花齐放，如果想脱颖而出，还需要大量的想法和极具个性化的创意，因此，短视频创作者务努力通过个性化的内容和比较有创意的制作、剪辑手法吸引用户关注，或制作出精美震撼的效果，或加入幽默元素，或进行解说和评论，让短视频充满个性和创意。

（四）传播快，交互性更强

由于短视频的制作门槛低，发布渠道多样，促使用户能够便捷地在各大平台上分享自制视频。丰富的传播渠道和方式使短视频传播的力度更大、范围更广，因此短视频的播放量往往比长视频大很多。

另外，在各大短视频 App 中，用户可以对视频进行点赞、评论，还可以给视频发布者私信，视频发布者也可以对评论进行回复，交互性强，容易促成裂变式传播。

（五）目标精准，触发营销效应

与其他营销渠道相比，短视频营销展现出卓越的目标精准度，它能在浩瀚的互联网用户群体中，通过先进的算法技术，高效识别并锁定特定的目标受众。这得益于平台对用户行为、兴趣偏好、观看历史等多维度数据的深度分析，使得营销信息能够如同定制般推送到潜在用户面前，极大提高了信息的相关性和接受度。

不仅如此，短视频平台还充分利用其商业生态优势，直接在短视频界面嵌入商品链接、购买按钮等，观众在被内容吸引的同时，可以一键完成从兴趣到购买的转化，大大缩短了营销路径，提升了转化效率。

三、短视频营销的概念

短视频制作简单，传播速度快，因此成为众多商家青睐的营销工具。短视频营销是内容营销的一种，主要借助短视频，通过选择目标受众人群，并向他们传播有价值的内容，是吸引用户了解企业品牌、产品和服务，最终形成交易的营销方式。

短视频营销以互联网为重要载体，以短视频为基本工具，内容丰富，无所不包，其主要目的是变现盈利。

四、短视频营销的优势

（一）营销受众大，成本低

短视频行业蓬勃发展，其用户规模更是呈现爆发式的增长态势，中国互联网络信息中心（CNNIC）发布的第 52 次《中国互联网络发展状况统计报告》显示，截至 2023 年 6 月，我国网民规模达 10.79 亿人，较 2022 年 12 月增长 1109 万人，互联网普及率达 76.4%。其中，我国网络视频用户规模达到 10.44 亿人，而短视频用户规模为 10.26 亿人，占整体网民人数的 95%，如图 8.1.1 所示。

作为国际版抖音的 TikTok 在海外增长迅猛，多次成为 App Store 及 Google Play 的下载榜首，YouTube 推出了 YouTube Shorts 短视频服务，亚马逊也积极开发更多视频功能。大家熟知的李子柒于 2020 年 4 月 29 日在 YouTube 上的粉丝突破了 1000 万人，成为首个在该平台粉丝破千万的中文创作者。李子柒通过短视频传播美食与传统文化，目前累计全球粉丝过亿。她的每一个视频，播放量几乎都在 500 万次以上，其中播放量最多的是 2019 年春节发布的年货零食合集，单个视频观看量达 5200 多万次。

与传统的广告营销少则几百万元，多则几千万元的资金投入相比，短视频在制作、传播、维护等方面的成本更具竞争力。简单的团队加上好的创意，就可以制作出用户喜爱的短视频作品，从而吸引流量。

图 8.1.1　网民规模及互联网普及率

（二）传播速度快，互动好

短视频营销还拥有传播速度快的优势，因为短视频营销本身就属于网络营销，所以短视频能够迅速地在网络上传播开来，再加上其时间短，适合当下快节奏的生活，因此更能赢得广大用户的青睐和欢迎。

同时，几乎所有的短视频平台都支持单向、双向甚至多向的互动交流。通过与用户的互动交流，短视频可以更好地帮助企业获得用户反馈，从而更有针对性地改进自身。从用户方面来说，用户可以通过与企业发布的短视频进行互动，表达意见和建议。良好的互动性不仅能使短视频快速传播，还能使企业的营销效果实现有效提升。

(三)营销指向强，效果好

短视频可以精准地找到企业的目标用户群，从而达到精准营销的目的，其原因在于：一是通过大数据分析能准确找到产品目标受众；二是短视频平台通常都会设置搜索框，对搜索引擎进行优化。此外，短视频的App或网站还会为拥有相同兴趣爱好的短视频用户提供社区、空间或群组，这也是短视频在营销上的又一优势所在。

在传统的电视广告下，消费者不容易产生购买行为的一大原因是：电视广告没有相关的产品链接，购买不便捷。而短视频营销效果比较显著，一是因为短视频集图片、文字和声音于一体，使得视频内容变得更加生动、立体，给人以身临其境的真实感受，二是因为短视频可与电商、直播等平台结合，实现"一键购买"。

(四)存活时间久，结果可衡量

在传统的电视广告下，如果企业想持续向大众展示产品，就需要持续投入资金。一旦企业停止付费，其电视广告就会遭到停播。而短视频不会因为费用问题而停止传播，因此"存活"时间更久。

由于短视频营销属于网络营销，因此可对短视频的传播和营销效果进行数据分析。大致可分为以下几个方面：其一是点击次数与浏览量，其二是转载次数与粉丝数量，其三是评论人数及互动效果。不管是社交平台的短视频，还是垂直内容的短视频，都会展示播放量、评论量等营销效果。

第二节　短视频拍摄

新手刚入行短视频行业时，往往会面临以下几个问题，需要准备哪些拍摄设备，如何布光，如何让录制的声音更好听，脚本应该如何撰写，需要掌握哪些拍摄技巧等。

一、拍摄设备

(一)拍摄器材

很多新手在着手拍摄短视频时，总觉得应该选择单反相机或摄像机才能做出好的视频作品。其实不然，对于新手来说，很多的拍摄技巧、景别运用、镜头角度切换并不是很娴熟，因此，刚开始做短视频时建议选择手机。一方面，目前智能手机的拍摄效果总体不错，同时，目前有很多视频剪辑App，能帮助用户将手机拍摄的视频直接快速导入，并进行剪辑、添加转场、加字幕、配背景音乐，一气呵成，非常方便；另一方面，用户可以直接用手机上传拍摄好的视频，在各大短视频平台上发布。

对于视频画质要求较高的人来说，建议使用单反相机拍摄，单反相机拍摄视频是近年来比较流行的一种视频拍摄方式，主要原因在于，与手机相比，其画质更清晰，与摄像机相比更轻便。

对于拍摄时长要求较高的人来说,建议入手业务级摄像机,业务级摄像机常见于新闻采访或会议、活动录制,其电池蓄电量大,可长时间使用,并且自身散热能力强,同时,业务级摄像机具有独立的光圈、快门及白平衡等设置,拍摄方便,但业务级摄像机体型大,拍摄者很难长时间手持或者肩扛。

以上三类拍摄器材的比较如表 8.2.1 所示。

表 8.2.1 三类拍摄器材的比较

种 类	优 点	缺 点
手机	方便携带,价格实惠,操作简单	像素低,容易出现噪点
单反相机	拍摄画质好,手控调节力强,镜头多	价格贵,拍摄时间短
业务级摄像机	电池蓄电量大,可长时间使用	体型大

(二)音频器材

除了拍摄器材,还需要考虑的是音频器材。如果一个短视频画面清晰度高,取景角度很有创意,但是声音断断续续或者不清楚,用户显然是不愿意往下看的,所以一个成功的短视频,有一半原因源于其声音,而声音品质的好坏在很大程度上取决于所选择的麦克风,也就是人们常说的收音器材。

对于刚入门的新手来说,可以采用自带收音功能的拍摄器材,因为无论是手机、单反相机还是业务级摄像机,机身都会自带录音孔,录制效果与我们人耳日常接触到的信息差不多。

对于声音有一定要求的,可以选择普通款的收音设备,如无线领夹麦克风(见图 8.2.1)。此类设备体积小,质量轻,使用简单,传输距离较长,音质比拍摄器材好,这种麦克风是微电影、小型电影和 Vlog 拍摄的便携收音利器。

(三)灯光设备

摄影是光影的艺术,灯光造就了影像画面的立体感,是拍摄最基本的要素。相对于电影复杂的灯光布置来说,大部分短视频拍摄要求不高,三灯布光法即可满足基本的拍摄需求,包括主灯、辅灯和轮廓灯,如图 8.2.2 所示。

图 8.2.1 无线领夹麦克风 图 8.2.2 三灯布光法

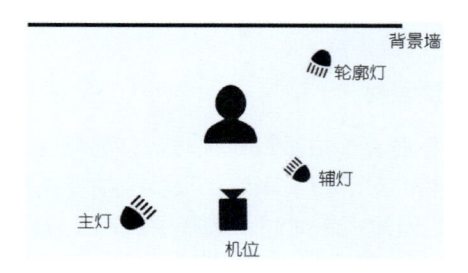

主灯是一个场景中最基本的光源,能将主体最亮的部位或轮廓打亮,通常放在主体的侧前方,在主体与摄像机之间 45°～90°的范围。

辅灯作为补光,亮度比主光小,通常放在主光相反的位置,对未被主光覆盖的主体暗部进行补光提亮。

轮廓灯也称发光灯，本质就是修饰，用于打亮人体的头发和肩膀等轮廓，增强画面的层次感和纵深感，轮廓灯的位置大致在拍摄主体后侧，和主光相对的地方。

（四）其他设备

其他设备包括三脚架、静物台、滑轨等。

三脚架具有稳定防抖的功能，保证画面的稳定输出，拍摄多个镜头时更离不开三脚架，三脚架如图 8.2.3 所示，选购三脚架需注意其稳定性和便携性。静物台在第三章有详细说明，拍摄短视频时可用桌子、椅子、凳子、茶几和纸箱等替代。滑轨可实现动态的视频效果，前滑会有一种慢慢走进的讲述感，后滑会有一种娓娓道来舒展情绪的讲述感，滑轨如图 8.2.4 所示。

图 8.2.3　三脚架 　　　　　　　　图 8.2.4　滑轨

二、脚本撰写

（一）脚本的重要性

短视频脚本是短视频创作的关键，是拍摄短视频的依据，是短视频的拍摄大纲与要点，用于指导整个短视频的拍摄方向与后期剪辑，具有统领全局的作用。

短视频脚本最大的作用是提前统筹安排好每一个人每一步要做的事情。一切参与视频拍摄、剪辑的人员，包括演员的一切行为和动作都服从于脚本。什么时间、什么地点、画面中出现什么，镜头应该怎么运用，景别是什么样的，准备什么服装道具，都依据脚本进行创作。

如果没有脚本作为视频拍摄、剪辑的依据，就会出现拍着拍着，突然发现场景不对的情形；也会出现道具不齐全，演员不知道怎么演的情况；拍完之后，剪辑师不知道依据什么思路去剪辑等状况。

因此，短视频脚本可以有效提高短视频的拍摄效率与拍摄质量。

（二）脚本的前期准备

在编写短视频脚本前，需要确定好短视频的整体内容思路和流程。主要包括以下几个方面。

1. 定位主题

短视频拍摄的第一步就是找准定位，也就是明确体现出短视频想要表达的主题，如美食制作、服装穿搭或小剧情。有中心思想的短视频，才有其独特的灵魂，如果在拍摄之前不明确拍摄主题，那后面的所有努力都将白费。

2. 拍摄时间与地点

提前确定拍摄时间与地点，有两个目的：一是便于与演员、工作人员约定时间，不然会影响拍摄进度；二是便于做成可落地的拍摄方案，不会产生拖拉进度等问题。

3. 背景音乐

背景音乐是一个短视频拍摄必要的构成部分，配合场景选择合适的音乐非常关键。例如，拍摄流行风往往选择嘻哈快节奏的音乐，拍摄中国风则要选择节奏偏慢的唯美音乐，拍摄运动风就要选择动感十足的音乐，拍摄育儿风建议选择轻音乐或暖音乐。

（三）脚本要素

(1) 镜头景别。拍摄短视频时，要合理使用远景、全景、中景、近景、特写等景别。

(2) 内容。内容编排涉及将创作主旨融入多样场景中，确保每个镜头能精准传达信息要点，从而系统地构建起连贯且引人入胜的视觉叙事。

(3) 台词。台词是为了镜头表达准备的，起到画龙点睛的作用，一分钟的短视频尽量不要超过180个字，否则用户听起来会特别累。

(4) 时长。时长指的是单个镜头的时长，需要提前标注清楚，方便在后期剪辑时找到重点，提高剪辑效率。

(5) 运镜。运镜指的就是镜头的运动方式，包括前推后拉、环绕运镜、低角度运镜等。

(6) 道具。可选择的道具种类很多，但要注意的是，道具起到辅助作用，帮助短视频传达内容，不要画蛇添足，别让道具抢了主体风采。

（四）脚本撰写

脚本撰写大致可分为两类：拍摄提纲与分镜头脚本。

拍摄提纲是指短视频的拍摄要点，只对拍摄内容起到提示作用，适用于一些不易掌握和预测的拍摄内容。

分镜头脚本内容全面、细致，既是前期拍摄的依据，也是后期制作的依据，还可以作为视频长度和经费预算的参考依据。

分镜头脚本主要包括镜号、拍摄地点、画面内容、景别、拍摄方法、时长、技巧、声音、拍摄意图、背景音乐、台词等内容，具体内容要根据情节而定。分镜头脚本在一定程度上已经是"可视化"影像了，可以帮助制作团队最大限度地还原创作者的初衷，因此分镜头脚本适用于故事性较强的短视频。下面具体展示 TOMIC 旅行马克杯短视频的分镜头脚本，如表 8.2.2 所示，短视频呈现效果可扫描右边的二维码观看。

表 8.2.2 TOMIC 旅行马克杯短视频的分镜头脚本（部分片段）

镜号	拍摄地点	画面内容	景别	拍摄方法	时长	技巧	声音	拍摄意图
1	森林	清晨的山脉	远景	固定机位、固定镜头	2s	硬切	舒缓背景音乐+解说	表达大自然原本平衡的状态
2	森林	在阳光照射下的树林、花朵	近景特写	移镜头、摇镜头	4s	硬切	舒缓背景音乐+解说	
3	森林	小溪中废弃的饮料瓶，路边一次性塑料杯，枝头上一次性杯子	近景、特写	移镜头、摇镜头	7s	硬切	舒缓背景音乐+解说	表达人们使用塑料制品后打破了自然的平衡
4	森林	背包客（主人公）在森林里行走，拿起相机拍摄风景	中景、近景	跟镜头、固定镜头	3s	硬切	舒缓背景音乐+解说	引入保护环境的产品主题
5	森林	主人公取出保温杯，用手按下杯盖，并举起杯子喝水	特写	固定镜头、移镜头	10s	硬切	舒缓背景音乐+解说	
6	摄影棚	展示3种颜色的杯子	特写	移镜头	1s	黑场淡入	欢快背景音乐+解说	多角度、全方位介绍TOMIC旅行马克杯
7	摄影棚	从杯子的底部到杯盖全面展示杯子样式	中景、特写	移镜头（从下往上移）	3s	硬切	欢快背景音乐+解说	
8	摄影棚	并列展示6种颜色的杯子	全景	固定镜头	1s	硬切	欢快背景音乐+解说	
9	森林	阳光照射下的杯子	全景	摇镜头	3s	硬切	欢快背景音乐+解说	
10	森林	从双肩包中取出杯子	特写	固定镜头	2s	硬切	欢快背景音乐+解说	
11	森林	主人公拿起杯子喝水	特写	固定镜头	3s	硬切	欢快背景音乐+解说	

三、拍摄技巧

在短视频拍摄过程中要特别注意景别、运镜、构图技巧的运用。

（一）景别

景别是指被摄主体在画面中呈现的范围，由于摄像机与拍摄主体距离不同，在相机中所呈现的大小也不同，不同的拍摄距离所产生的画面效果称为景别。它与景深是两个不同的概念，景深是指在画面上获得相对清晰影像的主体空间深度范围。

认识景别有助于摄像师在拍摄时进行画面构图，一般将景别分为5种，由远至近分别为远景（被拍摄主体所处的环境）、全景（人体的全部和周围背景）、中景（人体膝部以上）、近景（人体胸部以上）和特写（人体肩部以上），如图8.2.5所示。

不同的景别所呈现的画面效果与表达的情绪有所

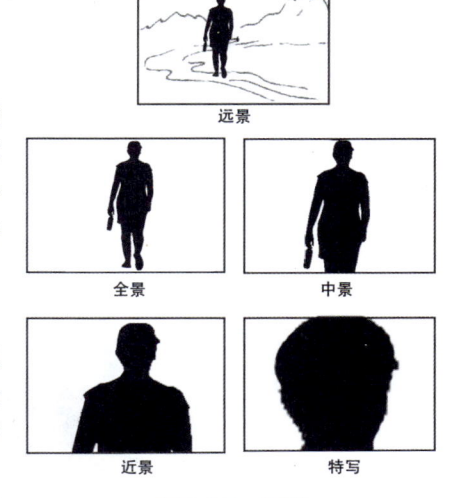

图 8.2.5 景别

不同，因此可交错融合各种景别，来表达在不同场景中的人物感情及情境氛围。下面以宠物狗背带（dog harness）的短视频拍摄和制作为例进行具体分析，短视频呈现效果可扫描右边的二维码观看。

特写是指人体肩部以上部分，或其他被摄对象的局部。拍摄人物视频时用特写镜头，一般用来展现人物面部细微的表情，描绘人物的内心活动；拍摄产品时用特写镜头，主要用来清晰地展现产品细节，包括设计、材料和做工，给人以强烈的视觉感受，如图 8.2.6 所示。

图 8.2.6　宠物狗背带产品特写

近景通常用于展示一个物体的局部。在本案例中，通过近景拍摄，摒除四周分散注意力的景物，让观者的视线尽量集中在宠物狗和背带上面，以此表现宠物狗穿上背带之后的效果，同时也表现出宠物狗舒适的状态，如图 8.2.7 所示。

图 8.2.7　近景图片

全景所展现的范围较大，全景拍摄时，画面中往往包含主体与景的全貌。本案例中的全景画面主要用于阐述宠物狗、背带与环境之间的联系，在阐述宠物狗与环境的关系上，全景起到独特的作用，用远山、湖边的环境衬托宠物狗穿着背带悠闲的感觉，如图 8.2.8 所示。

图 8.2.8　全景图片

(二)运镜

运镜指镜头运动,即通过机位、焦距和光轴的变化,在不中断拍摄的情况下形成视角、场景空间、画面构图、表现对象的变化。在短视频拍摄过程中,通过不同的运镜手法拍摄不同的画面是短视频拍摄的必备技能。

运镜方式通常包括推镜头、拉镜头、摇镜头、移镜头、跟镜头、升降镜头和综合运动镜头等,运镜使画面变化感十足,并进行全景、中景、近景、特写来实现整个画面的切换。

短视频拍摄中,推镜头、拉镜头和移镜头较为常见,下面以这几种运镜方式来说明运镜的作用。

推镜头是指在被摄主体位置不变的情况下,摄像机向前缓缓移动或急速推进,从而靠近被摄主体。随着摄像机的前推,画面经历了远景、全景、中景、近景、特写的过程。推镜头的主要作用是突出被摄主体,使观众的视觉注意力相对集中,视觉感受得到加强。它符合观众在实际生活中由远及近、从整体到局部、由全貌到细节观察事物的过程。

拉镜头与推镜头的方向相反,通过摄像机渐渐远离拍摄主体,或变动镜头焦距,将画面框架从近到远拉开,与主体产生距离。短视频拍摄过程中使用拉镜头,由近到远,通过不断放大主体身边的环境,更有利于展现主体和环境的关系。

移镜头是指摄像机沿水平面进行各个方向的移动拍摄。移镜头类似生活中人们边走边看的状态,在这种情况下,变化的总是被摄主体的背景。不管被摄主体是固定不动的还是处于运动之中的,因为镜头的移动,被摄主体的背景在连续的转换中总是变化的。移镜头的一个独特特点是画面框架始终处于运动之中,这种运镜手法有助于调动观众的视觉感受,如人群在大街上行走或骑车,移镜头则让人代入生活中的这种场景,有身临其境的感觉。

一个合格的短视频摄像师,需要掌握全面的景别与运镜手法。

(三)构图

在摄影和平面设计中最讲究的是构图,在短视频拍摄时,构图同样十分重要。构成视频画面的基本要素包括被摄主体、陪体和环境。通过构图突出作品主体,主次分明,画面简洁明晰,让人看起来赏心悦目。构图是一项富有创造性的工作,好的构图能让视频画面更富表现力和艺术感染力,其根本目的是使视频的主题和内容获得尽可能完美的形象结构和画面效果。

在短视频拍摄构图过程中,既要遵循一定的原则,又要根据被摄主体及自身想要表达的情感,采取不同的构图方式,这样才能拍摄出优质的作品。视频画面构图的基本要求如下。

1. 遵循美学原则

视频画面构图要遵循美学原则,具备形式上的美感,注意黄金分割与画面的平衡。被摄主体和陪体应当主次分明,强调被摄主体,陪体不能喧宾夺主,有以下几种常用的构图形式。

中心构图是指主体处在画面的最中心位置,这类画面严谨平衡,很有仪式感。在拍摄人物、建筑或风景时会有较好的效果,拍摄产品时也可以表现设计的平衡感,突出主体,同时使画面对称、完整,更具美感,如图 8.2.9 所示。

图 8.2.9　中心构图

三分法构图是短视频拍摄中较常用的构图形式。在拍摄时，将画面的横向和纵向平均分成三份，线条交叉处称作趣味中心，尽量把主体安排在趣味中心附近，因为趣味中心是优先吸引用户目光的位置，如图 8.2.10 所示。

图 8.2.10　三分法构图

对角线构图是把拍摄的主体安排在对角线的位置上，通过线条吸引人的目光，使画面更显立体感，突出主体，如图 8.2.11 所示。S 形曲线构图将主体以"S"形进行构图拍摄，具有更协调，更典雅的画面感，一般多用来进行风光拍摄。此外，还有三角形构图、水平线构图、垂直线构图、向心式构图等，在第二章的第三节中有详细介绍。

图 8.2.11　对角线构图

2．服务主题原则

构图是短视频构思立意的直接体现，构图是为立意服务的，因此作为摄像师既要熟悉构图规则，但又不拘泥于这些规则，以服务主题为原则，才能创作出优质的短视频。

不同的主题，应有不同的构图关系。例如，为增强视频画面带给观众的冲击力，摄像师可利用斜构图；为制造画面的神秘感，可利用残缺式构图；为拍出具有偷窥效果的视频画面，可使用框架式构图；为突出表现主题，甚至可以使用不规则的构图。若某个构图优美的画面与整个短视频的主题风格不符，甚至妨碍了短视频主题的表达，可以考虑将其剪掉。

同时，摄像师应灵活运用对比法，如利用色彩的对比、形态的对比、影调的对比等手法，使两个相互对比的主题元素得到加强,从而突出视频的表现力,达到深化主题的目的。

3. 画面运动要有迹可循

短视频的画面是动态的,因此动态构图是视频拍摄的主要构图形式。在动态构图中,摄像师自始至终要注意被摄主体运动方向、运动速度和运动节奏等因素的起伏变化。如果被摄主体是人物,应以人物的运动轨迹作为画面的构图依据;如果是环境介绍和背景交代的画面,摄像师则应选取能够凸显环境特征的元素作为构图依据。

摄像师只有保证画面运动有迹可循,才能使视频画面合乎情理,从而被观众接受或认可。

(四)其他注意事项

除了上述的景别、运镜、构图等基本拍摄技巧,还需要注意以下三方面内容。

1. 注意光线的运用

光线运用得好,可以让拍摄的视频效果提升不少。因此,在拍摄的过程中要运用顺光、逆光、侧逆光、散射光等来突出表现物体与人物,同时要确保视频的清晰度,光线不足时,可以适当使用打光来补足。

2. 防抖不可少

拍摄的短视频如果画面抖动厉害,用户的视觉体验就很差。一方面,可以利用防抖器材,如三脚架、独脚架、防抖稳定器等防止画面抖动。另一方面,在拍摄时注意动作和姿势,避免动作的大幅度调整。例如,在移动拍摄视频的时候,上身的动作量应减少,下身缓慢地小碎步移动;走路的时候保持上半身稳定只移动下半身;镜头需要转动时,以上身为旋转轴心,尽量保持双手关节不动进行拍摄。

3. 细心观察,经常练习

常常观察身边可拍摄的人、物、景,随时用手机运用所掌握的各种拍摄技巧进行拍摄。另外,要学会并习惯等待,等待画面中更精彩的瞬间,等待一个更有趣的故事,然后将他们呈现在短视频中。同时,在不同的时间,去同一个地方,找不同的角度,根据光线强弱、方向、景物的变化进行拍摄,大家会感受到不一样的意境与不一样的心情。

第三节　短视频编辑

短视频拍摄完成后,需要借助各类视频后期编辑软件,帮助创作者实现视频的合并与剪辑、视频调色、调速、添加字幕、音频、制作特效等操作。

一、短视频剪辑工具

(一) App 端视频编辑软件

下面简要介绍 4 款常用的 App 端视频编辑软件,分别为剪映、VUE Vlog、快剪辑、InShort。

1. 剪映

剪映是抖音官方推出的一款 App 端视频编辑和剪辑应用软件，目前也推出了 PC 版。具有以下优点：①界面简洁，基本剪辑功能齐全，诸多模板可一键套用；②具备"快字幕"功能，在录制视频时系统会分析语言自动生成字幕；③与抖音打通，可直接使用在抖音上收藏的音乐和效果，用它分享抖音视频，可获得平台的流量扶持，增加视频的曝光度。

剪映是抖音官方推出的，又有流量扶持，功能齐全、教程丰富，即使是新手也很容易上手。

2. VUE Vlog

VUE Vlog 是一款手机视频拍摄与美化的工具，能让用户通过简便的操作实现 Vlog 的拍摄、剪辑、细调和发布。具有以下优点：①拥有大片质感的滤镜；②美颜功能强大，具有丰富有趣的贴纸、音乐和字体素材；③既可以设置超宽屏画幅，也可以设置圆形画幅；④专门设置了 Vlog 套件，一键使用模板，添加素材，能快速自动生成 Vlog 视频。

3. 快剪辑

快剪辑是奇虎 360 旗下的一款功能齐全、操作简单、可以边看边编辑的视频剪辑工具。它具有以下优点：①操作简单，界面干净简洁，功能齐全，拥有电影、胶片等 6 大滤镜，还有数十款特效；②录制语音视频时，可以一键自动识别生成字幕；录制声音时，还可以秒变萝莉、精灵、磁性大叔，导出自定义水印。

4. InShort

InShort 是一款修剪、剪切、合并视频的工具，可以满足基本的剪辑需求。它属于增强版的简易视频编辑器，可以调节滤镜，手动调色，还可以改变音色和音速，新手也可轻松制作。

此外，还有巧影、小影、乐秀等众多 App 端短视频编辑软件。

（二）PC 端视频编辑软件

下面简要介绍 5 款常用的 PC 端视频编辑软件，分别为 Premiere、After Effects、爱剪辑、会声会影、Edius。

1. Premiere

Premiere 是一款常用的视频编辑软件，由 Adobe 公司推出。它是一款编辑画面质量较高的软件，有较好的兼容性，可以与 Adobe 公司推出的其他软件相互协作。目前这款软件广泛应用于广告制作和电视节目制作中。

2. After Effects

After Effects 简称"AE"，是 Adobe 公司推出的一款图形视频处理软件，适用于从事设计和视频特技的机构，包括电视台、动画制作公司、个人后期制作工作室及多媒体工作室，属于层类型视频后期软件。

3. 爱剪辑

爱剪辑是一款简单实用、功能强大的视频剪辑软件，用户利用它可根据自己的需求自由地拼接和剪辑视频。爱剪辑支持为视频添加字幕、调色、添加相框等剪辑功能。

4. 会声会影

会声会影是一款功能强大的视频编辑软件，具有图像抓取和编修功能，可抓取、转换 MV、DV、V8、TV 和实时记录抓取画面文件，并提供超过 100 多种编制功能与效果，可导出多种常见视频格式，操作简单且功能全面，能让用户快速上手，适合视频编辑初学者使用。

5. Edius

Edius 是专为广播和后期制作环境而设计的非线性编辑软件。Edius 拥有完善的基于文件的工作流程，提供了实时、多轨道、多格式混编、合成、色键、字幕和时间线输出功能。除了标准的 Edius 系列格式，还支持所有主流编码器的编码编辑，同时支持所有 DV、HDV 摄像机和录像机。

二、短视频剪辑流程

短视频剪辑的一般流程如下。

(一) 采集和导入素材

首先将前期拍摄的视频影像素材与其他文件一并输入至 PC 端或 App 端，然后整理前期拍摄的所有素材文件，并进行编号归类。

(二) 研究和分析脚本

在归类整理视频影像素材文件的同时，对短视频分镜头脚本进行仔细和深入的研究，从主题内容和画面效果两方面进行深入分析，以便为后续的剪辑工作提供支持。

(三) 视频粗剪

查看全部的原始视频资料，从中挑选出内容合适、画质优良的视频资料，并按照短视频脚本的结构和顺序编辑方案，将挑选出来的视频资料拼接起来，构成一则完整的短视频。

(四) 视频精剪

对粗剪的视频进行仔细分析和反复观看，在此基础上精心调整有关画面，包括剪辑点的选择，每个画面的长度处理，整个短视频节奏的把控，音乐、音效的设计，以及被摄主体形象的塑造，按照调整好的结构和画面制作成新的短视频。

(五) 配音字幕合成

为短视频添加字幕，添加解说配音，制作片头、片尾等，并全部合成到视频画面中，制作成最终的短视频。

(六) 输出完成的短视频

剪辑完成后，输出短视频，并上传到短视频平台进行曝光和推广。

三、使用剪映 App 编辑短视频

（一）添加视频

打开剪映 App，首先出现的是图 8.3.1 所示的包含"+开始创作"按钮的界面，下方是项目管理功能界面，可重命名、复制草稿或删除之前的项目，如图 8.3.2 所示。

图 8.3.1 "开始创作"按钮

图 8.3.2 项目管理功能界面

点击"开始创作"按钮即可开始创作，然后选择手机相册里需要编辑的视频等素材，添加到项目中，进入图 8.3.3 所示的界面，这是剪映 App 最主要的工作界面。界面左上方的"×"是关闭按钮，右上方分别是"分辨率设置"功能和"导出"按钮，中间是预览框，再往下是时间线及剪辑框，底部是音频、文本、滤镜、贴纸、画中画、特效等功能栏。

分辨率一般选择 1080p，帧频通常选择 30 帧，如图 8.3.4 所示。

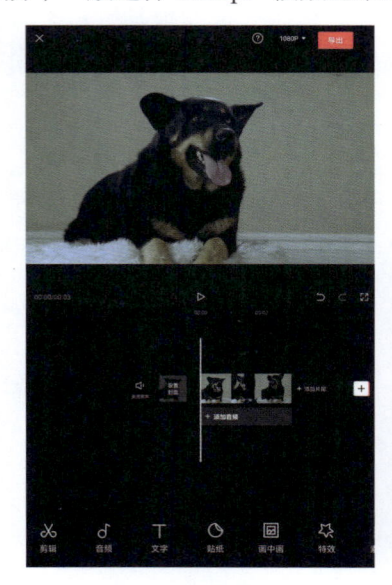

图 8.3.3 视频编辑界面

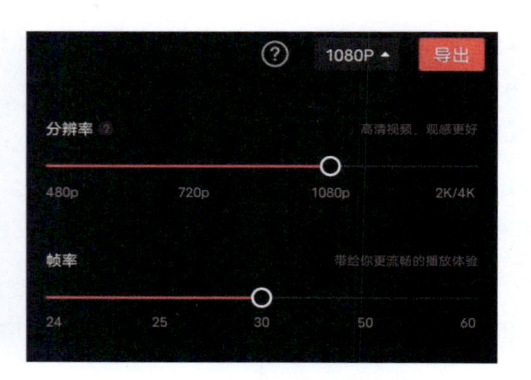

图 8.3.4 选择分辨率和帧率

（二）视频编辑

将视频添加进来后，在主界面对视频进行编辑，剪映 App 剪辑功能有很多，下面介绍剪辑中经常使用到的基础功能。

1. 分割功能

分割功能就是裁剪功能，例如，某个视频的片头很完美，但视频中某段画面质量不佳，此时可利用分割功能，如图 8.3.5 所示，将视频进行分割，并删除质量欠佳的视频内容，如图 8.3.6 所示。

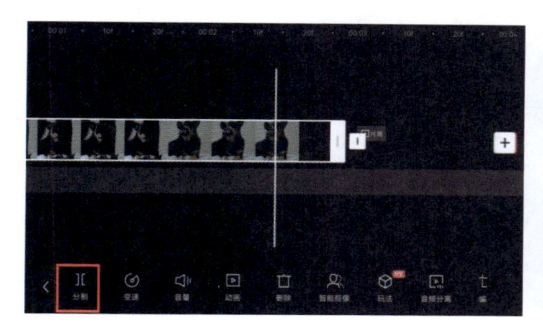

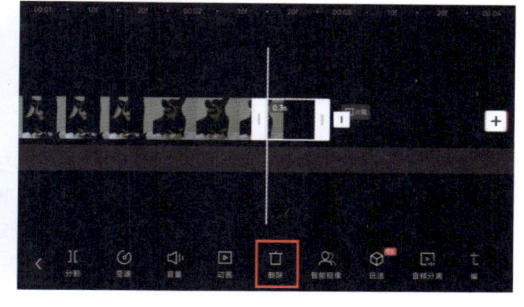

图 8.3.5　视频分割　　　　　　　　图 8.3.6　视频删除

2. 合并视频

在拍摄过程中，我们会运用分镜头拍摄，若想把几个分镜头拍摄的视频合并在一起，只需点击视频轨道右边的"+"按钮，如图 8.3.7 所示，把需要合并的视频添加进来，如图 8.3.8 所示。

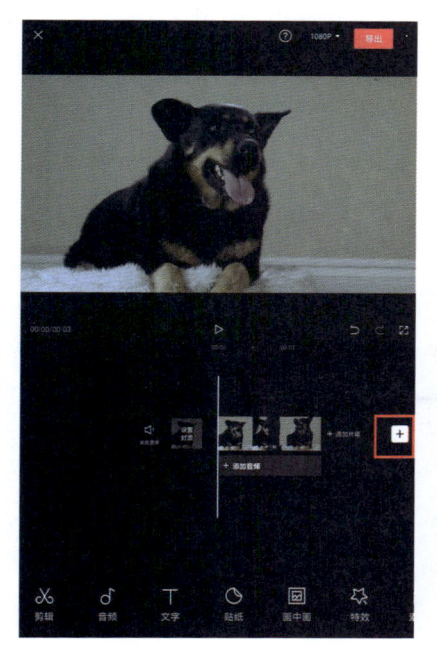

图 8.3.7　添加视频　　　　　　　　图 8.3.8　视频选择界面

接下来重复分割和添加视频的操作,直至将所有的素材完成剪辑和合并。

3. 添加转场

视频裁剪或合并后,有时发现两段视频过渡并不完美甚至很生硬,此时在两段之间运用转场功能可以让两段视频完美地衔接在一起,如图 8.3.9 所示。

图 8.3.9 转场功能

4. 添加字幕

点击"文字"按钮,自行新建文本,输入文字,也可以利用"文字识别"功能,快速完成字幕的添加,如图 8.3.10 和图 8.3.11 所示。

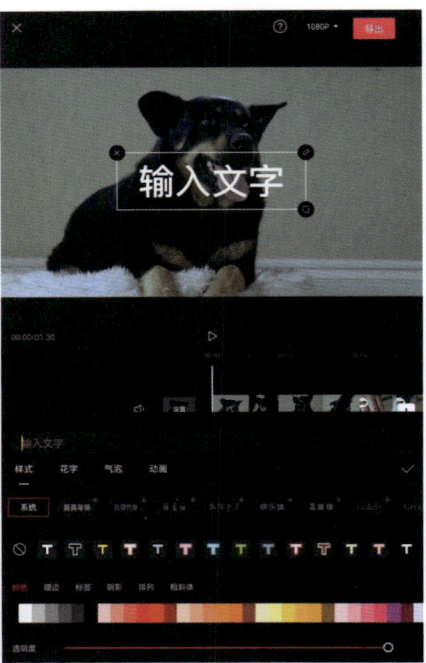

图 8.3.10 添加文字功能　　　　图 8.3.11 文字样式设置界面

本案例的视频字幕采用贴图的方式。在界面下方点击"贴纸"→"添加贴纸"按钮，然后导入提前准备好的字幕图片，调整到合适的大小和位置即可，如图 8.3.12～图 8.3.15 所示。

图 8.3.12　贴纸功能

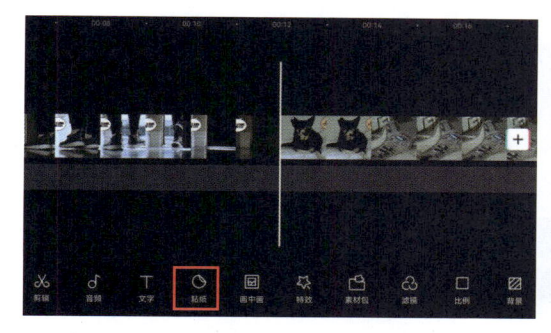

图 8.3.13　自定义贴纸

图 8.3.14　选择贴纸界面

图 8.3.15　调整贴纸大小和位置

5. 添加音乐

有时视频的噪声太大或过于单调，此时可关闭原声，并添加背景音乐，让视频更生动，添加合适的音乐还能让人产生共鸣和情感，使用户加深对视频的印象，如图 8.3.16 和图 8.3.17 所示。

6. 特效和滤镜的使用

有时拍摄的视频会出现曝光过度的情形，或者出现光线不足导致画面效果不佳的情形，此时可利用特效和滤镜优化视频画面，如图 8.3.18 和图 8.3.19 所示。

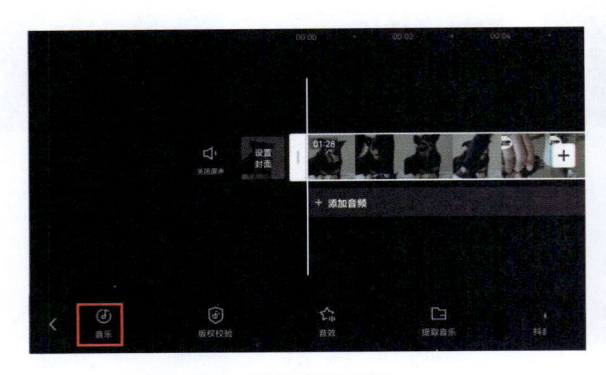

图 8.3.16　添加音乐功能

图 8.3.17　选择音乐界面

图 8.3.18　特效功能

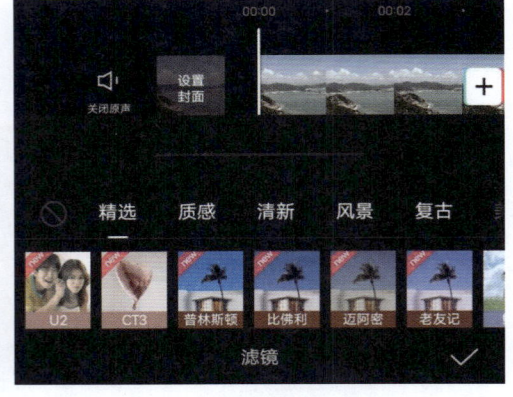

图 8.3.19　滤镜功能

（三）导出视频

点击右上角的"导出"按钮，保存到手机，也可以直接发布到短视频平台。导出时需要注意相关参数的选择符合短视频平台上传的要求。

当然，剪映的功能还远不止这些，平时务必多加练习。

第四节　跨境电商短视频营销

短视频在跨境电商营销中的地位越来越凸显，海外短视频营销的主流平台有哪些，短视频营销应重点展示哪些内容，如何做好短视频营销成为卖家关注的重点。

一、海外短视频发展情况

近年来,短视频在海外发展异常火爆,蕴藏着巨大的商业价值。下面以 TikTok、YouTube 与亚马逊为例,进行简要分析。

(一)TikTok

TikTok 在海外高速发展,数据显示,2021 年,TikTok 成为全球首个达到 30 亿次下载量的非 Facebook 应用程序,TikTok 仅在美国约有 1 亿个活跃用户,比 2018 年 1 月增长了近 800%,日活跃用户数量约为 5000 万人。TikTok 商标如图 8.4.1 所示。

图 8.4.1　TikTok 商标

目前,TikTok 已覆盖 150 多个国家和地区、75 个语种,在日本、美国、印度尼西亚、印度、德国、法国和俄罗斯等地,多次登上当地 App Store 或 Google Play 榜首。

TikTok 具有智能算法,能向每位用户准确精准推送个性化的内容,这使产品或品牌更容易通过付费广告或有影响力的营销来吸引目标用户。因此,越来越多的商家开始关注并在 TikTok 上发布短视频,预计今后 TikTok 的品牌营销数量将大幅度增长,尤其是针对"Z 世代"或"千禧一代"的品牌。

(二)YouTube

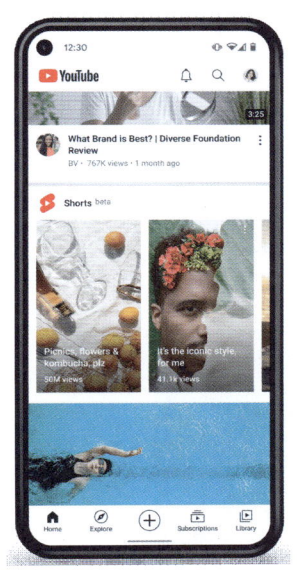

全球视频之王 YouTube 推出了 YouTube Shorts 短视频服务。从本质上来说,YouTube Shorts 就是 Google 版的 TikTok,但与 TikTok 不同的是,YouTube Shorts 目前还不是一项独立服务,它的入口位于 YouTube 主移动应用程序中,要使用它,只需打开智能手机上已有的 YouTube 应用程序,向下滚动即可看到"Shorts"部分,如图 8.4.2 和图 8.4.3 所示。

图 8.4.2　YouTube Shorts 1　　　　图 8.4.3　YouTube Shorts 2

YouTube Shorts 主要有两个功能：一是作为观看短视频的平台，二是创建自己短视频的工具。

如何观看 YouTube Shorts 内容？在应用首页上找到"YouTube Shorts"后，会看到一系列流行短视频的缩略图。点击任意视频进入垂直视频播放模式，让用户能沉浸式观看丰富多样的视频内容。可通过点击"thumb up"或"thumb down"图标来表示喜欢或不喜欢播放的视频。还可以在播放器中分享"小视频"或对它进行评论。在剪辑的底部，可以订阅 Shorts 创作者的频道，查看该创作者的所有 YouTube Shorts 视频。

那么如何创作 YouTube Shorts 呢？想要为自己的频道制作 YouTube Shorts 视频，创作者应转到自己的 YouTube 应用程序中，在屏幕底部菜单上点击"创建"标签，寻找"Create a Short"选项，接下来就可以进入 Shorts 创建器工具创建短视频。

(三) 亚马逊

亚马逊作为全球最大的跨境电商平台，从 2018 年开始为品牌备案卖家开放主图视频功能，使用主图视频后，平均转化率提升了 10%～20%。无论是社交媒体、视频平台还是跨境电商平台，都越来越重视短视频，也预示着短视频时代的到来。

二、如何做好短视频内容展示

(一) 展示产品生产流程

产品生产流程视频主要是向买家展示产品如何被开发和制造出来，视频中可包括制作的特写镜头。例如，TOMIC 保温杯的短视频通过镜头，向用户传递 TOMIC 将"永久性抑菌剂"传统工艺应用到保温杯的内胆之中等产品工艺，传递 5 年 300 多次实验的匠心精神，如图 8.4.4 和图 8.4.5 所示。

图 8.4.4　TOMIC 品牌

图 8.4.5　TOMIC 匠心精神展示

产品生产流程视频不仅能让买家对产品的质量产生信任，同时也能够更准确地把握产品的价值大小，这样的展示方式，相比于卖家"磨破嘴皮"和买家解释更有说服力。

(二)展示产品操作流程

对于产品操作流程，采用视频远比图文展示更形象具体，也更易学习和模仿。这对于操作流程复杂的产品，尤其具有较好的辅助销售效果。

在产品详情页附带产品操作的短视频，会让买家感到卖家服务的细致、周到。同时，也为卖家节省许多与买家交流沟通的时间，买家询问产品该怎么使用时，可直接指引买家观看短视频，既方便又省心。

(三)对比不同产品的优劣

为了充分证明新产品在关键性能或某些方面比旧产品更好，直接将两个产品的对比过程制作成短视频，在同一个画面中展示，一目了然。此外，看视频犹如亲眼见证，给买家真实感，更容易让买家相信卖家所展示的结果。

(四)展示产品应用场景

展示产品应用场景的视频，就是让买家看到你的产品在某个时间(when)，某个地点(where)，周围出现了某些事物时(with what)，萌发了购买的欲望。

这样的短视频能够引发买家的遐想，并勾起买家想要亲身体验的冲动，买家的购买欲望会大大增强，如图 8.4.6 和图 8.4.7 所示。

图 8.4.6　大疆无人机应用画面 1

图 8.4.7　大疆无人机应用画面 2

此外，短视频还可用来展示产品的诸多方面，如产品品牌故事、产品所包含的情感等，卖家可以根据自己的需求并结合创意制作各类短视频。

三、如何做好短视频营销

跨境电商短视频营销，针对的是海外买家，如何才能让短视频获得海外买家的青睐呢？

（一）选择合适的平台

跨境电商卖家在做视频营销前，首先要选择合适的视频推广平台。

卖家需要依据经营品类、品牌调性及营销目标，综合考虑做出选择。如果卖家的产品为快消品或生活品，可优先考虑 TikTok、YouTube Shorts 等短视频平台，因为短视频具有短、平、快的优势，能够迅速吸引大众的注意。如果卖家的品类偏功能性、侧重产品体验，比较适合在 YouTube 等长视频平台推广，因为长视频能够涵盖更丰富的内容，而且受众者年龄分布也相对更广一些。

（二）内容与形式注重契合度

短视频是宣传产品、传播品牌知名度的良好载体，短视频的内容策划与表现形式要契合产品特性，并符合产品的品牌内涵。

不同的视频类型服务于不同的营销目的。跨境电商卖家使用较多的是产品或服务型的短视频，因为它比较直接，对转化率的提升有较大的助力。而反映品牌价值的视频，更多的目的是提升品牌曝光、加深品牌印象及建立情感联系。趣味性的短视频深受大众喜爱，能获得更多的流量，但该类视频往往展示的产品内容较少，更多的是起到引流、增粉的作用。

（三）注重本土化

在视频内容方面，跨境电商卖家要注重本土化。

短视频中的配音，最好使用视频中人物本人的配音，尽量采用目标市场所使用的官方语言，视频最好选择目标市场的本土人物，给观看者以亲切感和真实感。

（四）注重连续性

短视频营销讲究连续性，视频持续更新，才会取得理想的效果，特别是在社交媒体上进行短视频营销，贵在坚持，才能逐渐被用户关注并传播。

但视频更新频率，则需要根据卖家的能力、平台的调性来确定。

（五）做好用户互动与评论回复

时刻关用户对视频的评论，并回复用户评论，与用户产生互动，增强用户的黏性与活跃度。

此外，定期做数据分析，包括短视频点播的高峰期出现在什么时候，哪些类型的短视频更受欢迎，用户对短视频如何评价等，根据分析结果优化短视频，提高短视频的营销效果。

本章习题

项目实训

实训目标：掌握短视频分镜头脚本撰写能力，能运用景别、运镜、构图等拍摄短视频，并能运用常用的剪辑软件编辑短视频，同时，能使用短视频开展跨境营销。

实训要求：选择某一品类，拍摄制作主图视频，并进行营销推广。

实训思路：

1. 确定主题。以小组为单位，选定一个类目，找准定位，明确短视频表达的主题。
2. 拍摄构思。进行拍摄构思，并形成短视频分镜头脚本。
3. 器材准备。准备好专业相机与其他拍摄辅助器材，提前确定拍摄的时间与地点。
4. 正式拍摄。运用景别、运镜、构图等拍摄短视频。
5. 后期编辑。运用剪映等后期编辑软件，进行视频粗剪、精剪，添加字幕与音乐，最终输出短视频。
6. 营销推广。按全网营销思路（跨境电商第三方平台、主流社交媒体与独立站），撰写推广方案。

第九章 独立站视觉营销

结构导图

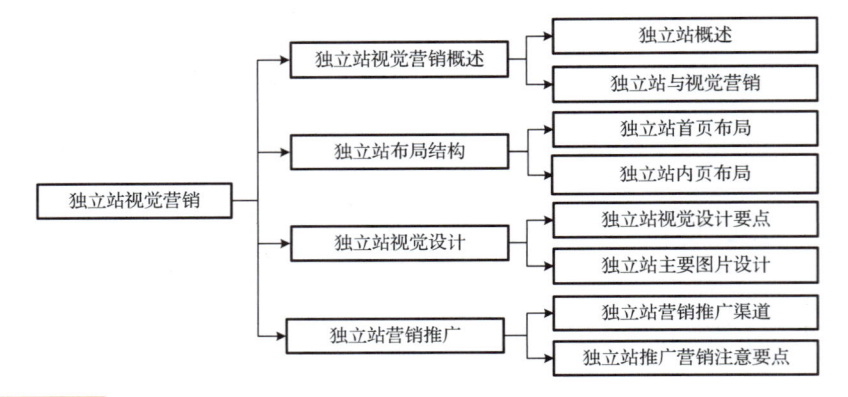

```
                                          ┌─ 独立站视觉营销概述 ─┬─ 独立站概述
                                          │                    └─ 独立站与视觉营销
                                          │
                                          ├─ 独立站布局结构 ────┬─ 独立站首页布局
独立站视觉营销 ─────────────────┤                    └─ 独立站内页布局
                                          │
                                          ├─ 独立站视觉设计 ────┬─ 独立站视觉设计要点
                                          │                    └─ 独立站主要图片设计
                                          │
                                          └─ 独立站营销推广 ────┬─ 独立站营销推广渠道
                                                               └─ 独立站推广营销注意要点
```

学习目标

1. 知识目标

- 了解独立站的兴起和发展现状。
- 理解视觉营销对独立站整体结构布局的重要性。
- 掌握独立站主要图片设计的基本要求。
- 了解独立站在海外的多种推广渠道。

2. 能力目标

- 掌握独立站首页和主要内页布局方法。
- 掌握独立站主要版块的设计方法。

3. 价值目标

- 培养良好的审美情趣。
- 塑造乐于探索、勇于实践的品格。

案例导入

近年来,中国外贸新业态新模式快速发展。然而,跨境电商平台也存在一些局限性,不少卖家开始寻找新的业务增长渠道——独立站。在这种模式下,卖家直接面对消费者,成本降低、效率提升,也有利于树立品牌形象,因此受到中小企业欢迎。

AlloyWorks（上海衡德汽车配件有限公司）主营汽车散热器等配件，产品畅销美国、加拿大、澳大利亚等全球多地，在 eBay、亚马逊等平台的同类目中排名前列。

虽然在跨境电商平台上取得了不错成绩，但企业也感受到平台的束缚和局限性。AlloyWorks 有关负责人表示，一方面，平台流量价格日益增长，用户获取成本高，平台内部用户品牌意识较弱，竞争对手层出不穷。另一方面，汽车配件产品较重导致运输成本持续攀升，产品原材料成本增加也导致整体成本不断攀升。

如何巩固市场地位，获得长远稳定的发展？一些企业开始尝试独立站。

"建设一个独立站，需要完成品牌 Logo 设计、网站设计、网站搭建及海外品牌营销体系建立。与跨境电商平台不同，目前大家主要通过社交媒体的运营和达人营销等方式塑造品牌 IP，提高行业知名度、用户黏性和复购率。"AlloyWorks 上述负责人表示。

"总体而言，独立站有利于外贸企业打造品牌，但独立站本身的门槛并不低，企业应根据自身的定位、发展阶段、目标市场来建设和发展独立站。独立站发展到一定阶段后，除了需要更加精细地测算每次获取流量的成本，还要考虑如何提升自己的客单价，不能只关注当期的回报和价值，还要重视对品牌价值的打磨，这意味着卖家需要在人才、技术、服务上进行持续性投入。"店匠科技负责人说。业内专家普遍认为，尽管独立站的运营方式和亚马逊等平台有非常大的不同，但事实上，两者并不对立，完全可以协同运作，发挥"1+1>2"的最佳效用，推动业务发展。

资料来源：徐佩玉.独立站助力中国品牌出海[N].人民日报海外版，2022-3-22.

第一节　独立站视觉营销概述

一、独立站概述

独立站顾名思义就是具有独立域名的网站，也称自建站或品牌官网。

众所周知，中国买家一般习惯于在电商平台进行购物消费，如淘宝、京东等大型电商平台。除了一些大品牌的官网，买家很少会在独立站上进行线上消费。而海外买家的消费习惯与国内不同，加上欧美等发达国家的支付信用和风控体系比较健全，买家不必担心付款安全问题，同时海外社交平台普及率较高，因此，海外买家习惯于通过独立站和社交媒体进行线上消费。

独立站与第三方平台（在亚马逊、eBay 等第三方平台开设的店铺）相比各有优劣，如表 9.1.1 所示，因此企业在开展跨境电商的过程中，建议将两者结合起来，这样更有利于海外业务的开展。

表 9.1.1　独立站与第三方平台优劣比较

	平台站		独立站	
	优点	缺点	优点	缺点
建站模式	标准化打造，有利于快速入门	规则限制较多，且持续变化	个性化打造，装修风格由自己定义，凸显品牌特色	起点较高，需要较专业的技术支持

续表

	平 台 站		独 立 站	
	优 点	缺 点	优 点	缺 点
流量获取	自带流量,新店往往有流量倾斜	同行集中,竞争激烈,一般需要额外购买站内流量	独享流量	没有基础流量,需大力推广来引流
交易佣金	—	交易佣金从8%~15%不等,扣除交易佣金后利润率低	视建站系统而定,交易佣金没有或较低	—
客户资源	—	无法获取较完整的客户资源	拥有客户资源,形成品牌忠诚度	—

二、独立站与视觉营销

(一)独立站视觉营销的重要性

与第三方电商平台相比,独立站视觉营销尤为重要,因为独立站就像一座空房子,里面的布局、装修、摆设等都需要跨境电商企业自行规划与设计,还要持续、定期地更新。同时,独立站是承载品牌文化和传播很好的载体,因此,对于走品牌出海道路的跨境电商企业来说,独立站是必然的选择。

(二)独立站整体结构布局

不管是 B2B 独立站,还是 B2C 独立站,都要基于海外买家的需求来开展独立站整体结构布局设计,目的是让买家能轻易地读懂,并找到他想要的,最终解决其痛点。例如,B2B 独立站需要通过合理的布局,让海外买家了解公司实力和产品专业度,最终实现询盘转化;B2C 独立站需要通过清晰的布局,让海外买家买到自己想要的产品,达成交易。

(三)独立站整体视觉设计

独立站的整体视觉设计要求主题突出,色彩统一,符合目标市场的审美风格,吸引海外买家停留更多时间,点击更多的页面,同时,优化买家浏览体验,提高其转化率和复购率。

在准备独立站内容的时候,一般要从文字、图片和视频三个维度来准备,如表 9.1.2 所示。

表 9.1.2 独立站主要内容

文 字	图 片	视 频
品牌名称 品牌广告语 品牌故事 公司简介 产品卖点 产品描述 新闻 客户案例 ……	Logo 首页 Banner 品牌形象图 公司图片 产品图片 活动图片 客户案例图片 ……	品牌宣传片 公司宣传片 产品介绍片 活动宣传片 活动纪录片 客户案例 ……

第二节 独立站布局结构

一、独立站首页布局

(一)B2B 独立站首页布局

B2B 独立站通常使用建站平台进行搭建,建站平台大多基于模块化,即主要模块可以按照企业自身需要进行组合。一般情况下,B2B 独立站首页布局要突出买家最关注的几个点,如主打产品、公司简介、认证信息等,常规布局如图 9.2.1 所示。

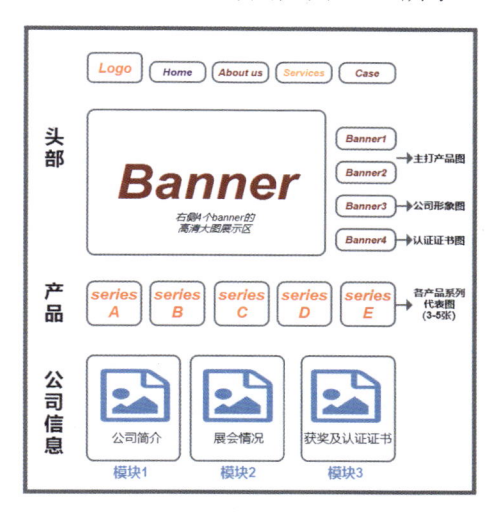

图 9.2.1 B2B 独立站首页布局

独立站第一屏主要包括 Logo、导航栏和首页 Banner,导航栏目划分一定要清晰,一般包括 About us、Products(可包含不同系列)、Services、News、Case、Contact Us 等。接下来,依次呈现产品信息及公司信息。首页 Banner 广告语要突出核心卖点,图片清晰且美观,独立站首页第一屏如图 9.2.2 所示。

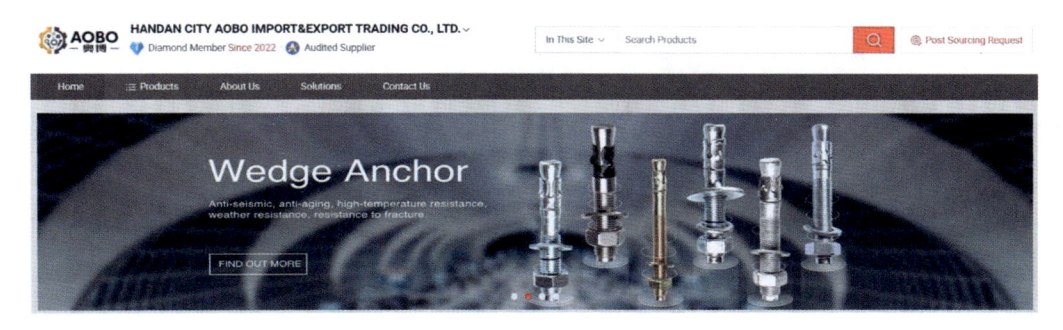

图 9.2.2 独立站首页第一屏

首页布局和设计要简洁明了，首页海报的设计尤为重要，它所在的第一屏给海外买家留下的第一印象，很大程度上决定了海外买家是否愿意继续深度访问独立站。

（二）B2C 独立站首页布局

B2C 独立站建站往往借助 shopify、shopline、shoplazza 等建站平台实施，并选择一定的模板进行搭建，独立站首页布局案例如图 9.2.3 所示。以下是 B2C 独立站首页布局的要点。

(1) 在站点页面醒目的位置突出品牌。

(2) 产品分类非常重要，要尊重海外买家习惯，建议分析 3~5 个海外同行的独立站，总结其产品分类方式，最终确定类目。

(3) 独立站首页要突出主打产品及最新的产品推荐。

(4) 可策划促销活动，并在首页 Banner 上突出显示。

图 9.2.3　独立站首页布局案例

另外，可在首页增加和展示买家的购买心得，通过真实的故事展示，更容易打动新买家，如图 9.2.4 所示。同时，可利用 shopify 的增值功能，将 Instagram 等社交媒体上的买家互动留言链接过来，如图 9.2.5 所示。

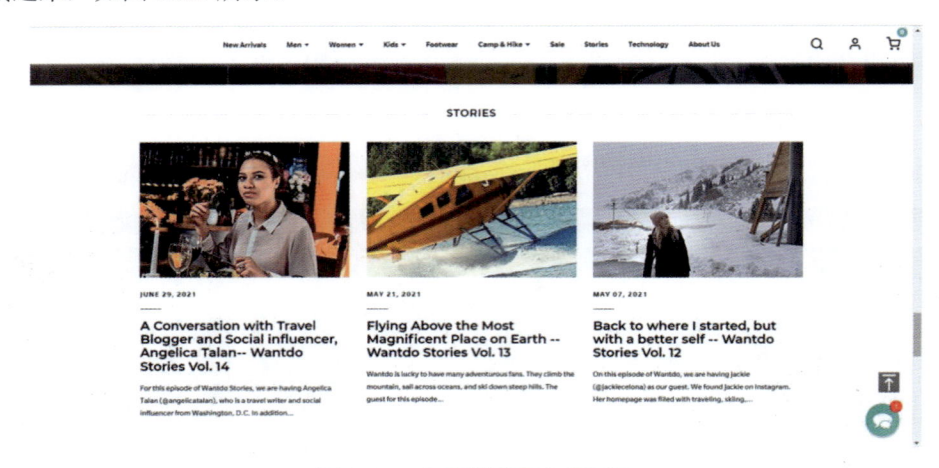

图 9.2.4　买家的购买心得展示

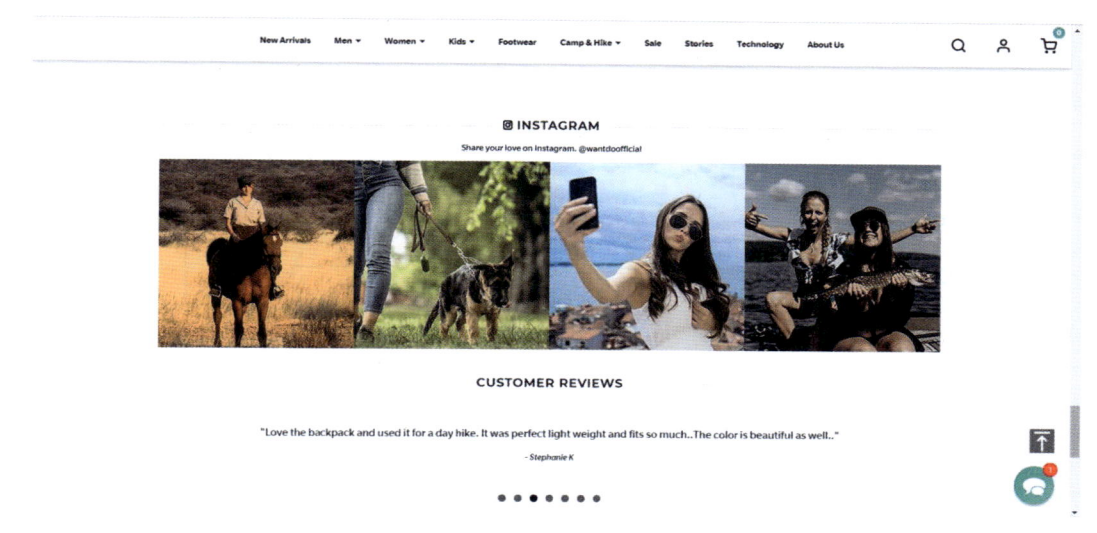

图 9.2.5　Instagram 等社交媒体上的买家互动留言展示

二、独立站内页布局

（一）B2B 独立站内页布局

B2B 独立站在内页布局上，核心是要突出公司实力。可以从公司简介、生产情况、研发情况、认证获奖、服务优势等多个方面来展现公司的实力与比较优势。例如，通过全面介绍公司获得海外专利和认证的情况（见图 9.2.6），以及呈现专业流程和质量管理体系（见图 9.2.7），来体现公司的专业性，增加海外买家的信任度。

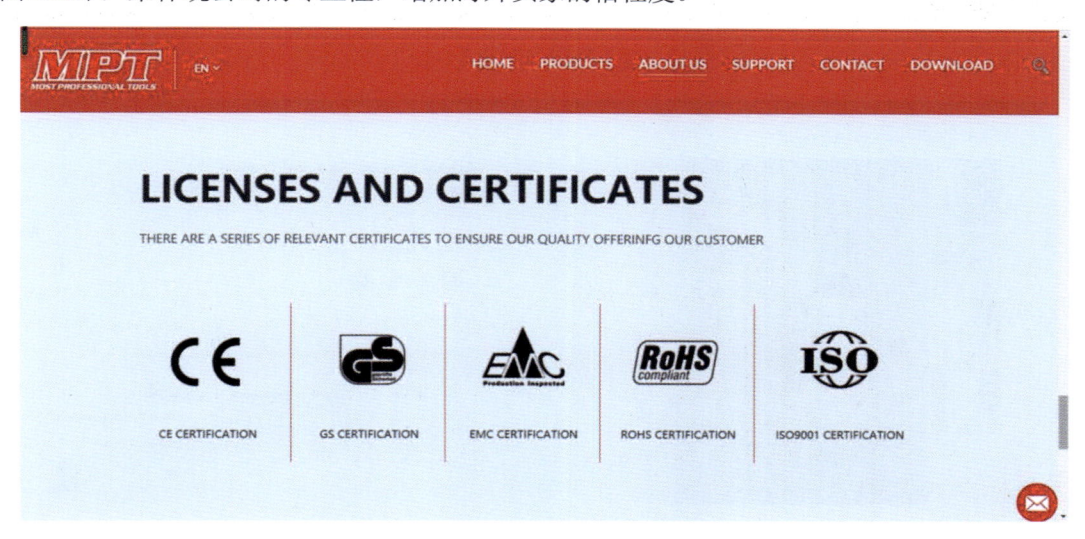

图 9.2.6　海外认证的情况展示

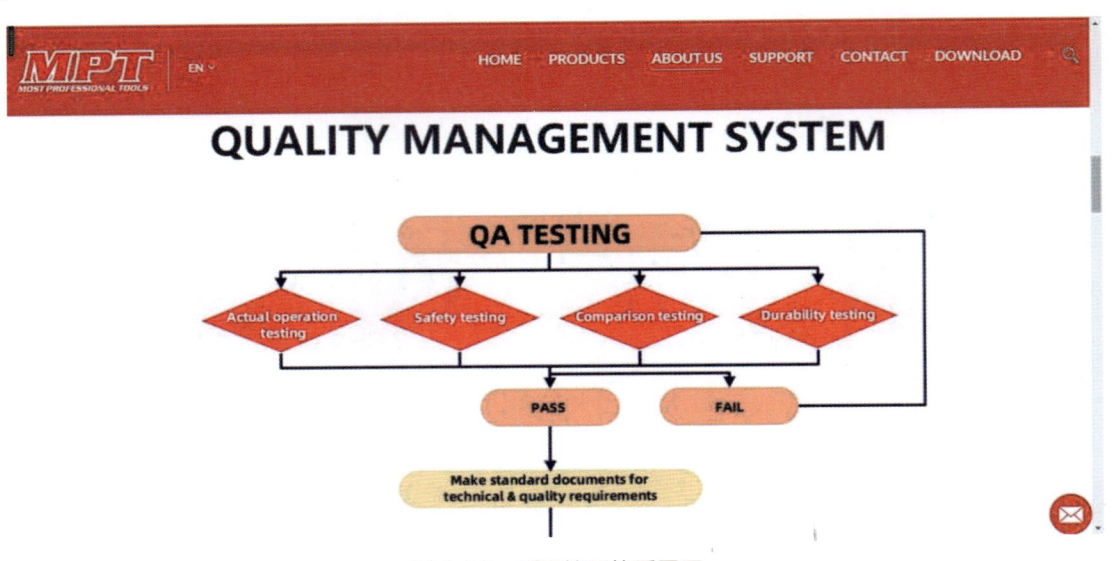

图 9.2.7　质量管理体系展示

(二) B2C 独立站内页布局

B2C 独立站在内页布局上，核心是要突出产品。B2C 独立站直面海外买家，海外买家更关注的是商城展示的产品种类、款式、价格、评价是否符合期望。因此在内页布局上，要考虑哪些内容是买家关心的产品信息。其一，展示产品基本信息，包括颜色、尺码、认证、支付方式等(见图 9.2.8)；其二，展示产品核心卖点，可结合测试结果进行对比分析(见图 9.2.9)；其三，通过促销活动，促使买家即刻下单，或推荐相关产品，促进关联销售(见图 9.2.10)。

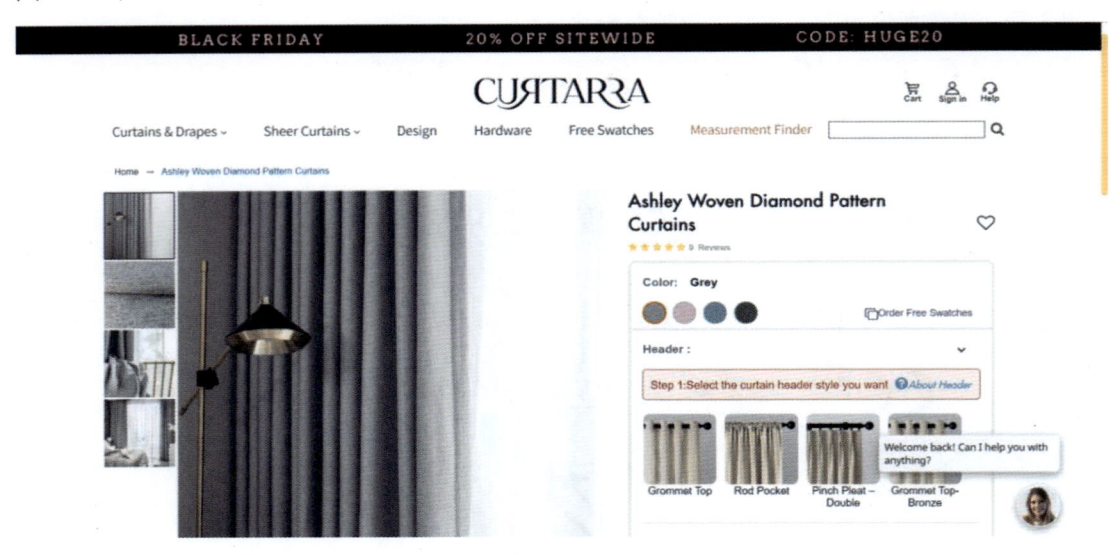

图 9.2.8　产品基本信息展示

图 9.2.9　产品核心卖点展示

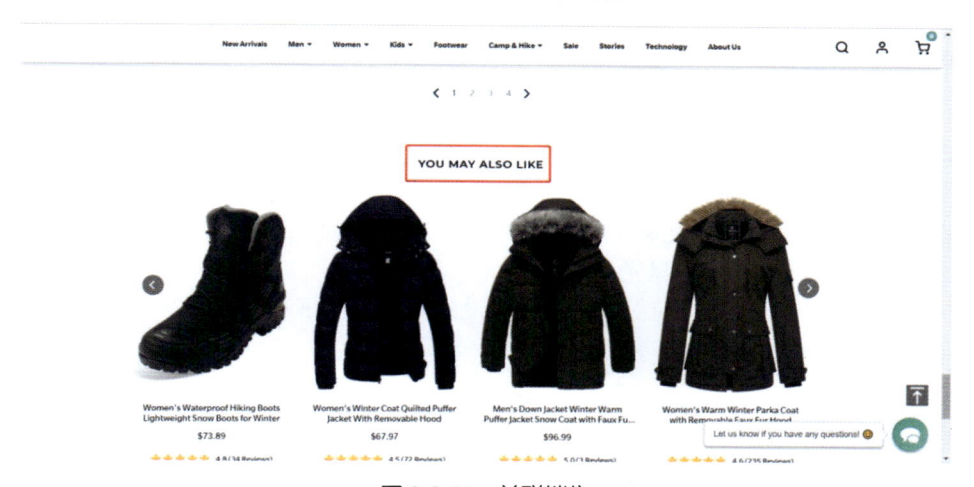

图 9.2.10　关联销售

总之，一切促使买家下单的信息都很重要。同时，要不断提升 B2C 独立站买家的购买体验，可定期让公司员工进行模拟购买，或邀请真实买家进行体验，反馈购物的感受。任何一个让买家体验不佳的设计或流程，都可能造成买家的流失，因此在 B2C 建站上线后，数据跟踪分析和优化买家体验非常重要，需要持续开展。

第三节　独立站视觉设计

一、独立站视觉设计要点

（一）色彩统一

色彩搭配对独立站树立形象起着至关重要的作用，因此，在独立站视觉设计时，要求页面色彩统一、协调，并且与企业、产品相得益彰。

每个品类都有其特有的色调，采用正确的色调，能不断地强化产品或服务项目在买家内心的感觉，如 Anker 站点采用蓝色主基调，体现其科技感。不要把独立站当成调色盘，试图将所有的颜色都用上去，尽量控制在三种色彩以内，并按 6:3:1 比例进行分配，同时，重视风格色，并且背景和前文的对比尽量要大，以便突出主体内容。

(二) 主题突出

首页是独立站最核心的页面，直接影响买家的后续浏览。因此，首页设计要求简洁明了，着重突出企业的主题，网站导航布局清晰，可以适当使用面包屑导航增加买家体验感。要理解"少即是多"的道理，千万不要试图将公司的所有信息都在一个页面中集中展现给买家，最终导致内容堆砌。

独立站可以从企业优势、热卖产品、服务内容、技术水平等方面着手，同时，可适当添加短视频增强其吸引力，因为短视频不但能为站点加上动态性元素，而且与静态的文本、图片相比，视频能传递更加丰富的信息，可承载的信息广度与密度相对较高。

(三) 响应式设计

随着移动互联网的快速发展，移动搜索占网络搜索的比重不断上升，因此响应式设计成为趋势。Google 早前就宣布，2020 年 9 月起，所有站点将由 Google 使用移动优先索引进行爬网和索引。不能被 Google 收录的网站，即使下足功夫，页面再美观，也只是一个展示性网站，无法获取流量，无法获得曝光和转化。

因此，在独立站设计时，应保证页面能自动适应不同的屏幕大小。不能适配 App 端的网站，将在 Google 搜索中失去优势。

(四) 注重细节

站点的细节往往能起到画龙点睛的作用。与国内不同，海外买家非常重视 Email 反馈，以及必备的 Facebook、Twitter 等社交网站的企业链接。同时，FAQ（常见问题解答）也是独立站设计中很重要的内容，是所有营销型独立站不可或缺的信息。因此，独立站要尽量设计此类版块。

独立站要适配于多种语言，因为当买家浏览自己母语的网站时，会有一种亲切感，可以让买家对产品进行更详细的了解。

二、独立站主要图片设计

(一) Logo

Logo 是独立站形象的重要体现，是它的灵魂所在，Logo 同时也是与其他网站链接的标志，因此，Logo 通常置于站点中最显眼的位置，一般处于网页的左上方。

Logo 甚至影响到站点的主色调选择，独立站可以采用多种色彩，但是主色调只能有一种。一般主色调可使用 Logo 色或公司 VI 色，如图 9.3.1 所示。

另外，为了能将 Logo 更好地融入独立站页面的底色中，往往要求 Logo 采用透明的 png 格式，如图 9.3.2 和图 9.3.3 所示。

图 9.3.1　Logo 与网站主色调

图 9.3.2　Logo 融入页面中 1

图 9.3.3　Logo 融入页面中 2

（二）Banner

作为独立站的"当家脸面"，几张时尚简洁大气的 Banner 可直接提高网站的设计水平及其企业品牌形象，为每一张 Banner 加上跳转超链接，可成功地将访问者带到产品展示页面。

首页上传 2～3 个 Banner，轮播间隔时长设置为 3 秒，建议 Banner1 和 Banner2 为主打产品图，Banner3 为公司形象图或促销图。

Banner 要选择高清图，全屏宽度为 1920 像素，高度根据版面调节，App 端的 Banner 自动适配。由于在不同分辨率的计算机上，Banner 图显示时可能会被裁剪，因此 Banner 主体部分一定要放在版心位置（见图 9.3.4）。

图 9.3.4　Banner 主体在版心位置

在首页 Banner 的图片选择上，建议使用场景化、生动的图片，如图 9.3.5 所示，可以让海外买家自然产生情感上的共鸣。

图 9.3.5　场景化的 Banner 设计

（三）公司介绍

公司介绍版块可选用工厂俯拍图、前台、车间、办公室、产品或宣传视频等，如图 9.3.6 和图 9.3.7 所示，全方位展示公司的实力。尺寸要求为 1000 像素×1000 像素及以上。

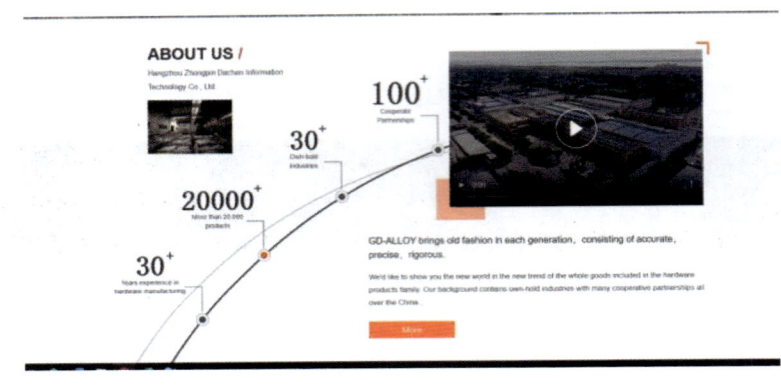

图 9.3.6　公司介绍 1

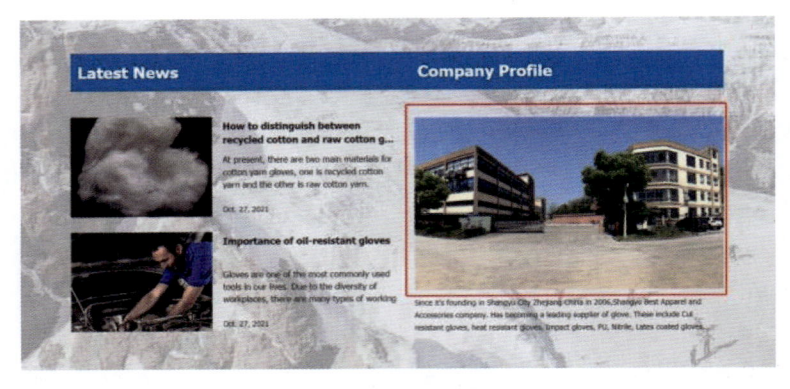

图 9.3.7　公司介绍 2

（四）产品图

产品图要求尺寸统一，根据产品不同，可选择正方形（660 像素×660 像素及以上）或长方形（宽高比为 4:3 或 3:2）的高清图，同时，所有的产品图要求风格保持一致，可统一采用白底的产品图，也可统一采用场景图，如图 9.3.8 所示。

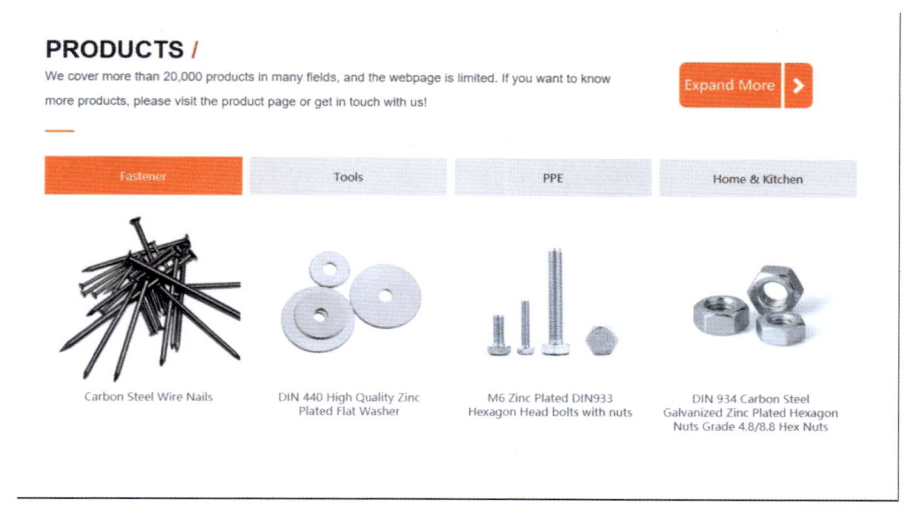

图 9.3.8　风格统一的产品图

第四节　独立站营销推广

一、独立站营销推广渠道

独立站建设完成后，如果不进行海外推广，是没有流量的，因此需通过线上、线下多种渠道进行独立站营销推广，包括 Google 数字营销平台、社交媒体、展会营销等。

（一）Google 数字营销平台

Google 数字营销平台即 Google Ads，是 Google 于 2000 年推出的数字营销自助服务平台，利用数字营销"精准"的优势，在恰当时间和恰当位置，通过恰当设备（PC 端、移动端），向目标群体呈现高度相关的推广信息。

Google Ads 是全球规模最大、使用最广泛的在线广告网络之一，数百万家企业使用 Google Ads 在线投放广告，以吸引新客户并发展业务。它可以帮助跨境电商企业精准地找到目标客户，将有吸引力的营销内容展示在客户面前，吸引目标客户进入独立站，实现转化。

Google Ads 的常见广告形式有搜索广告、展示广告、购物广告、视频广告、应用广告等。

（二）社交媒体

海外常见的社交媒体有 Facebook、Twitter、LinkedIn、YouTube、TikTok 等，一般可以通过以下三种方式为独立站进行推广引流。

1. 内容营销

在社交媒体中，有趣的、有价值的、有吸引力的内容是至关重要的，持续用内容来吸引目标客户的关注、回答客户的疑问、传递品牌最新资讯是品牌与客户之间建立信任的基础。

SimilarWeb 是全球最受欢迎的网站分析工具之一。主要功能包括分析网站流量信息、网站流量来源、关键字及客户黏性(如网站停留时间、跳出率、网页浏览量)等。通过 SimilarWeb 来分析世界知名运动品牌 Lululemon 的官网流量，发现有 2.71%的流量来自社交媒体，如图 9.4.1 所示。

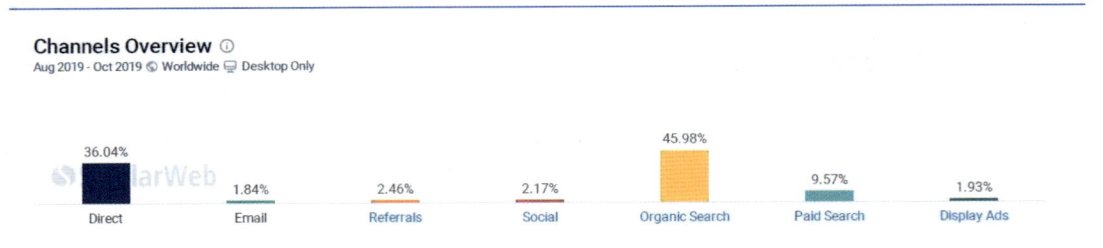

图 9.4.1 通过 SimilarWeb 分析 Lululemon 的官网流量

进一步分析发现 Lululemon 较好地应用了各种社交媒体，特别是 YouTube，说明通过视频的形式，可以生动地展示运动品牌的风采。Lululemon 应用社交媒体情况如图 9.4.2 所示。

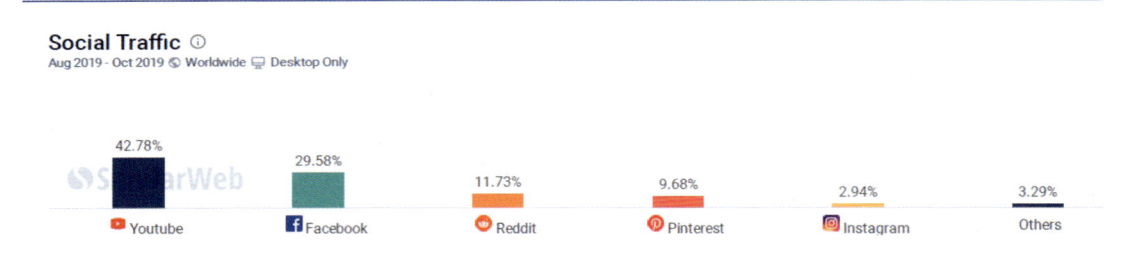

图 9.4.2 Lululemon 应用社交媒体情况

目标客户通过社交媒体了解到跨境电商企业或品牌的内容，产生兴趣并引发订阅(成为粉丝)，然后通过社交媒体上的独立站链接，进而引流到独立站进行转化。

2. 广告营销

除了用内容吸引目标客户，跨境电商企业还可以通过投放社交媒体的广告，来吸引目标客户进入独立站。YouTube 是全球最大的视频网站之一，同时也是全球第二大搜索引擎，拥有搜索广告、展示广告、视频广告等多种广告形式。

打开 YouTube 首页，出现在最上方的较大型广告，就是 Masthead(报头式)广告，如图 9.4.3 所示。这种黄金地段的广告占据首页最显眼的位置，因此该广告位非常昂贵，并且有一定的花费门槛，通常只有大型企业在推新品时才会考虑使用，当然，因为位置非常醒目，所以覆盖的人群也很多。通过社交媒体的广告营销，能给跨境电商企业的独立站带去直接的流量转化。

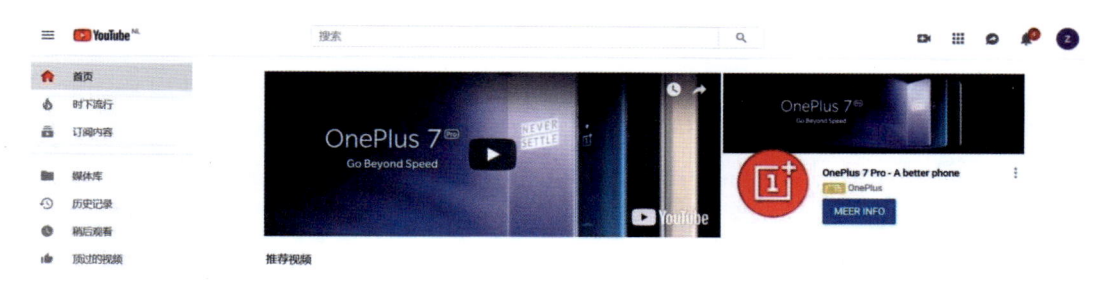

图 9.4.3　YouTube 首页的 Masthead 广告

案例分析

据 Google 营销商学院报道，成立于 1996 年的东莞金峥机械有限公司（以下简称金峥）是国内较早从事横剪机生产线、分条机生产线、焊管生产线、三合一伺服送料机等冲床周边设备研发、生产、销售于一体的专业化厂家。产品广泛应用于五金制造、模具、玩具、冶金、矿山机械、汽车制造等行业。金峥在国内外拥有 3 家全资子公司，国内拥有 58 家分公司和 7 家生产企业，业务范围遍及全球。

然而，这样的一家成熟企业，却也在经济低迷期遇到了瓶颈。因其特殊的产品性质，同一客户至少 10 年内不会有同类需求，回头客少，所以金峥需要不停地开发新客户。然而，2015 年席卷而来的全球金融危机，致使贸易市场不景气，公司新客增长率也遭遇了空前下滑。一直用展会渠道获客的金峥，意识到渠道单一的缺陷——效率低、成本高、有效询盘少、投资回报率差强人意……于是他们开始思考一个问题：如何更高效地开辟海外市场？

抱着试试看的态度，金峥开始尝试在 Google Ads 平台上以搜索广告为主，展示广告为辅的投放实验。2018 年，金峥发现很多海外客户会查看相关的产品生产视频和工作视频，他们开始尝试新的突破口——在 YouTube 上投放视频发现广告，让海外客户搜索相关产品时能看到金峥的产品视频。三种广告形式三管齐下，相互作用。

为了精准投放，金峥选择 Google Ads 后台已经划分好的行业受众群体（如"机械行业""汽车制造"等），然后将 Google 搜索广告中的历史访问数据（所有转化者及那些曾访问网站超过 3min 的人群）都添加到 YouTube 受众定位中，使目标客户群体画像更精准，高效拓展新客流量。

视频广告给金峥 YouTube 频道的视频带来 190 万+的播放量；通过 Google 搜索广告、展示广告和视频广告"三合一"，金峥独立站访问量呈 3 倍增长，单月有效询盘由 10 个增长到 60 个，吸引了众多来自南亚和南美的海外客户，营销成本大幅降低，在 Google 上 1 个月的营销推广费用相当于之前参加 3 天展会所需的费用。

3. 网红营销

近年来，网红营销在海外兴起，不少跨境电商卖家利用社交媒体上的网红来做独立站引流，增加销量，扩大品牌知名度。

例如，跨境电商企业可以通过 YouTube 输入产品相关关键词或者已知的网红名称寻找网红。YouTube 上的自媒体或红人通常有自己的频道，因此可以非常方便地找到其联系方式，直接与网红取得联系，进而开展合作，例如，可以给网红免费试用，了解其是否愿意在 YouTube 账号上推荐独立站的产品。

(三)展会营销

除了线上推广渠道,也不要忽略线下常用的展会营销。跨境电商企业在参加展会时,建议在展位中设置专门的独立站访问体验区,引导来到现场的海外客户直接登录独立站,了解公司更详细的信息,体验更多产品,一方面弥补展会现场的不足,另一方面让客户养成去独立站上获取更多信息的习惯。

同时,跨境电商企业还可以把独立站的网址印在企业名片、企业宣传册上,甚至产品的包装、吊牌上,通过多种方式让海外客户了解独立站,访问独立站。

二、独立站营销推广注意要点

(一)定期进行独立站测评

独立站在推广中想获得事半功倍的效果,必须要重视测评结果,如利用 Google 的官方工具 Pagespeed Insights 进行诊断与优化。

打开 Pagespeed Insights 工具的网站,在网页的输入栏中输入网址,单击"分析"按钮,工具就会对该网站进行分析,给出相应的评分及改进建议。

建议跨境电商企业定期利用类似工具开展独立站测评,使独立站更符合推广平台的要求,获得更多精准的流量。

(二)为独立站安装跟踪代码

独立站进行推广之前,可安装跟踪代码,如 Google Analytics 是 Google 为网站提供的数据统计服务,可以对目标网站进行访问数据统计和分析,并提供多种参数供网站拥有者使用,如图 9.4.4 所示。

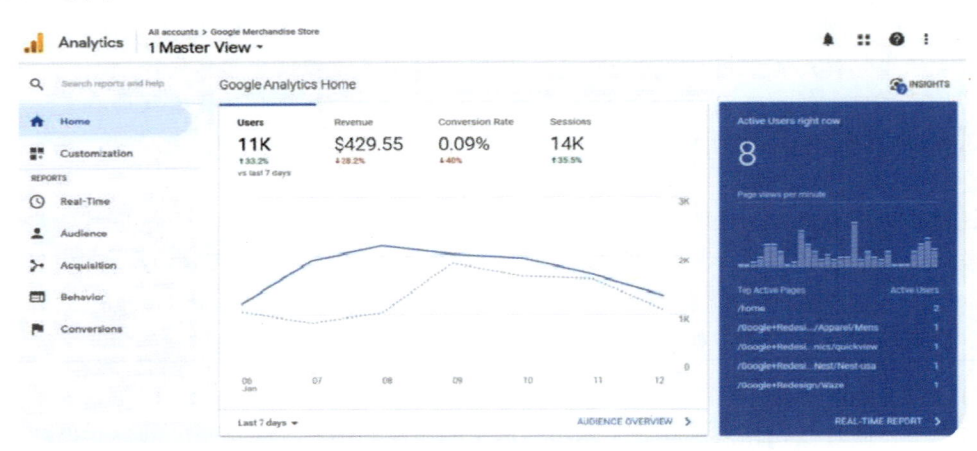

图 9.4.4　Google Analytics 数据统计服务

利用 Google Analytics,可以从受众群体报表中分析出网站受众特征、人群属性及兴趣。例如,利用 Google Analytics 可以分析网站的客户年龄分布、性别分布,从而分析出此产品对于哪个年龄段，什么性别群体更感兴趣；利用 Google Analytics 还可以分析出访问过独立站的客户对什么内容感兴趣，从而可以针对网站访客兴趣点准备独立站上更多的内容，提高其针对性。

（三）独立站营销推广要持续开展

跨境电商企业在运营独立站时，需采纳复合型营销策略，持续执行以积累成效。不仅要多元化地应用各类营销手段，还应重视数据分析，不断根据反馈优化推广活动，以此确保营销效果的稳步提升与长远发展。

Google Ads 的投放衡量标准是指广告商期望通过一定数量的展示量、点击量、转化量来促进销售，从而为企业带来利润。因此需要持续研究找到数值背后的真相，如通过分析不同的市场、不同的广告系列、不同的关键字，优化那些数据表现差、转化率低的因素，增加新的维度，不断抽丝剥茧。

如果 B2B 企业投放 Google 搜索广告时发现展示次数过高，可以关注以下三个方面内容。

(1) 关键字匹配方式是否采用了广泛匹配。
(2) 关键字是否为 C 端词，是否用词太大，意图不明确。
(3) 关键字是否设置为词组匹配或完全匹配，以此优化对应的受众群体。

总之，要持续开展独立站的营销推广，让它成为跨境电商企业的出海利器，独享海外流量，助力更多中国品牌成为世界品牌。

本章习题

项目实训

实训目标：掌握独立站首页与主要内页的布局方法，学会设计独立站的主要版块，同时，了解独立站多种海外推广渠道，掌握其营销推广的方法。

实训要求：通过 shopify 等建站工具，构建一个 B2C 独立站，要求主题突出、色彩统一，开展响应式设计，并把控好细节。

实训思路：以小组为单位，选定一家跨境电商企业，通过 shopify 等建站工具，并选择一定的模板为其构建一个完整的独立站。独立站首页布局时在页面醒目的位置突出品牌，产品分类尊重海外买家习惯，同时，突出主打产品及最新的产品推荐。设计好 Logo、Banner、公司介绍与产品图片等版块。最后，撰写线上、线下多种渠道独立站营销推广方案并实施。

第十章 人工智能与跨境电商视觉营销

结构导图

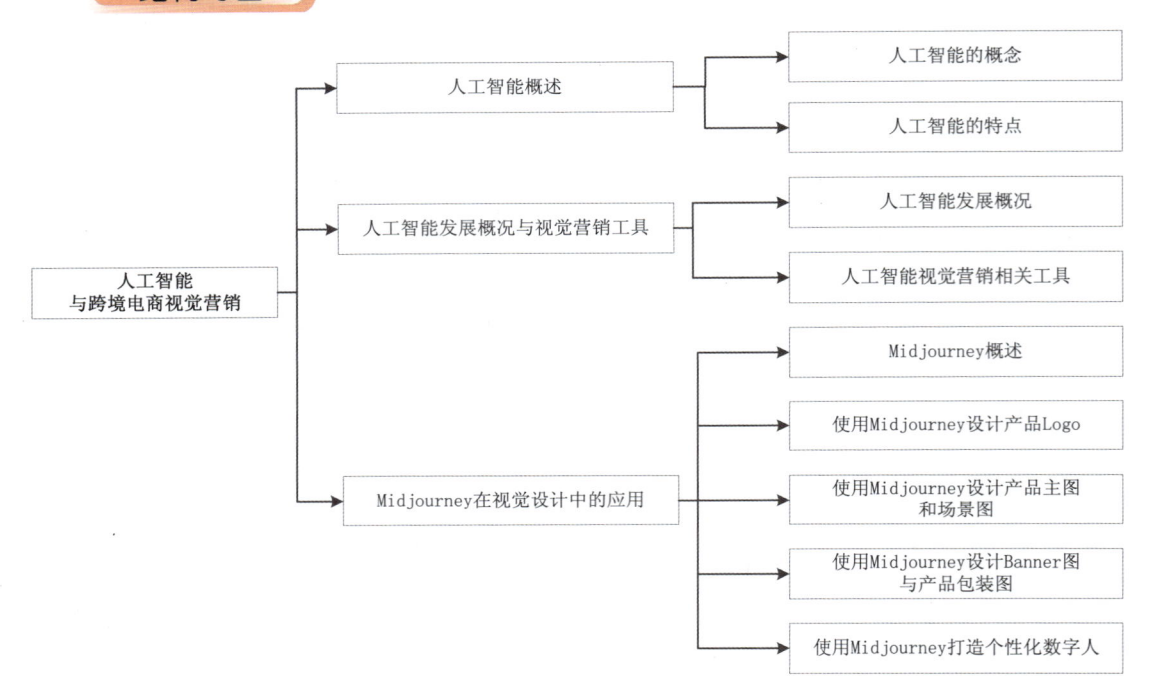

```
                            ┌─ 人工智能概述 ─┬─ 人工智能的概念
                            │                └─ 人工智能的特点
                            │
人工智能                    ├─ 人工智能发展概况与视觉营销工具 ─┬─ 人工智能发展概况
与跨境电商视觉营销 ─────────┤                                   └─ 人工智能视觉营销相关工具
                            │
                            └─ Midjourney在视觉设计中的应用 ─┬─ Midjourney概述
                                                              ├─ 使用Midjourney设计产品Logo
                                                              ├─ 使用Midjourney设计产品主图和场景图
                                                              ├─ 使用Midjourney设计Banner图与产品包装图
                                                              └─ 使用Midjourney打造个性化数字人
```

学习目标

1. 知识目标

- 掌握人工智能的概念与特点。
- 理解人工智能的发展历程、发展现状与挑战。
- 了解人工智能视觉营销的相关工具。

2. 能力目标

- 能使用 Midjourney 设计产品 Logo、产品主图和场景图、产品包装图等。
- 能使用 Midjourney 与人工智能平台,制作数字人视频。
- 应用人工智能实现企业视觉设计升级与品牌营销。

3. 价值目标

- 具备良好的职业素养与道德伦理。
- 具备创新能力与团队合作精神。

案例导入

王鹏(化名)是一位跨境电商创业者,他的公司主要在亚马逊平台上销售家居用品。近年来,他注意到人工智能技术在电商领域的应用越来越广泛,例如,AI 绘画工具 Midjourney 和智能聊天机器人 ChatGPT。王鹏对人工智能充满好奇,他想知道这项技术能否为他的跨境电商业务带来一些创新和优势。

本章将介绍人工智能的概念、特点、发展历程、发展现状与挑战,重点介绍 Midjourney 在跨境电商视觉设计中的应用,包括如何使用它来生成吸引人的 Logo、产品主图和场景图、产品包装图、电商 Banner 图等。此外,本章还将介绍如何结合 D-ID 人工智能平台制作数字人视频,进一步提升跨境电商的视觉营销效果。

通过了解人工智能的应用和潜力,王鹏可以更好地规划自己的跨境电商业务,探索新的商业机会和创新发展路径。

第一节 人工智能概述

一、人工智能的概念

人工智能(Artificial Intelligence,简称 AI)是近年来备受关注的科技热点,它已经广泛应用于各个领域,对人类的工作、生活和娱乐产生了深远的影响。

那么,什么是人工智能呢?

人工智能是一种模拟人类智能的技术,它可以让计算机系统像人类一样思考、学习、判断和决策,从而完成一系列复杂的任务和功能,甚至可能在某些方面超越人类智能。

人工智能涉及多个领域和技术,包括机器学习、深度学习、自然语言处理、计算机视觉、专家系统等,它们相互交叉融合,形成了强大的智能算法和技术体系。其中,机器学习是人工智能的重要分支,通过从数据中学习和提取特征,使机器能够自主地进行学习和改进;自然语言处理则使机器能够理解和处理人类语言;计算机视觉使机器能够看到和理解图像和视频;专家系统则通过规则和知识库,使机器能够像专家一样进行决策和推理。

人工智能的应用非常广泛,包括自动驾驶、智能助理、医疗诊断、金融风控、电子商务、智能家居、游戏娱乐等。随着技术的不断进步和应用场景的不断扩展,人工智能将在未来发挥重要作用,为我们的社会带来更多创新和改变。

二、人工智能的特点

人工智能具有自主性、适应性、高效性、推理能力、学习能力等特点。

1. 自主性

人工智能系统具有高度的自主性,能够自主地进行学习和决策,无须人类干预。这种自主性使得人工智能系统能够独立地完成各种任务,例如,在无人驾驶汽车中,人工智能可以根据路况和交通规则,自主地进行驾驶和控制车速;在医疗领域中,人工智能可以根据不同的病情和诊断需求,自主地进行诊断和治疗。

2. 适应性

适应性是人工智能模型在实际应用中非常重要的一个特性,它使得人工智能系统在面对不同的环境和任务,甚至面对新的、未知的情况时,能够快速、准确地做出判断和决策。例如,一个基于机器学习的天气预测模型,能够适应不同的环境和气象条件,对新的数据做出准确的预测。

3. 高效性

人工智能系统具有高效性,能够在短时间内处理大量的数据,自动完成重复性、烦琐或危险的任务,大大提升效率。例如,在电商领域,人工智能可以帮助企业和商家更好地了解消费者的需求和偏好,提高营销和销售的效率和效果;在交通领域,人工智能可以通过分析交通流量和路况,协调交通信号,减少交通拥堵;在金融领域,人工智能可以通过分析市场数据和交易信息,快速地制定投资策略和风险控制方案。

4. 推理能力

人工智能系统具有逻辑推理能力,能够根据已有的规则和数据,进行智能化的决策和推理,提高决策的准确性和效率。这种推理能力使得人工智能系统能够解决复杂的问题。

5. 学习能力

人工智能系统能够从数据中学习和提取特征,不断改进和优化自己的性能,具有类似于人类的学习能力。这种学习能力使得人工智能系统能够不断地适应新的环境和任务,自适应调节参数或更新优化模型,实现演化迭代,提高自身的智能水平和应用能力。例如,人工智能通过学习大量的病例和数据,辅助医生做出更加准确的诊断和治疗方案。

人工智能的上述特点使得它成为一种强大的技术手段,在各个领域得到广泛应用。

第二节 人工智能发展概况与视觉营销工具

一、人工智能发展概况

(一)人工智能发展历史

人工智能的历史可以追溯到 20 世纪 50 年代。1950 年,计算机科学家艾伦·图灵提出了图灵测试,它是一种测试机器是否能够模拟人类智能的方法,艾伦·图灵认为,如果一台机器能够与人类展开对话而不被辨别出其机器身份,那么这台机器具有人类智能。

图灵测试是人工智能领域的一个里程碑事件,在此基础上,人工智能领域开始了一系列的探索和研究,人工智能的发展经历了三次浪潮和两次寒冬。

1. 第一波浪潮与第一次寒冬

1)第一波浪潮

20世纪50年代至70年代初,人工智能的概念被首次提出,人工智能的发展拉开了帷幕,人们开始朝着人工智能的科技树不断攀登,取得了一批令人瞩目的研究成果。例如,1954年,乔治·戴沃尔设计了世界上第一台可编程机器人;1956年,美国达特茅斯学院举行了历史上第一次人工智能研讨会,会上,麦卡锡提出了人工智能概念,纽厄尔和西蒙则展示了编写的逻辑理论机器;1964年至1966年,麻省理工学院人工智能实验室的德裔美国计算机科学家约瑟夫·维森鲍姆开发了历史上第一个聊天机器人——伊丽莎(Eliza),轰动世界,与此同时,在算法方面出现了世界级的发明,如增强学习的雏形(贝尔曼公式),也就是谷歌AlphaGo算法核心思想内容,因此,当时对于人工智能的乐观气氛弥漫着整个学界。

2)第一次寒冬

20世纪70年代中期至80年代初,由于技术限制和缺乏实践应用,人工智能的发展进入了一次寒冬。人们发现逻辑证明器、感知器、增强学习等只能做很简单、狭窄领域的任务,稍微超出范围就无法应对。很多计算的复杂度以指数程度增加,这成为了几乎不可能完成的计算任务。

2. 第二波浪潮与第二次寒冬

1)第二波浪潮

20世纪80年代,一类名为"专家系统"的AI程序开始为全世界的公司所采纳,它使用一系列知识与经验,自动化完成现实世界中的特定任务和决策。这套系统可以简单理解为"知识库+推理机",它能够在特定领域内,根据专门知识的一系列逻辑规则,进行推理以解答问题或提供解决方案。

最早的示例由爱德华·费根鲍姆和他的学生们开发,第一个成功的实施方案称为RI,由美国数字设备公司(Digital Equipment Corporation,DEC)引入,用于配置该公司的订单并提高准确性。第一个试图解决常识问题的程序Cyc也在20世纪80年代出现,该项目旨在将常识编码到机器中,建立一个容纳普通人知道的所有常识的巨型数据库。"知识处理"成为了这一时期主流AI研究的焦点。

神经网络重新受到重视,支持向量机(SVM)、决策树、随机森林等重要算法被引入到机器学习领域,与此同时,深度学习处于萌芽发展期。该阶段人工智能的发展为后续的深度学习和人工智能应用打下了良好的基础。

2)第二次寒冬

在20世纪80年代末至90年代初,由于知识获取和维护的困难,加上专家系统在实践中仅仅局限于某些特定情景,人们对人工智能的期望开始下降,政府投入经费不断削减,导致人工智能研究陷入了一次所谓的"知识工程的寒冬"。

3. 第三波浪潮

20世纪90年代末至今,人工智能发展日趋成熟,深度学习、数据积累及云计算带来的算力量大大提升,同时,人工智能技术也开始与物联网、区块链和量子计算等新兴技术结合,推动了人工智能在各个领域的广泛应用。例如，2011 年，作为 IBM 公司开发的人工智能程序 Watson（沃森）参加美国智力竞猜综艺节目并且击败该节目历史上两位最成功的选手，赢得了 100 万美元奖金；2016 年 3 月，谷歌 DeepMind 研发的 AlphaGo 在围棋人机大战中击败韩国职业九段棋手李世石，整个人工智能市场被引燃了导火线，开始了新一轮爆发。

总的来说，人工智能的发展历程经历了起伏和突破，但总的趋势是不断向前发展的。随着技术的不断进步和应用领域的不断扩展，人工智能在未来将继续发挥更大的作用。

（二）人工智能发展现状

目前，人工智能正处于快速发展和应用的阶段，同时在提高自身的性能和智能化水平方面取得重大进展，具体如下。

1. 人工智能市场规模呈现出快速发展态势

人工智能在全球范围内呈现出快速发展的趋势，2022 年全球人工智能市场规模达 4500 亿美元，同比增长 17.3%，其中，机器学习和深度学习技术成为市场的主要驱动力。预计 2023 年人工智能市场规模将突破 5000 亿美元大关，人工智能服务预计将在未来 5 年内实现快速增长，复合年增长率为 22%。

同时，许多国家已将人工智能作为重点发展战略，并在政策和资金方面提供支持。例如，中国制定了"新一代人工智能发展规划"，美国白宫发布了"国家人工智能研发战略计划"（The National Artificial Intelligence R&D Strategic Plan）。

2. 全球知名研究机构对人工智能技术的不断推进

全球诸多知名的人工智能研究机构和实验室，如 OpenAI、Google Brain、Microsoft Research AI、Facebook AI Research 等致力于推进人工智能技术的发展和创新，为人工智能应用奠定了基础。

OpenAI 是美国成立的人工智能研究公司，其核心宗旨是"实现安全的通用人工智能（AGI，Artificial General Intelligence）"，2023 年 2 月，OpenAI 宣布推出 ChatGPT Plus 订阅服务，2023 年 5 月，该公司推出了 ChatGPT 的 iPhone 应用程序 ChatGPT APP，这款应用是 ChatGPT 的首个官方移动应用程序。

由谷歌公司创建的人工智能研究团队——Google Brain，致力于开发和应用机器学习和人工智能技术；由英国科技公司创建的人工智能研究公司——DeepMind，专注于通过深度学习和强化学习等技术开发人工智能系统；Facebook 公司的人工智能研究团队——Facebook AI Research（FAIR），致力于开发更加智能和自主的机器学习算法；微软公司的人工智能研究机构——Microsoft Research AI，专注于开发和应用人工智能技术，涉及机器学习、自然语言处理、计算机视觉等领域；IBM 公司的人工智能研究团队——IBM Watson，致力于开发和应用人工智能技术，包括深度学习、自然语言处理、计算机视觉等领域；斯坦福大学的人工智能实验室——Stanford AI Lab，涵盖机器学习、计算机视觉、自然语言处理等领域；我国华为云盘古大模型 3.0 在煤矿、铁路、气象、金融、代码开发、数字内容生成等领域发挥作用，能够提升生产效率、降低研发成本。

3. 人工智能已广泛应用于各个领域

人工智能已广泛应用于各个领域和行业，如智能制造、智能交通、智慧医疗、金融服务、智能家居、自动驾驶、智能零售、智慧教育等。在这些领域，人工智能技术带来了巨大的效益和变革，产生了重要的应用和影响。

（三）人工智能面临的风险与挑战

作为一项革命性的技术，人工智能为人类认识世界、改造世界增添新工具、新手段、新方法的同时，也给人类社会的经济、隐私、伦理及安全带来了风险与挑战。

（1）隐私问题。人工智能通常需要处理大量的敏感信息，如个人身份和财务数据。如果这些信息被黑客攻击或滥用，可能会对个人和社会造成严重的安全风险。

（2）偏见和公平性问题。人工智能应用的算法和模型的训练数据如果存在偏见或缺乏多样性，那么人工智能系统就可能出现歧视或不公平行为。例如，如果一个人工智能系统在设计上偏向于某个特定的种族或性别，就会引发公平性问题。

（3）道德和伦理问题。人工智能可能会带来一些道德和伦理问题，例如，在自动驾驶情况下的道德选择问题、滥用智能换脸、虚拟数字人等技术产生的侵权问题、制作假消息谣言惑众问题等。

（4）新型犯罪形态。传统犯罪借助人工智能，可能会衍生出新型犯罪形态、犯罪行为、手段和方法，出现无法辨识是机器人犯罪还是真实人犯罪的场景。

这些问题的解决需要各方共同努力，制定相应的政策和规范，以确保人工智能技术的发展和应用能够更加安全、公正和可持续。

二、人工智能视觉营销相关工具

随着人工智能的快速发展，在视觉营销领域涌现诸多的人工智能工具，本节重点介绍 Midjourney、Stable Diffusion 等人工智能视觉营销工具。

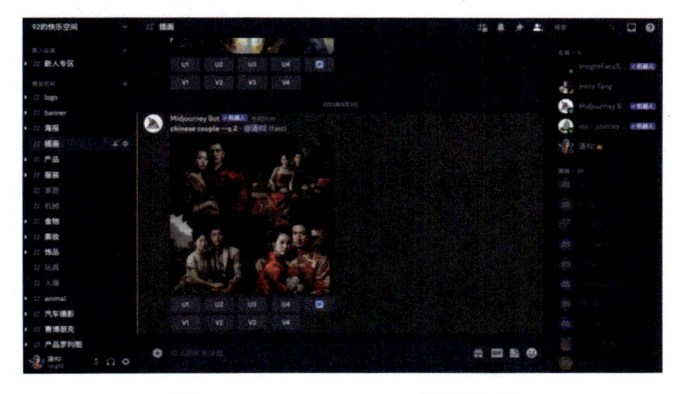

（一）Midjourney

Midjourney 是由 Midjourney 研究实验室开发的 AI 绘画工具，根据用户输入的文字描述，能快速生成符合要求的图片或画作，大大提高创作效率，其操作界面如图 10.2.1 所示。Midjourney 还可以选择不同画家的艺术风格，如安迪华荷、达·芬奇、达利和毕加索等，还能识别特定镜头或摄影术语，使得生成的图像更加丰富多彩。

图 10.2.1　Midjourney 操作界面

用户通过 Discord 机器人指令进行操作，可以创作出很多的图像作品。例如，输入如下命令，就能生成图 10.2.2 所示的作品。

/imagine prompt: photography, In the morning, a girl accompanied her backpack on the street, holding flowers in the hand --ar 16:9

图 10.2.2　Midjourney 生成图像

Midjourney 只需进行简单的部署和配置，直接通过网页或 App 即可生成图像，不受环境限制。对于使用者而言，不需要任何技术功底，简单易用，创作体验随意轻松。

但 Midjourney 目前需付费使用，并且从现有的版本来看，Midjourney 在处理某些复杂细节方面尚存局限性。例如，在电商、家居领域使用 Midjourney 产生概念图之后，设计师往往需要借助 Photoshop 及 Stable Diffusion 配合处理，才能达到最佳效果。

（二）Stable Diffusion

目前 AI 绘画最热门的产品当属 Midjourney 和 Stable Diffusion。

Stable Diffusion 是一种强大的文本到图像的生成模型，操作界面如图 10.2.3 所示，它利用了潜在扩散模型（Latent Diffusion Models）、OpenCLIP 编码器、超分辨率放大器等技术，根据任意文本输入生成高质量、高分辨率、高逼真的图像。

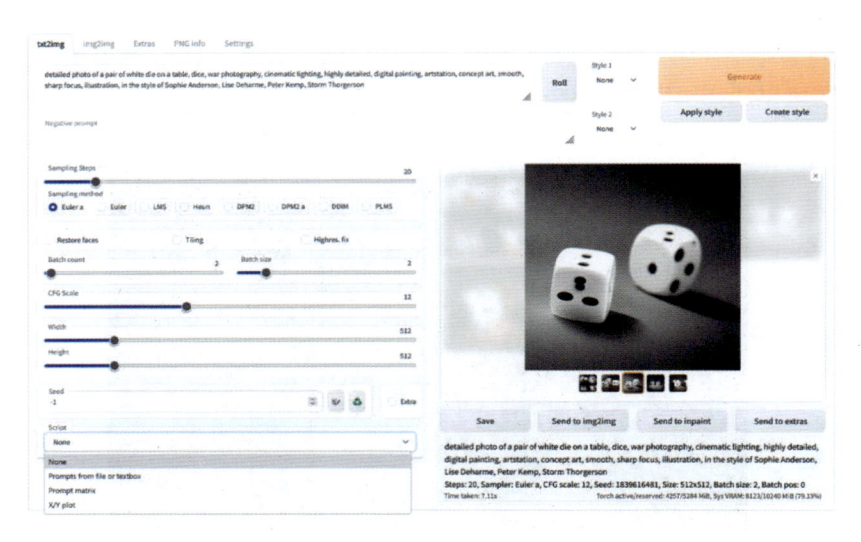

图 10.2.3　Stable Diffusion 操作界面

Stable Diffusion 具有以下优点。

（1）高质量。Stable Diffusion 模型可以生成高分辨率、高质量、多样化的图像，与真实图像几乎难以区分。

（2）灵活性。Stable Diffusion 可以处理任意领域和主题的文本输入，并生成与之相符的多样化和富有创意的图像。

（3）稳定性。Stable Diffusion 模型能避免出现常见的图像生成问题，如模糊、伪影、重复、不自然等。

Stable Diffusion 是一个开源的 AI 模型和代码库，能够实现各种风格的图像生成，创作效果较为专业，主要应用于艺术创作、辅助设计及教育娱乐等。

然而，Stable Diffusion 使用门槛较高，需要使用者具有一定的技术功底，根据个人需求进行模块拼接和微调，同时，由于 Stable Diffusion 是开源工具，需要购置较高性能的 GPU，自行搭建的成本也较高。

Midjourney 和 Stable Diffusion 都是基于人工智能技术的图像生成器，但它们之间也存在一些差异。

首先，在技术方面，Stable Diffusion 是基于潜在扩散模型（LDM）的深度学习模型，而 Midjourney 则是基于生成对抗网络（GAN）的模型。

其次，在访问方式上，Stable Diffusion 是开源的，可以在自己的计算机上下载并运行，而 Midjourney 需要通过网络连接访问，并且目前只能通过 Discord 平台使用。

在付费模式方面，Stable Diffusion 可以在自己的硬件上免费运行，而 Midjourney 则需要每月至少支付 10 美元才能生成有限数量的图像。

另外，Stable Diffusion 作为一个功能强大的工具，伴随着相对复杂的设置流程和较高的学习曲线。而 Midjourney 强调易用性和直观性，即使没有深入技术背景的创意工作者，也能够快速上手。

总体来说，Stable Diffusion 和 Midjourney 均有各自的优点，用户可以根据自己的需求和技能水平选择合适的产品。

第三节　Midjourney 在视觉设计中的应用

一、Midjourney 概述

（一）Midjourney 诞生

Midjourney 是一款在 2022 年 1 月正式发布的 AI 绘画工具，创始人为 David Holz，同年 8 月迭代至 V3 版本，引发了较大的关注，其官网界面如图 10.3.1 所示。在上线一年时间内，用户突破了 1600 万人，2023 年更新的 V5 版本使 Midjourney 及其作品成功"出圈"，代表作是"中国情侣"图片。

作为一个精调生成模型，Midjourney 搭载在 Discord 服务器上，用户通过与 Midjourney Bot 进行交互，输入 prompt（提示词）来生成自己想要的图像。

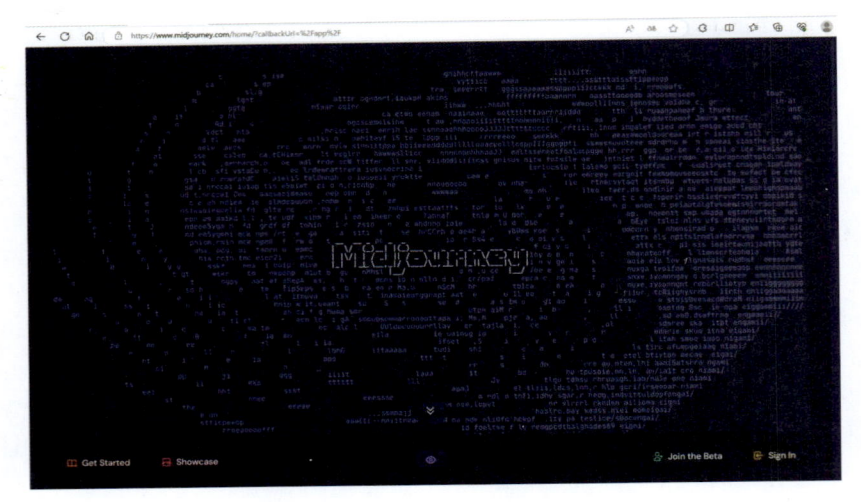

图 10.3.1　Midjourney 官网界面

创始人 David Holz 表示，Midjourney 旨在释放普通人的创造力，为他们提供工具，通过文字描述来生成图像。Midjourney 默认偏向于创建具有绘画性、美观性的图像，无论是风景、动物、植物、人物、建筑、抽象物等，用户只要能用文字进行描述，Midjourney 就能生成出来。

（二）Midjourney 在电商视觉设计中的应用优势

Midjourney 是一款非常强大的 AI 绘画工具，虽然它不是专门为电商视觉设计而设计的，但它的一些功能和特性可以应用于电商视觉设计中。

其一，操作简单。Midjourney 操作界面非常直观，只要输入相应的文字提示，Midjourney 就可以生成所要求的图像，例如，输入"A European or American beauty wearing a head-mounted wireless Bluetooth headphone"，即可生成图 10.3.2 所示的图像。同时，用户可以根据需求调整各种参数，使生成的图像更符合用户的需求。

其二，快速生成。Midjourney 能使设计团队在短时间内得到多种不同的创意，快速生成多种设计方案，有助于提高设计效率和质量，以便应对快速发展的电商行业。

图 10.3.2　Midjourney 生成的图像

其三，个性化风格。Midjourney 能根据用户的偏好提供个性化的视觉设计，提供多种艺术风格供用户选择，包括卡通风格、水彩风格、油画风格等，这些风格应用于电商视觉设计中，能增加视觉效果和吸引力。

其四，高效协作。Midjourney 提供了多种协作工具和功能，支持多人协作，可以帮助团队和用户更加方便地进行反馈和修改，以便最终完成高质量的作品设计。

基于以上特性，跨境电商设计师可使用 Midjourney 设计产品 Logo、产品主图和场景图、产品包装图等，不断提高设计效率和质量。

（三）Midjourney 初始设置

1. 注册账号

Midjourney 是建立在 Discord 平台上的应用，因此需登录 Discord 官网或下载 Discord App 注册账号，其界面如图 10.3.3 所示。

图 10.3.3　注册 Discord 账号界面

2. 添加服务器

账号注册成功并通过验证后，接下来需要新建一个属于自己的服务器，共有 4 个操作步骤，如图 10.3.4 所示。

第一步：单击左边的"+"按钮，启动"添加服务器"操作；
第二步：在创建服务器中，选择"亲自创建"选项或其他；
第三步：选择"仅供我和我的朋友使用"选项或其他；
第四步：自定义服务器名称。

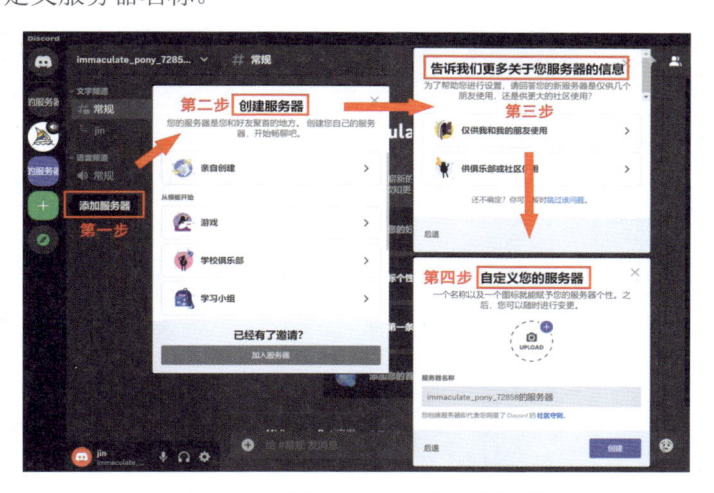

图 10.3.4　在 Discord 中添加服务器

3. 添加机器人

在服务器中添加 Midjourney 机器人，共有 4 个操作步骤，如图 10.3.5 所示。

第一步：单击左边的"Midjourney"图标；

第二步：在界面中间，单击"Midjourney Bot"机器人按钮；

第三步：在弹出的对话框中，单击"添加至服务器"按钮；

第四步：在新弹出的对话框中，选择"添加至服务器"选项，单击"继续"按钮，经过系列验证，即可完成添加机器人操作。

图 10.3.5　在服务器中添加 Midjourney 机器人

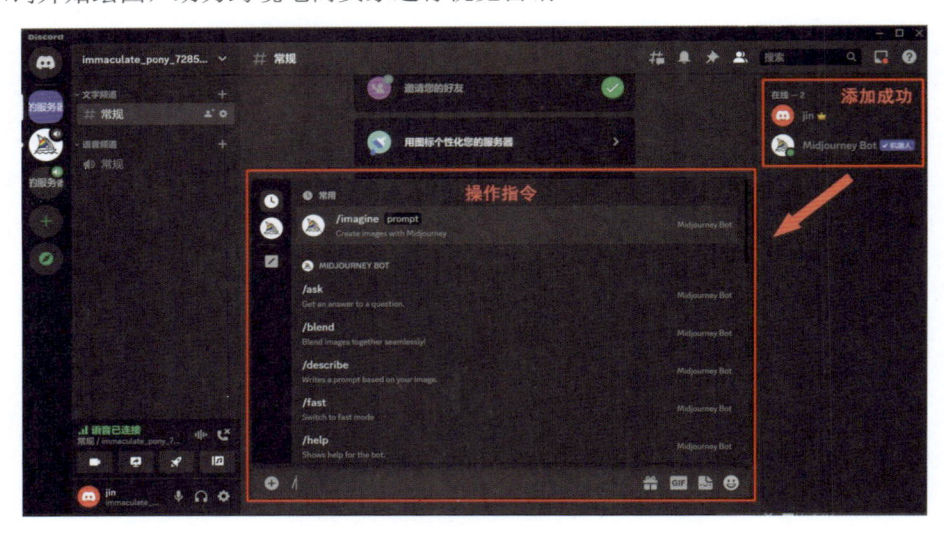

至此，Midjourney 初始设置成功，如图 10.3.6 所示。接下来就可以在操作指令对话框输入提示词开始绘图，助力跨境电商卖家进行视觉营销。

图 10.3.6　Midjourney 初始设置成功

需要提醒的是，使用 Midjourney 需付费，用户按需订阅即可。

二、使用 Midjourney 设计产品 Logo

Logo 是消费者认识一个品牌的开端，一个设计精良的 Logo，不仅可以很好地树立公司形象，体现其文化内涵，还可以传达丰富的产品信息。优秀的品牌 Logo 往往具有鲜明的个性，较强的视觉冲击力，也便于识别、记忆，有引导、促进消费，产生美好联想的作用，有利于在众多的商品中脱颖而出。

为了使 Midjourney 更好地助力 Logo 设计，我们将 Logo 划分为 4 种类型，分别是图形 Logo（Graphic Logo）、吉祥物 Logo（Mascot Logo）、几何图形 Logo（Geometric Logo）及文字变现 Logo（Lettermark Logo），如图 10.3.7 所示。这 4 种类型中，图形 Logo 和吉祥物 Logo 是 Midjourney 等 AI 工具相对容易驾驭的，因为它们需要足够的发散性创意，而另两种 Logo 类型，则需要更强的几何与文字识别能力，对于目前的 AI 绘图工具来说仍有较大的难点。

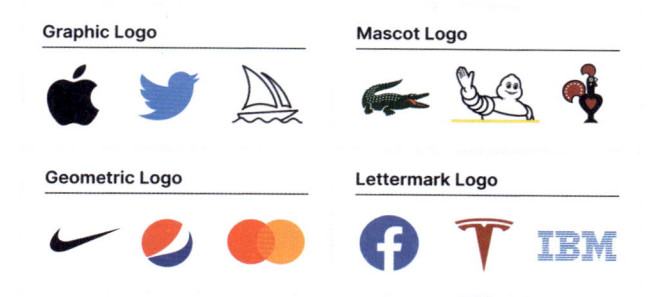

图 10.3.7　部分品牌 Logo 及分类

本节将以图形 Logo 为例，介绍如何利用 Midjourney 设计产品 Logo。

为了让 Midjourney 能较好地理解用户的意图，首先需要告诉它具体的需求，需求越详细，生成的图片越精准，例如，我们需要设计一个宠物行业的图形 Logo，风格为扁平化，采用简洁的矢量图形，这样就得到了对应的关键词集合，也就是"graphic logo, pets, flat, vector graphic, simple"。

接下来，将上述设计需求输入 Midjourney 的提示框内，步骤如下。

第一步：输入相应的功能指令，本次指令是作图，需要输入/imagine，以启动作图功能；

第二步：单击跳出的功能框，并在 prompt 的描述框中输入文字设计需求（见图 10.3.8），并回车。

完整的操作指令如下：

/imagine prompt: graphic logo,pets,flat,vector graphic,simple

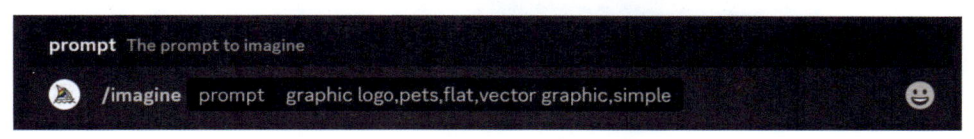

图 10.3.8　Midjourney 操作指令

Midjourney 就像魔术一样，生成了图 10.3.9 所示的图形 Logo，在本案例中，读者可以强烈地感受到 Midjourney 带来的高效性与便捷性。

当然，第一次生成的效果图也许未能达到设计师的要求，这并不要紧，因为后续还可以不断地对图像进行修改与调整。

三、使用 Midjourney 设计产品主图和场景图

（一）产品主图设计

产品主图是展示在商品目录和详情页上的主要图片，通过展现产品的外观、特点及产品的相关属性，吸引潜在消费者的关注，激发消费者对产品的兴趣，从而引导消费者进行购买。

图 10.3.9　Midjourney 生成的图形 Logo

产品主图一般采用纯色背景或无背景，主要凸显产品本身的特性，诸如颜色、形状、结构、材质、产品组合等，以此让消费者清楚地了解即将购买的产品。

在使用 Midjourney 生成图片前，需先回答以下问题。

我们打算生成一张什么图片，图片的主体是什么，它处于什么样的环境中，采用什么镜头拍摄，构图是怎么样的，图片将呈现什么风格。

在本案例中，我们想设计一张产品主图，主体是香水瓶，背景为纯白色，采用普通镜头，拍摄产品采用正视图，需要对产品进行精修处理。

Midjourney 的操作指令如下：

/imagine prompt: Product Image a perfume bottle pure white background Product front view normal lens photography refinement

最终生成图 10.3.10 右边所示的效果图。

图 10.3.10　香水瓶的产品主图描述词及生成效果图

（二）产品场景图设计

产品场景图是一种展示产品在不同场景中使用的图片，主要展示的是产品的使用场景，

使产品巧妙地融入其中。通过展示产品在实际场景中的使用效果，让消费者更直观地了解产品的功能和特点，增强消费者的体验和购买意愿。

在使用 Midjourney 生成图片前，同样需要先回答以下问题。

我们打算生成一张什么图片，主体是什么，它处于什么样的环境中，如何布光，采用什么镜头拍摄等。

在本案例中，我们想生成一张产品摄影图，主体是放在梳妆台上的香水瓶，布光采用的是聚光灯，用长焦镜头拍摄，有一定的景深效果，需要对产品进行精修处理。

Midjourney 的操作指令如下：

/imagine prompt: Product photography perfume bottle spotlight, light-colored decoration placed in the dresser telephoto, depth of field photography refinement

最终生成图 10.3.11 右边所示的效果图。

图 10.3.11 香水瓶的产品场景图描述词及生成效果图

根据描述词的结构分析可以看到，Midjourney 依然需要用户掌握摄影及设计的基本常识，例如，主体环境的描述、构图的描述、镜头和风格的描述等，越了解摄影和设计本身，也就越容易得到更优质的创意效果图。

通过上述案例不难发现，Midjourney 具有极强的发散和创意功能，能轻松地领会描述词的含义，生成各种各样的可能性场景。

接下来仍然以"香水瓶"场景图为例，只改变其中的一项关键词，将"梳妆台"改为在"花朵中"（surround by flower）、"植被中"（surround by plants）、"沙漠中"（on the desert）、"街道上"（on the street），便得到了图 10.3.12 所示的效果图。

如果将上述 4 张图的描述词中的"香水瓶"改成"酒瓶"，则会得到图 10.3.13 所示的效果图。

通过上述案例，可以发现 Midjourney 可以帮助设计人员激发灵感和创意，在短时间内得到多种不同的创意方案，为跨境电商卖家的场景设计提供了很大的便利。然而 Midjourney 生成的图像具有一定的随机性，设计师仍然需要具备一定的专业知识和技能，才能将 Midjourney 生成的图像完善为真实产品的设计方案。

思考：上述案例均为 Midjourney 生成的产品，有没有办法把跨境电商卖家的产品放进设计中呢？这就需要用到 Midjourney 垫图设计。

图 10.3.12　不同环境中的香水瓶生成效果图 　　图 10.3.13　不同环境中的酒瓶生成效果图

（三）产品图的进阶技巧——垫图设计

Midjourney 垫图是指在 Midjourney 中，使用喜欢的图片作为底图，在此基础上生成不同主题但同样风格的图片。

掌握了垫图技巧，跨境电商设计师就可以让 Midjourney 以某款产品图作为参考，以此为基础生成图片。

那么，Midjourney 是如何读取用户的底图呢？

我们先来了解下 Midjourney prompt 的两个版本，分别是基础版与高级版，其中，基础版 prompt 仅包含图片的描述，也就是 Text Prompt，满足普通的需求，如图 10.3.14 所示。

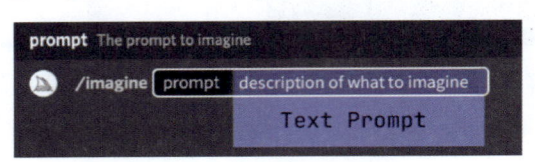

图 10.3.14　基础版 prompt 结构

高级版 prompt 包含三个部分的内容，如图 10.3.15 所示，其中，Image Prompts 区域填写图片信息，Text Prompt 区域填写文字描述信息，Parameters 区域填写相应参数。在一条 prompt 中，三个部分必须以"Image Prompts—Text Prompt—Parameters"顺序依次呈现。

图 10.3.15　高级版 prompt 结构

注意：Image Prompts 中的图像提示必须以 URL（Uniform Resource Locator，统一资源定位器，也就是图片地址）形式提供，有两种方法可以获得图像的 URL：其一，将图像上传到托管图像的第三方服务，然后复制图像链接；其二，直接将图像上传到 Discord，获取 URL 地址，具体操作如下。

第一步：单击聊天文本字段旁边的"+"按钮，然后选择"上传文件"选项，将参考图片传至 Discord，如图 10.3.16 所示。

第二步：在聊天框中按回车键，即可看到放大的图像；

第三步：右击图像并选择"复制链接"选项，如图 10.3.17 所示。

接下来就可以将图像的 URL 作为图像提示符粘贴到 /imagine 命令中。

输入完整指令，如图 10.3.18 所示，红色框为图片地址，其余部分为文字描述，最终生成图 10.3.19 所示的 4 张产品图。

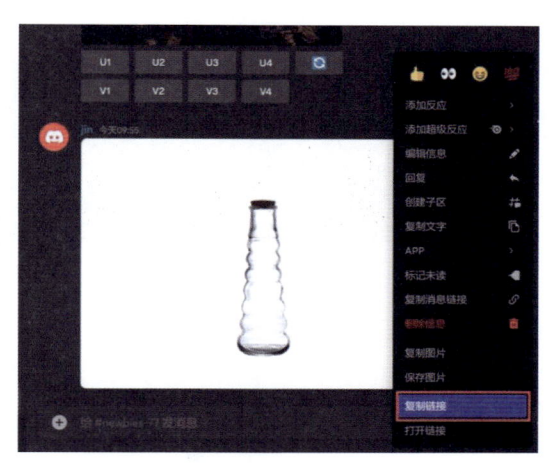

图 10.3.16　上传图片　　　　　　图 10.3.17　复制图像链接

图 10.3.18　包含图像 URL 的指令

图 10.3.19　利用参考图配合描述词生成的效果图

可以看出，Midjourney 生成的图像较好地参照了用户上传的底图，然而由于创意发散的特性，Midjourney 几乎无法给出完全一致的产品图，但它会根据图片和描述词进行合理的推测。

那么，如何让生成的效果图更偏向图片或描述文案呢？

可以使用 iw 参数来控制生成效果，iw 参数表示图像权重，在 V5 版本中，iw 取值范围为 0.5～2，使用的数值越大，表明上传的图片对输出的结果影响越大，反之亦然。

具体操作时，可在文字描述词的后面加参数"--iw"，接着添加"0.5～2"的数字，数字大小用于控制生成效果图更偏向图片还是描述文案，数字越大越接近图片，数字越小越贴近描述文案，默认值为 1，带"--iw"参数的操作指令如图 10.3.20 所示。

图 10.3.20　带"--iw"参数的操作指令

通过调整参数"--iw"，可以帮助设计师更好地控制生成图像的风格和特点，图 10.3.21 展示了"--iw"的数值对最终效果图的影响。

图 10.3.21　--iw 参数数值对最终效果图的影响

（四）产品图的进阶技巧——叠图设计

叠图是指把两张图叠在一起，让 Midjourney 自行识别两张图片的特征和关系，然后进行新图像的推测和创意生成。

Midjourney 的叠图有两种操作模式：其一，采用自带的/blend 指令，实现多张图片的上传和"混合"，起到叠图的效果；其二，采用人工叠图与垫图相结合的方式，实现叠图效果。

先介绍第一种叠图模式，输入/blend 指令后，系统会提示上传两张照片，如图 10.3.22 所示，如需添加更多图像，单击"请添加文件"按钮并选择 image3、image4 或 image5。混合图像的默认纵横比为 1∶1，但在"dimensions"字段中可选择方形（square）、竖向（portrait）或横向（landscape）等比例。

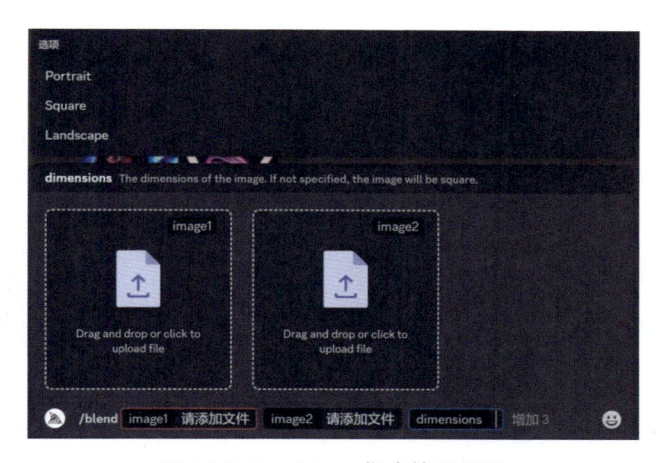

图 10.3.22 /blend 指令使用界面

/blend 指令适合主体和风格识别度都比较高的图片,也就是所选图片的主题或内容比较明确,且风格或样式比较相似,这样才能取得较好的混合效果。

本案例中,通过/blend 指令上传两张图片,分别是唐装与人物(见图 10.3.23),最终得到了图 10.3.24 所示的效果图。

图 10.3.23 /blend 指令上传两张图片 　　　图 10.3.24 /blend 混合图片指令生成的效果图

如果使用/blend 指令,其叠图效果不尽人意的话,还可以采用 Midjourney 第二种叠图模式,也就是通过"人工叠图+垫图"相结合的方式将两张图片混合而成,具体操作步骤如下。

第一步:选择两张图片,分别是服装与人物,如图 10.3.25 所示。

第二步:利用 PS 等图像处理工具,将服装叠在模特之上,调整大小、位置,使其形成"穿"的概念图,如图 10.3.26 所示;

第三步:结合垫图技巧(详见上一节内容),添加特定的描述词(如 Full body shot of a Chinese male model wearing a comfortable sweatshirt, standing in front of a white backdrop.portrait photo.Shot from a low angleusing Canon EOS R5 camera with a standard lens tocapture the model's entire outfitand showcase his height of 175cm.),操作指令如图 10.3.27 所示,得到最终的效果图如图 10.3.28 所示。

图 10.3.25　合成之前的两张图片

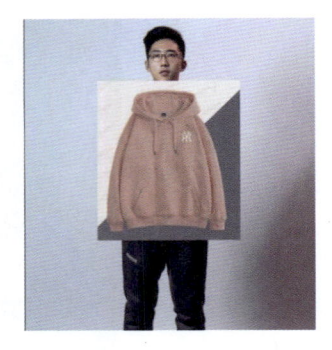

图 10.3.26　形成"穿"的概念图

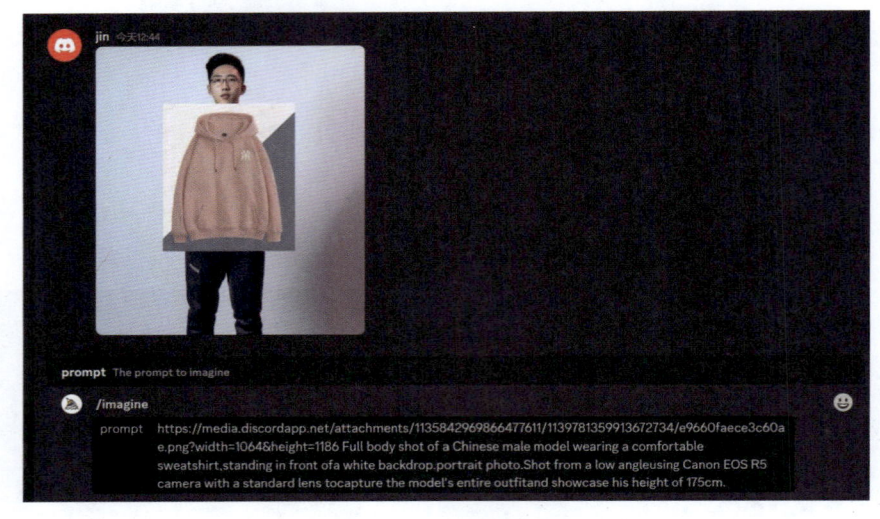

图 10.3.27　垫图操作指令

图 10.3.28　生成效果图

从生成效果来看，尽管服装色彩、样式、版型有所改变，但已经呈现出较好的叠图效果，这样便于跨境电商卖家在实拍之前完成模特的筛选和预览，大大提高拍摄效率。当然，如果要保证人物和服装的稳定性，还需借助 Stable Diffusion 等工具。

一些大型产品的场景示意图同样可以使用叠图技巧来实现，具体操作步骤如下。

第一步：选择两张图片，分别是产品与场景图，如图 10.3.29 所示；

第二步：利用 PS 等图像处理工具，将叉车叠在场景之上，调整大小与位置，使其形成与环境的比例相对合适的概念图，如图 10.3.30 所示；

第三步：结合垫图技巧（详见上一节内容），添加特定的描述词（如 Real photos of forklifts outdoors），即可得到图 10.3.31 所示的效果图，兼具了产品还原、真实性和合理性。

图 10.3.29　叠图之前的两张图片

图 10.3.30　叉车与环境按一定比例叠加的概念图　　图 10.3.31　使用人工叠图结合垫图技巧生成的效果图

四、使用 Midjourney 设计 Banner 图与产品包装图

（一）Banner 图设计

作为重要的横幅广告，电商 Banner 图通常位于网站或店铺的顶部。

通过精心设计的 Banner 图，能激发消费者对网站或产品的兴趣，从而提高点击率和转化率，同时，也有利于传递重要信息，帮助消费者快速了解产品或活动内容，进而引导消费者进行购买或其他操作，更为重要的是，Banner 图还能助力卖家塑造品牌形象和风格，提升品牌知名度和美誉度。

Midjourney 在制作 Banner 图上具备极强的创意和想象空间，只要用户能清晰地描述场景与需求，即可生成高质量的图像。

为了让描述更加精准稳定，可以使用 ChatGPT 生成描述文案，例如，一家礼品包装的企业，利用 ChatGPT 工具生成了如下文案。

Create an HD, large image showcasing the art of 'Gift Wrapping'. The scene should exhibit an array of beautifully wrapped gifts with various patterns, colors, ribbons, and bows. You can also include elements like wrapping paper rolls, scissors, and tape to indicate the process of gift wrapping. The image should convey the joy and anticipation associated with giving and receiving presents. Ensure the final image is of ultra quality.

接下来，使用 Midjourney 绘制 Banner 图，操作指令如图 10.3.32 所示，其中"--ar"是控制图像宽高比的参数，本指令中"--ar 25:12"表示图像的宽度与高度比为 25:12。

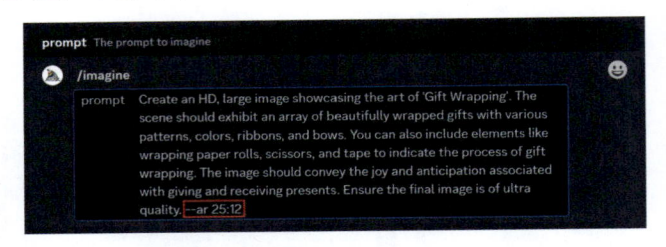

图 10.3.32　操作指令

Midjourney 最终为这家礼品企业生成了图 10.3.33 所示的 Banner 图。

图 10.3.33　生成礼品企业 Banner 图

(二) 产品包装图设计

产品包装图设计是产品包装设计中的重要组成部分，主要用于展示产品包装的外观、产品功能和特点等，优秀的产品包装图能有效地展示产品、吸引消费者、传达信息，同时，能有效提升品牌形象，满足审美需求。

使用 Midjourney 设计产品包装图的关键在于精准地阐述描述词，清晰说明使用场景（如茶饮产品包装）、风格特色（如简洁高级）与画面构成（如包装正视图）等。如果用户有比较倾向的示意图，也可以将图片链接置于 image prompts 当中，为 Midjourney 提供更多的参考。在描述词的后面还可以添加参数，使 Midjourney 更好地了解用户的详细需求。

图 10.3.34 为 Midjourney 生成的水晶盲盒包装图，完整的指令如下：

/imagine prompt: Crystal blind box packaging diagram, simple and advanced, packaging front view

除了产品包装图，Midjourney 还可以生成产品设计概念图，如图 10.3.35 所示。一方面，产品设计概念图有助于设计人员更好地与用户或团队成员沟通，通过可视化操作界面，快速调整和完善设计方案，确保最终的设计方案符合用户的需求和期望；另一方面，对于电商营销人员来说，产品设计概念图能提供更清晰的产品形象和特点，有助于制定针对性的营销策略，吸引更多潜在消费者。

图 10.3.34　生成的水晶盲盒包装图

图 10.3.35　Midjourney 生成的产品设计概念图

五、使用 Midjourney 打造个性化数字人

（一）使用 Midjourney 制作数字人图片

Midjourney 诞生之初，很多用户就利用个人照片制作卡通形象照，该功能受到了用户喜爱，尤其是卡通、动漫爱好者。

Midjourney 的卡通形象照功能非常出色，用户只需要上传自己的照片，选择喜欢的卡通风格，Midjourney 就会根据文字描述和参考图片生成对应的卡通形象照。

如图 10.3.36 所示，在 Midjourney 上传照片后，通过垫图技巧，配合各种风格的文案描述，即可诞生各具特色的数字人图片，尤其以卡通风格效果最佳。

图 10.3.36　用照片生成的二次元卡通图片

效果图相像程度与垫图、iw 参数有关，效果图的风格则主要来自于描述词，卡通风格需要添加类似"disney style"等关键词，如"a cute boy, high detail,hyper quality, Bright color, disney style, fine luster, 3D render, OC render, best quality, 8k, bright front lighting, ultra detailed"，由于

卡通风格对人像要求低，因此更容易制作出与原图较为相似的效果。

完整的操作指令如图 10.3.37 所示，前半部分为照片的 URL 地址，后半部分为文字描述，最终生成图 10.3.38 所示的效果图。

图 10.3.37　操作指令

而真实风格的图片描述则需要添加类似"realistic"等关键词（如 cool boy, ultra realistic, real porcelain skin cinematic close up portrait, rich detail, full 3d, intricate details.highly detailed, photo realistic octane render, 8k），以此保证图片具备摄影质感，而非卡通风格，最终生成图 10.3.39 所示的效果图。

图 10.3.38　卡通风格效果图　　　　图 10.3.39　接近真实风格的效果图

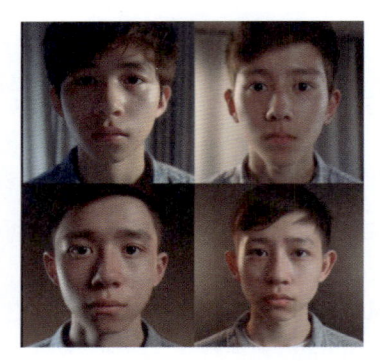

Midjourney 的生成效果与训练数据的质量和规模密切相关，训练数据包含了各种图像和特征信息，Midjourney 通过学习这些信息，根据输入的文字描述和参考图片生成具有相应特征的作品。

一方面，如果训练数据量不足，Midjourney 可能无法充分学习到各种图像特征和艺术风格，从而影响生成效果；另一方面，如果训练数据质量不高，例如，包含了诸多噪声或标注错误，会对 Midjourney 的生成效果产生负面影响。

为了获得更好的生成效果，需要使用大规模的高质量训练数据，并采用先进的训练策略和技术。

（二）结合 D-ID 人工智能平台制作数字人视频

数字人视频是一种使用数字技术创建并生成的视频。这种视频的特点在于其逼真的虚拟角色，它们在外观、行为、语言等方面都尽可能接近真实的人类。数字人视频已经被广泛应用于娱乐、电商、教育、医疗、金融等领域，成为了一种创新的前沿技术。

利用 Midjourney 生成的数字人照片，结合人工智能平台即可完成数字人视频的制作。

D-ID 是一款数字人制作和视频创作的平台，在 D-ID 平台上，用户可以创建自己的数字人，并通过一系列的工具和功能来实现各种视频创作，在 D-ID 平台上创建的数字人具有逼真的外观和特征，这使得它们能够与现实世界中的人物和场景相融合，制作出极具创意和吸引力的数字人视频。

D-ID 平台的登录界面如图 10.3.40 所示。在 D-ID 平台上，利用制作的数字人照片，即可制作成具备表情、动作、神态及声音的数字人视频，其中的数字人照片可以是卡通、赛博朋克等风格，也可以是真人照，但要求露出正脸及清晰的五官。

数字人视频制作的操作步骤如图 10.3.41 所示，具体如下。

第一步：登录 D-ID 平台，单击左侧的"Create Video"按钮，进入视频创建界面；

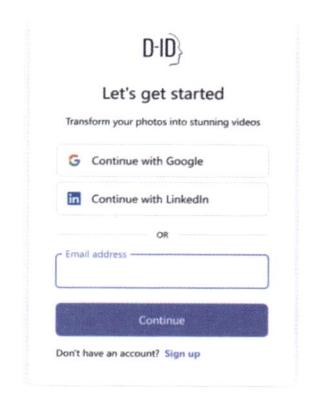

图 10.3.40　D-ID 平台的登录界面

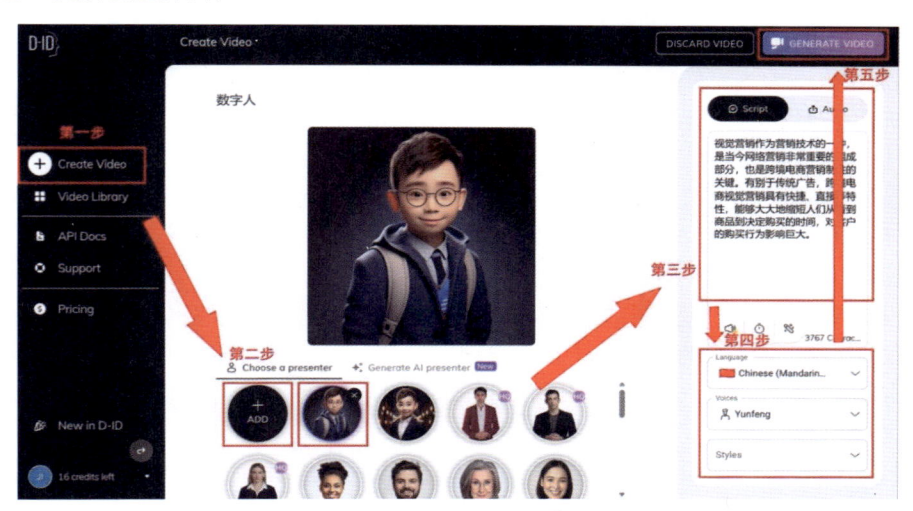

图 10.3.41　数字人视频生成步骤图

第二步：在人物形象选择处，单击"ADD"按钮，上传数字人照片，并在图库中选择相应照片，确定数字人形象，或者采用文本描述生成 AI 演示者（Generate an AI Presenter），当然也可以选择平台提供的 AI 人物头像；

第三步：在"Script"脚本框中，输入相应文本；

第四步：选择语言，如简体中文，然后选择男/女声，另外，还可以选择语音风格，如新闻广播、用户服务、闲聊等；

第五步：单击窗口右上角的"GENERATE VIDEO"按钮，即可生成视频，创建视频结束后，可预览并下载视频。

生成的数字人视频包括数字人的表情、动作、神态和声音，根据在文案中输入的内容和选择的口音进行自动合成。还可以根据需要对生成的视频进行进一步的编辑和调整，如添加背景音乐、特效等，以制作出更加专业和个性化的数字人视频。

本 章 习 题

项 目 实 训

实训目标:掌握 Midjourney 进行品牌营销设计的全流程,依托跨境电商平台或独立站,设计产品 Logo、产品主图和场景图、Banner 图、产品包装图、个性化数字人等营销场景,并完成品牌营销目标。

实训要求:选择某一品类,设计一个品牌,并完成品牌营销素材的全套设计。

实训思路:

1. 确定品类。以小组为单位,选择一个熟悉的品类或者有市场需求的品类,进行品牌定位和目标用户分析,确定品牌名称。

2. 设计 Logo。进行 Logo 的创意共创,可以从品牌名称、品类特点、目标消费者等方面入手,整理出 Logo 的形式、结构、颜色等文字描述。利用 Midjourney 进行 Logo 设计,不断尝试和调整,最终得到一个符合品牌形象和特点的 Logo。

3. 设计产品主图和场景图。根据同类型产品调研,利用竞品图片和垫图技巧进行二次创作,打造属于自己品牌的产品主图和场景图。在产品主图中,要突出产品的特点和卖点,吸引消费者的注意力。在产品场景图中,可以构建一个与产品相关的场景,让消费者更容易产生代入感和购买欲望。

4. 设计 Banner 图与产品包装图。根据品牌调性,设计 Banner 图与产品包装图,在 Banner 图中,可加上品牌名称和 Logo,配合产品图片和卖点,吸引消费者点击。产品包装图要符合品牌形象和环保要求,突出产品的特点和卖点,提高消费者对产品的认可度和购买意愿。

5. 打造品牌数字人。设计品牌人设 IP,可以是真人形象,也可以是卡通形象,利用 AI 工具进行图片、文案、动态视频的制作,完成至少一个品牌的推广视频。数字人设计要符合品牌形象和特点,具有辨识度和亲和力,能够吸引消费者的关注和好感。在推广视频中,可以结合品牌特点和产品卖点,通过数字人的形象和声音,传达品牌价值。